山东省普通本科高校重点领域教学改革试点项目

U0650962

船舶与海洋工程概论

（第二版）

主　　编◉杨卓懿

副主编◉宋　磊　　闫永军　　孙玉强　　王连海

主　　审◉李光正

大连海事大学出版社
DALIAN MARITIME UNIVERSITY PRESS

图书在版编目(CIP)数据

船舶与海洋工程概论／杨卓懿主编. — 2 版.

大连：大连海事大学出版社，2024.8. — ISBN 978-7
-5632-4568-0

Ⅰ. U66；P75

中国国家版本馆 CIP 数据核字第 2024UB4351 号

大连海事大学出版社出版

地址:大连市黄浦路523号　邮编:116026　电话:0411-84729665(营销部)　84729480(总编室)

http://press.dlmu.edu.cn　E-mail:dmupress@dlmu.edu.cn

大连日升彩色印刷有限公司印装　　　　　　大连海事大学出版社发行

2020 年 5 月第 1 版　　2024 年 8 月第 2 版　　2024 年 8 月第 1 次印刷

幅面尺寸:184 mm×260 mm　　　　　　　印张:12.5

字数:307 千　　　　　　　　　　　　　印数:1~1500 册

出版人:刘明凯

责任编辑:王　琴　　　　　　　　　　　责任校对:任芳芳

封面设计:张爱妮　　　　　　　　　　　版式设计:张爱妮

ISBN 978-7-5632-4568-0　　定价:35.00 元

第二版前言

《船舶与海洋工程概论》自 2020 年出版以来,受到广大读者的好评并被多所大专院校作为专业课程教材使用。为紧跟现代船舶工业的发展,满足信息化时代教学的要求,《船舶与海洋工程概论(第二版)》在第一版的基础上进行了修订,力争修订后的教材能反映船舶与海洋工程的最新发展动态和发展趋势,形成完整的、系统的船舶与海洋工程基础教学内容。

本书主要介绍了船舶的发展历史,船舶的分类和用途,船舶的基本概念,船舶性能,船舶的结构与外形,船舶动力装置,船舶设备与管系,船舶电气、通信与导航,船舶设计与建造,海洋环境与海洋开发,以及海洋工程等船舶与海洋工程专业的学生应该全面了解的专业知识。本书旨在引导学生进入船舶性能与结构、船舶设备与系统等船舶与海洋工程的专业知识领域,帮助学生掌握船舶与海洋工程的基本知识和基本技术。同时,本书是学生认知船舶与海洋工程领域的重要窗口,也是培养学生有关船舶与海洋工程兴趣和爱好的有效途径。

本书第 1、2、3、4、5 章由杨卓懿编写,第 6 章由王连海编写,第 7、8 章由孙玉强编写,第 9、10 章由宋磊编写,第 11 章由闫永军编写。

非常感谢烟台中集来福士海洋工程有限公司于长江、杨忠华、汤建锋、张健效等高级工程师,中集海洋工程研究院有限公司王寿军高级工程师,他们多年来在船舶与海洋工程领域研发积累的材料、经验为本书的编写提供了大量的资料。同时,本书也参考和引用了国内外有关船舶与海洋工程学科的大量论著、资料,在此对这些论著、资料的作者表示最诚挚的谢意!

由于编者学识水平有限,书中难免有不当之处,敬请读者批评指正。

编　者
2024 年 5 月

第一版前言

为适应现代船舶工业的发展与教学改革的要求,山东交通学院船舶与轮机工程学院组织编写了《船舶与海洋工程概论》一书。本书主要讲述了船舶的发展历史,船舶的分类和用途,船舶的基本概念,船舶性能,船舶的结构与外形,船舶动力装置,船舶设备与系统,船舶电气、通信与导航,船舶设计与建造,海洋环境与海洋开发,以及海洋工程等船舶与海洋工程专业的学生应该全面了解的专业知识。

本书旨在引导学生进入船舶性能与结构、船舶设备与系统等船舶与海洋工程的专业知识领域,帮助学生掌握船舶与海洋工程的基本知识和基本技术,以及船舶与海洋工程的最新发展动态和发展趋势。本书是学生对船舶与海洋工程领域认知的重要窗口,也是培养学生对船舶与海洋工程兴趣和爱好的有效途径。

本书由山东交通学院杨卓懿担任主编,宋磊、于福临担任副主编,于利民担任主审。书中第1、2、3、4、5章由杨卓懿编写,第6、7、8章由宋磊编写,第9、10、11章由于福临编写。全书由杨卓懿拟订大纲并统稿。

本书的出版要感谢山东交通学院船舶与轮机工程学院的老师贾风光、孙洪源、王亚楠、王俊俊、高博、林海花、孙承猛等,他们多年来在船舶与海洋工程领域教学、科研所积累的资料、经验为本书的编写提供了大量的资源。同时,本书也参考和引用了国内外有关船舶与海洋工程学科的大量论著、资料,在此对这些论著、资料的作者表示最诚挚的谢意!

由于编者学识水平有限,书中难免有不当之处,敬请读者批评指正。

编 者
2019 年 12 月

目 录

第1章
船舶的发展历史

　　船舶是能航行或停泊于水域进行运输或作业的交通工具。从远古的独木舟到现代的运输船舶,人类使用船舶作为运输工具的历史几乎和人类文明史一样悠久。本章主要介绍造船的发展历史和现代造船工业等知识。

1.1　中国古代造船史

1.1.1　船舶的起源

　　作为一种水路运输工具,船舶是从简单的漂浮工具、木筏、独木舟(见图1.1)等发展而来的。中国有几千年的造船史,也是世界上最早制造出独木舟,并利用独木舟和桨渡海的国家之一。古代人用简陋的工具(如石刀、石斧、火等),设法将树干两端削尖,中间挖空,制造出独木舟。我国西周时期的《易经·系辞》(公元前2800年)中就有"刳木为舟,剡木为楫"(见图1.2)的记载。

　　1958年,江苏常州武进淹城出土的一艘独木舟,舟形如梭,两端小而尖,尖角上翘,全长11 m、舱上口宽0.9 m、深0.45 m,用整段楠木挖空制成。该独木舟外壁光滑、木纹依旧,内壁布满焦炭和斧凿的斑斑痕迹,这是古代先民将楠木经过数十次用火烤焦后再不断用斧凿制加工而成。经测定,此独木舟属于西周时期的遗物,和"刳木为舟"的记载相印证。这是我国目前发现的最古老的完整独木舟,号称"天下第一舟",现陈列于中国国家博物馆。

图 1.1　中国古代独木舟

图 1.2　刳木为舟

1.1.2　船舶的发展

由于独木舟的容量有限,人们开始在独木舟的四周加上木板,以增大容量。在长期的演变过程中,圆底独木舟逐步变成了船底中心线处连通首尾的主要纵材,即"龙骨",平底独木舟就逐步变成了平底木板船底中心线上的一块板。原来的独木舟就逐渐变成船底了,船舶也就演变成平底、尖底或圆底的木板船(见图1.3)了。从独木舟到木板船是船舶发展的一个重要里程碑,人们不再受自然界原始木材形状和体积大小的限制,能够根据人的意愿进行船舶的加工制作了。古代人用卯榫连接的方法将木板连接成船体,内部用隔壁和肋骨来增加强度,形成若干个舱室。到了商朝,人们普遍使用金属工具建造木板船。

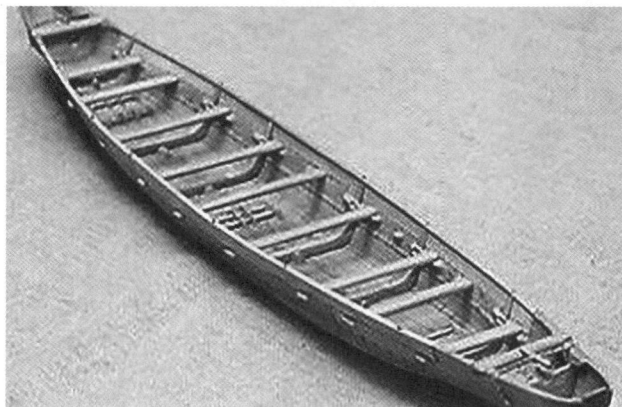

图 1.3　木板船

最早出现的木板船叫舢板,原名"三板",顾名思义,可以推测它最初是用三块木板构成的,就是由一块底板和两块舷板组合而成。几千年来,人们在使用中不断对三板船加以改进,使其逐步完善,并且得到不断创新,发展出了千姿百态、性能优良的船舶。除了舢板这种单体木板船外,当时的人们还受木筏制造原理的启发,造出了舫(《说文》:"舫,并舟也。"),把两艘以上的船体并列连接起来,既增加了船的宽度,又提高了船的稳定性和装载量。舫的制作起初是用绳索把两艘船捆在一起,后来又演变成将木板或木梁放置在两艘船上,用木钉、竹钉或铁钉将其钉在一起,两船之间也保留一定的间隔,无须让船舷跟船舷紧靠在一起了。除了由两艘船体构成的舫外,在历史上还出现过由多艘船体构成的船只。这种船行驶平稳,上面可以建造庐舍,成为统治阶级出游的专用船。

春秋时期,我国南方已有专设的造船工场——船宫。诸侯国之间经常使用船只往来,并有了关于战船的记载。随着战船建造技术的发展和作战需要,出现了具有重楼式上层建筑的战船,这种战船统称楼船(见图 1.4)。

图 1.4　楼船

在中国古代造船技术的发展过程中,曾出现过三个高峰时期:秦汉时期、唐宋时期和明朝时期。秦汉时期,楼船进入大发展阶段。汉武帝征服南越时建造的大型楼船,上层建筑有 3～4 重,高 10 丈,可载 1 000 人。三国两晋时期建造的长江战船可有 5 层楼,载兵 3 000 人。楼船成为水军的主力战舰,楼船的建造和发展也是我国造船技术高超的标志。

唐宋时期为中国古代造船史上的高峰时期。唐代采用水密隔舱建造船体,船体外板采用榫接钉合的工艺,抗沉性好,并设有帆和舵,可利用侧逆风行驶。唐代对外贸易的商船直达波斯湾和红海之滨,所经航路被誉为"海上丝绸之路"。到了北宋时期,木帆船的建造技术已逐渐成熟,当时的造船厂已经能够按照船样图施工,并开始采用滑道下水。在中国出土的古船中,保存最为完整的要属 1974 年在泉州湾出土的一艘宋代的古船(见图 1.5)。古船残长24.2 m,载重量为 200 t,是一艘远洋帆船。它具有夹底造型、三重壳板、多根桅杆、隔舱数多等特点,反映出当时已具备建造规模巨大、结构坚固、易于装载、抗风力强、稳定性好、吃水深等适于远洋航行的优良船型的技术。

图 1.5　泉州湾出土的宋代古船

元代至明代是中国木帆船的鼎盛时期。举世闻名的郑和下西洋船队使用的主要船只叫宝船(模型见图 1.6),长达 140 m,宽达 60 m。每次远航时,宝船加上运粮、作战的协助船舶,总船数达百十艘,最远曾到达非洲东岸现今的索马里和肯尼亚一带,是当时世界上规模最大的远洋船队。当时中国的造船和航海技术在世界上属最高水平。

图 1.6　宝船模型

1.1.3　古代的造船技术

中国古代的造船技术曾长期处于世界领先水平，在世界造船与航海史上做出过重大贡献。以下是中国造船发展历史中出现的辅助航行工具及先进的建造工艺技术。

1.1.3.1　船碇

船碇是我国古代利用石块重量稳定船位的系泊工具，相当于现代的锚。在广州出土的我国东汉时期的陶质船模的首部有一个带有两爪的船碇，中间有一根横杆和一块大石头，这种木石结合的船碇和现代的海军锚惊人地相似。

1.1.3.2　橹

橹（见图 1.7）是在舵桨的基础上发展演变而来的放置于船尾的推进工具。舵桨加长后，其操作方式从"划"演变为鱼尾式的"摇"，从而产生了中国特有的"橹"。橹安装在船尾，左右摆动可使船像鱼儿摆尾那样前进，由于可以连续摇动做功，因此比桨的推进效率更高。

图 1.7　橹

1.1.3.3　风帆

风帆是依靠风力推进的船舶推进装置。据三国时期的《南州异物志》记载，当时帆船设计有4个风帆,并不直接迎风,而是横向且稍倾斜地面对迎风面。这样能够使船舶即使在逆风的情况下仍然能够高速前行,无须像西方帆船一般降帆。在帆的材质方面,使用的是竹竿加强的"硬篷"。

1.1.3.4 舵

舵是控制船舶航向的重要装置。舵和帆配合使用,使得船舶在风力、风向改变时,能更有效地保持航向。舵在汉朝已经开始使用;在宋朝船上发现平衡舵,其舵压中心至舵杆轴线的距离小,转舵力矩较小,但舵在水流作用下易摆动。

1.1.3.5 指南针

指南针是早期船舶最重要的海上导航设备。北宋时期有"舟师识地理,夜则观星,昼则观日,阴晦则观指南针"的记载,证实我国在11世纪末已将指南针用于航海,具备了全天候航海的能力。

在中国历史上,以碇为船锚,以橹为推进装置,以舵为操纵装置,以指南针为导航装置,这些都反映了中国先进的传统造船技术,也反映出当时中国高超的生产技术水平。

除了船舶辅助航行工具的发明使用外,中国古代船舶建造工艺也处于当时世界的先进水平,如水密隔舱(见图1.8)与造船坞。唐代大海船建有水密隔舱,如江苏如皋出土的唐代木船有9个水密隔舱。由底部和两舷肋骨以及甲板下面的横梁环围而构成的一层水密舱壁,使船舷与舱壁板紧密地结合在一起,牢固地支撑着两舷,这就增强了船体的横向强度。使用这种工艺和技术大大增强了船的抗沉能力,特别是增加了船体的横向强度。船的坚固性和抗沉性增强了,船舶就有可能多设桅杆、船帆,从而更适合远洋航行。

图1.8 古船的水密隔舱

宋朝已经开始使用船坞造船、修船。据北宋沈括的《梦溪笔谈》记载,公元1068—1077年,为修理大龙舟,有个叫黄怀信的人想出一个办法来,即在汴京城的金明池北掘一大坑,内置木墩和木梁,再放水入坑,将大龙舟引至木墩架上,抽干坑内的水进行修理,修好后再放水浮船。这便是世界上首例船坞。西方的第一个船坞于1495年在英国朴次茅斯修建,比中国晚了400多年。此外,宋代工匠还能根据船的性能和用途,先制造出船的模型,再依据画出来的船图施工。欧洲在16世纪才出现简单的船图,落后中国三四百年。

明朝的造船技术和工艺达到了中国古代造船史的顶峰。据考古发现和古书上的记载,明朝时期的造船工场分布之广、规模之大、配套之全,是历史上空前的。明朝造船工场有与之配套的手工业工场,加工帆篷、绳索、铁钉等零部件,还有堆放木材、桐油漆、麻类等的仓库。当时对于造船材料的验收,以及船只的修造和交付等,也都有一套严格的管理制度。正是有了这样雄厚的造船业基础,才会有郑和七次下西洋的远航壮举。明朝造船业的伟大成就,久为世界各国所称道,也是中国对世界文明的巨大贡献。直到欧洲资本主义兴起和现代机动轮船出现,中国在造船业上长期享有的优势才逐渐消失。

1.2　中国近代造船史

中国近代主要是指明代后期到中华人民共和国成立前。这一时期,中国正处于封建社会后期,经济和科学技术停滞不前,中国的造船业也逐渐失去了原有的光彩。

1.2.1　同时期的西方造船业

18 世纪 60 年代发源于英国的产业革命,首先从纺织业开始,到 80 年代迅速发展到许多工业部门。18 世纪末,英、美、法等诸国都有不少人探讨利用蒸汽机推进船舶的方案。

1807 年,美国人富尔顿完成了第一艘蒸汽机明轮船"克莱蒙特"号(见图 1.9),在哈得孙河上航行成功,航速 4.7 kn。"克莱蒙特"号标志着机械驱动开始代替自然力驱动,船舶的发展进入新的阶段。

图 1.9　"克莱蒙特"号

早期的蒸汽机是安装在木帆船上的。1850 年以后,逐渐用铁作为造船材料。1880 年以后,钢很快代替铁作为造船材料。1876 年,英国建造的新船中只有 8% 用钢材建造,而到 1890 年,则只有 8% 用铁建造了。1860 年,英国布鲁内尔建成铁壳船"大东方"号(见图 1.10),被认为是造船史上的奇迹。该船长为 207 m,排水量为 27 000 t,采用风帆、明轮和螺旋桨联合推进。布鲁内尔是第一个将关于梁的力学理论应用于造船的人,在船体建造上首创了纵骨架结构和格栅式双层底结构。双层底向两舷延伸直到载重水线以上,形成了双层船壳,上甲板也用同样结构以增加船体强度。船上安装两台蒸汽机,一台为驱动直径为 56 ft 的明轮,另一台为驱动直径为 24 ft 的螺旋桨,蒸汽机总功率为 8 300 hp,最高航速达 16 kn。船上有 6 根桅,帆总面积为 8 747 m^2。"大东方"号内部用纵横舱壁分隔成 22 个舱室,能载客 4 000 人,装货 6 000 t,是当时的大型船装货量的 7 倍,直到半个世纪以后才出现比它更大的船。

图 1.10 "大东方"号

1896 年,英国人 C. 帕森斯将他发明的反作用式汽轮机成功地应用于船上;同年,瑞典人 C. 迪拉瓦尔发明了冲击式汽轮机。进入 20 世纪以后,船用汽轮机不断改进,因为重量轻、功率大、旋转均匀和无往复运动部件等特点,被广泛应用于大型高速船。至今,某些大功率船仍用汽轮机作为推进动力装置。1892 年,德国人 R. 狄塞尔发明了压燃式内燃机,即柴油机,20 世纪初开始应用于船上。柴油机热效率高、油耗低,发展很快,逐渐取代了蒸汽机。

这一时期的西方工业国家经济迅速发展,并开始通过开拓航海线路来进行殖民扩张。1840 年鸦片战争后,由于西方列强的侵略等原因,中国沦为半殖民地半封建社会,清政府被迫开放 5 个通商口岸,让外国的帆船、轮船在我国沿海和内河自由航行,这导致中国的造船业日渐衰微。

1.2.2　中国近代造船业

19 世纪 60 年代以后,曾国藩、左宗棠、李鸿章等人见洋人以"坚船利炮"打开中国国门,奏请清政府开展洋务运动。

1865 年,江南制造总局在上海创办,这是一家制造军火和轮船的综合企业。主持江南制造总局造船事务的是中国近代著名科学家徐寿、华蘅芳。在他们的努力下,1868 年,江南制造总局首舰"惠吉"号下水。"惠吉"号是木壳、蒸汽机动力、明轮推进船,船长 185 尺(约 62 m),载重 600 t,功率 288 kW,航速约 9.5 kn。

1869 年,福州船政局制成木壳运输舰"万年清"号(见图 1.11),船长 72.6 m,排水量 1 450 t,功率 426 kW,航速约 10 kn。"万年清"号是我国制造的第一艘千吨级轮船,也是第一艘使用水下螺旋桨的船舶。此后,福州船政局 5 年内陆续建造了 15 艘轮船。这时中国造船还处在仿制时期,先由外国人设计,再由中国工匠进行仿制、组装。以上几艘蒸汽机轮船,从技术上看,虽然要比英国等落后七八十年,但这毕竟是中国近代造船业的开端,也是中国船舶工业的先导。

图 1.11 "万年清"号

1918—1922 年,江南造船所为美国建造了 4 艘万吨级的运输船,都是全遮蔽甲板、蒸汽机型货船,这是当时远东地区所建造的吨位最大的船舶,也是外国政府首次向中国船厂订造的万吨级舰船。交付的第一艘运输船"官府"号(见图 1.12)也是中国第一艘万吨级出口船,船长130.76 m、型宽 16.76 m、型深 11.57 m、航速 12.9 kn,该船由美国提供材料、图纸及技工,由江南造船所提供场地组装完成。

图 1.12 "官府"号

1905 年,钢质长江客货船"江新"号在上海建成,其垂线间长 99 m,吃水 3.66 m,载重1 900 t,载客 326 人,采用火管锅炉 3 座、蒸汽机 2 台,指示功率共 1 596 kW,航速 12.5 kn。1912 年,江南造船所还建成了与"江新"号尺寸相近的"江华"号,其船身坚固、行驶稳捷,技术水平居长江各船之首,是当时中国所建造的船舶中吨位最大、性能最好的商用货船。中华人民共和国成立后,这两艘船分别于 1954 年和 1951 年经过改建,曾经作为长江客运的主力,营运到 20 世纪 70 年代。

1.3　中华人民共和国船舶工业的发展

中华人民共和国成立前,我国已经在上海、福建地区拥有多家造船厂,但是由于政治腐败、外敌入侵,到中华人民共和国成立前夕,中国造船业已是奄奄一息,仅具备小型船舶修造能力,没有大批量建造的能力。中华人民共和国的成立使我国船舶工业获得了新生,船舶工业作为国家经济、国防的重要组成部分,迅速得到了国家重视。中华人民共和国成立以来,船舶工业从艰苦创业期,到发展转型期,再到当前的跨越式发展,中国造船业重新在世界船舶工业上占据举足轻重的地位。下面从 1949—1979 年、1979—2000 年、21 世纪这三个阶段来介绍中国造船业的发展。

1.3.1 1949—1979 年的中国造船业

中华人民共和国成立后,上海、大连、福建等地的残存船舶生产力被收编重组为国有产业,我国的船舶修造能力开始恢复。

1955 年,中华人民共和国第一艘沿海客货船"民主 10"号由江南造船厂建造完成并投入营运。其船长 80 m,型宽 14 m,型深 6.1 m,满载排水量 2 680 t,船速 10.5 kn,载客 480 人,载货 450 t。1956 年年初,"民主 10"号首开大连至上海客运航线。不久,其便投入渤海湾航线,承担大连至天津的客运任务。"民主 10"号知名度高,曾先后登上了 20 世纪五六十年代杂志的封面和我国发行的军用粮票的票面。它的设计与建造锻炼了一大批工程技术人员,开创了中国建造海洋运输船舶的先河。在此基础上,我国又设计建造了其他性能良好、设施齐备的国产客货船,促进了中国客货船的进一步发展。

"东风"号远洋货船是中华人民共和国成立以来第一艘自行设计建造的万吨级远洋船(见图 1.13)。该船由江南造船厂制造,1965 年交付使用。"东风"号船长 161.4 m,型宽 20.2 m,型深 12.4 m,载重量 1.348 8 万吨,排水量 1.718 2 万吨。该船的船体采用了国产的高强度低合金钢结构材料,主机采用中国第一台自行设计建造的 8 820 匹船用重型低速柴油机,装配了比较新型的废气锅炉供汽的蒸汽透平发电机组通信导航设备和舱室空气调节装置等。它集中反映了当时中国船舶设计建造水平以及船舶配套生产能力,为中国大批量建造万吨级以上大型船舶奠定了基础。

图 1.13 万吨级远洋船"东风"号

中国船舶工业当时的首要任务是为海军研制、生产技术装备。改革开放之前,中国从"转让制造"(由苏联提供图纸和部分材料设备)、立足国内仿制常规舰艇到自行设计舰艇,从无到有,自行设计建造出包括核动力潜艇、导弹驱逐舰在内的各型战斗舰艇和军用辅助船舶,舰船的战术性能也在不断提高,彻底改变了中国的海防面貌,有力地捍卫了中国辽阔的海域和保障了海洋开发事业的顺利进行。中国第一代导弹驱逐舰"济南"号（见图1.14）的诞生实现了我国驱逐舰从仿制到自行研制的跨越，在中国驱逐舰发展史上具有里程碑意义。"济南"号由大连造船厂制造，1968年12月24日开工建造，1970年7月30日下水，1971年12月31日服役，它是我国自行研制的第一代导弹驱逐舰的首舰，之后又完成了加装舰载机和防空导弹系统等新技术的试验。

图1.14　中国第一代导弹驱逐舰"济南"号

1.3.2　1979—2000年的中国造船业

改革开放以后，中国船舶工业才开始真正走入国际市场，船舶修造能力开始在世界市场上崭露头角，市场份额逐年上升，并且所接单的船舶也由普通货船向以超大型集装箱船、液化天然气船等为代表的高附加值船舶乃至海洋工程平台扩展。船舶企业经历扩大经营自主权、承包经营、转换经营机制，以建立现代企业制度为方向，向开放、经营生产型转变，成为自主经营、自负盈亏、自我发展、自我约束的法人实体和市场竞争的主体。

1982年，大连造船厂承造的2.7万吨"长城"号散货船（见图1.15）交船，这是中国按照国际标准建造的第一艘大型出口船舶，入英国劳氏船级社。"长城"号的建造标志着中国船舶工业跨入了一个新纪元。"长城"号是中国香港包玉刚家族订购的首艘船舶，此后不久包玉刚先生便同大连造船厂签订了价值高达1亿美元的出口船舶合同，从而打开了香港市场，也架起了中国船舶工业通向世界的桥梁。不久，"望远"号、"世沪"号、"世谊"号、"东星"号等一批出口船舶也陆续建成交付。成功建造并交付出口船舶，为中国船舶工业积累了丰富的建造技术和管理经验，为中国今后实现自主研发、设计建造奠定了基础。

图1.15　"长城"号散货船

1987 年,江南造船厂建造的 6.4 万吨"祥瑞"号散货船(见图 1.16)交付。经过 4 个多月的实际营运,其经济技术指标及总体性能均达到了当时国际先进水平。"祥瑞"号采用单面焊双面成型、上层建筑整体吊装、精度造船、单元组装、分段预舾装、计算机应用等新工艺和新技术。其船型性能优良,运营经济性很好,在国际航运界广受好评,被英国伦敦租船市场挂牌为"中国江南巴拿马型"散货船,成为国际标准船型之一,为中国船舶工业在国际舞台上赢得了良好的声誉。此后,江南造船厂又连续收到了数十艘同类型船舶的建造订单。1989 年,江南造船厂为美国拉斯科航运公司建造的 70 000 吨级巴拿马型散货船,被命名为"中国光荣"号。该公司向江南造船厂订购了 4 艘同类船舶,同属于江南造船厂 20 世纪 80 年代起自行研发的巴拿马型散货船船型。

图 1.16 "祥瑞"号散货船

1979—1989 年的 10 年间,中国出口的各种民用船舶总吨位达 270 万,在研究开发各类型船舶方面也取得了长足的进步。随着国际航运业和船舶技术的发展,国内各大造船厂开始建造吨位更大的散货船、油船和集装箱船,并挑战此前从未接触过的多种高技术、高附加值船舶。

1988 年,江南造船厂为联邦德国建造的 2.4 万吨汽车滚装船"沃尔夫斯堡"号(见图 1.17)交付。该船是一艘结构新颖、类似航空母舰的汽车滚装船,可运载 4 000 辆轿车和 350 个 20 ft 集装箱。该船长 182.7 m,型宽 29.6 m,型深 28.95 m,满载排水量 2.4 万吨,设计吃水 7.8 m,设计航速 17.5 kn,主机最大连续功率为 8 046 kW(1.08 万马力)。

图 1.17 "沃尔夫斯堡"号

1990 年,中国第一艘自行研制的 3 000 m³ 全压式液化气船"鲲鹏"号在江南造船厂建成。该船由中国船舶及海洋工程设计研究院设计,当时世界上只有日本、荷兰等少数几个国家能够建造这类船舶。

1991 年,中国第一艘出口的液化气船(见图 1.18)由中国船舶及海洋工程设计研究院设计、江南造船厂建造。这艘 4 200 m³ 半冷半压式液化气船是 20 世纪 90 年代国际水平特种船舶的代表,标志着中国在高技术、高难度出口船的建造方面取得了新的突破。

图 1.18　中国第一艘出口的液化气船

1.3.3　21 世纪的中国造船业

造船完工量、新接订单量、手持订单量是船舶行业衡量造船工业发展规模与实力的三大指标。从 20 世纪 50 年代至 21 世纪初,三大指标全球第一的位次一直被日本或韩国所占据。1995 年,中国全年造船量总吨位达 184 万,占当年世界造船总量的 5.3%,从此连续多年位居世界前三。

2006 年,中国获得的造船订单总量达到 1 470 万吨,首次超越日本,位居世界第二并跻身世界造船业第一方阵,船舶制造业开始呈现中、韩、日三足鼎立的竞争格局。

2009 年,中国新接订单量达 2 600 万吨,首次超过韩国,跃居世界第一。2010 年,中国全面超越韩国,居世界第一,并连续保持多年。

2016 年,在全世界船只订单较 2015 年同期暴跌 70% 的行业严冬中,中国新接订单量、手持订单量分别占世界市场份额的 65.2% 和 43.9%,皆位居全球第一,仅造船完工量指标低于韩国。

2017 年,中国造船完工量、新接订单量、手持订单量分别占全球总量的 41.9%、45.5% 和 44.6%,国际市场份额均位居世界第一。中国连续赶超了日本和韩国,一举成为世界第一造船大国。

根据中国船舶工业行业协会发布的统计数据,2023 年中国造船完工量为 4 232 万载重吨,同比增长 11.8%;新接订单量为 7 120 万载重吨,同比增长 56.4%;手持订单量为 13 939 万载重吨,同比增长 32.0%,所有指标第一次实现两位数增长。

在三大造船指标中,有一项指标特别引人注目,那就是最具含金量的新接订单量。2023 年,我国高技术、高价值船型的新接订单量创 2008 年以来新高,我国新接绿色动力船舶订单占国际市场的份额也是连年增长的,2023 年全年已经达到了 57%,这也表明了未来全球一半以上的新能源船舶将产自中国。

以下是 21 世纪中国在船舶建造上具有技术代表性的一些知名船舶。

2002 年,历时 3 年,大连新船重工有限责任公司为伊朗国家油轮公司(NITC)建造的 30 万吨巨型油船"伊朗·德瓦尔"号(见图 1.19)签字交付。这也是我国建造的第一艘 30 万吨级巨型原油船(VLCC,Very Large Crude Oil Carrier)。VLCC 是体现船厂船舶建造能力的一种标志性船型,从设计建造、组织管理等各方面都对船厂提出更高的要求。"伊朗·德瓦尔"号的建成标志着我国造船工业在超大型油船的设计建造上实现了零的突破,不仅实现了几代中国造船人的梦想,还打破了世界造船强国在该领域的垄断,从而使我国进入世界仅有的几个能够设计建造巨型油船国家的行列。

图 1.19 　"伊朗·德瓦尔"号

2007 年,我国第一艘自主设计建造的 8 530TEU 超大型集装箱船"新欧洲"号下水。作为远洋物资运输的主力,超大型集装箱船的尺寸已接近一般港口的极限,信息化、自动化程度也越来越高,体现着一个国家的工业与科技实力。2023 年 3 月 9 日,中国制造的全球最大级别集装箱船新纪录在上海诞生。沪东中华造船(集团)有限公司联合中国船舶工业贸易有限公司为地中海航运公司(MSC)建造的 24 116TEU 超大型集装箱船系列船的首制船"地中海泰萨"(MSC TESSA)号(见图 1.20),在中船长兴造船基地命名交付。这一新纪录进一步巩固了中国在世界超大型集装箱船建造领域的引领地位。该船由沪东中华造船(集团)有限公司自主设计,拥有完全自主知识产权。该船总长 399.99 m,比目前世界最大的航母还要长 60 多米;型宽 61.5 m,甲板面积近似于 4 个标准足球场;型深 33.2 m,最大堆箱层数可达 25 层,相当于 22 层楼的高度;可承载 24 万多吨货物,一次可装载 24 116 只标准集装箱。该船配备了混合式脱硫装置,以及独有的小球鼻艏、大直径螺旋桨和节能导管等装置;同时,首次采用气泡减阻系统,不仅有效降低了船舶总能耗,碳排放量也减少了总量的 3%~4%,全年可减少6 000 多吨;首次采用轴带发电机系统,能够有效降低燃油消耗,优化油耗和船舶能效设计指数,减少温室气体的排放。

图 1.20　"地中海泰萨"号集装箱船

　　中国制造的第一艘液化天然气（LNG，Liquefied Natural Gas）运输船是由沪东中华造船（集团）有限公司自主设计建造的当时世界上最大的薄膜型 LNG 运输船"大鹏昊"号（见图 1.21）。该船长 292 m，型宽 43.35 m，型深 26.25 m，航速 19.5 kn，自 2004 年 12 月开始建造，于 2008 年 4 月顺利交船。"大鹏昊"号造价 1.6 亿美元，几乎相当于 5 艘普通巴拿马型散货船的总造价。"大鹏昊"号的使命是往返于澳大利亚和中国上海之间 2 700 n mile 的距离，将澳大利亚西北大陆架的液化天然气运回中国，"大鹏昊"号整船装载 LNG 量为 14.7 万立方米，全部气化以后容量将达 9 000 万立方米，相当于上海全市居民 1 个月的天然气使用量。2015 年，沪东中华造船（集团）有限公司建造的 17.2 万立方米薄膜型 LNG 运输船交付，将其命名为"巴布亚"号。"巴布亚"号的顺利建成，标志着我国自行设计建造的 LNG 运输船已经达到国际标准。与"大鹏昊"号相比，"巴布亚"号装货量增加了 11.7%，燃油消耗却降低了 25%，在舱容和性能等各项指标上实现了全面飞跃，并且拿到了船舶能效设计指数证书。沪东中华造船（集团）有限公司已研发了超大型 22 万立方米 LNG 运输船、27 万立方米液化天然气浮式储存再气化装置（LNG-FSRU，LNG-Floating Storage and Regasification Unit），22 万立方米级浮式液化天然气生产储卸装置（LNG-FPSO，LNG-Floating Production Storage and Offloading）等船型也在研发中，其强大的自主设计研发能力与建造经验，受到石油巨头埃克森美孚公司等国内外船东的高度认可。

图 1.21　"大鹏昊"号 LNG 运输船

　　2023 年 11 月 4 日，我国首艘国产大型邮轮"爱达·魔都号"（见图 1.22）正式命名交付。

这标志着中国从此实现了国产大型邮轮制造零的突破,成为集齐造船业可同时建造"三颗明珠"航空母舰、大型液化天然气运输船、大型邮轮的国家。"爱达·魔都号"由上海外高桥造船有限公司承建,全长 323.6 m,总吨位为 13.55 万,有 24 层楼高,2 125 间客房,最多可载乘客 5 246 人。"爱达·魔都号"船体涂装从敦煌壁画艺术中采撷灵感,创新演绎东方文化韵味,具有浓郁的中国风,其名字既体现了上海制造,又凸显了首艘国产大型邮轮在产品设计、艺术设计、体验设计上的追求。

图 1.22 "爱达·魔都号"邮轮

近 10 年,中国船舶和海洋装备研发、建造水平持续提升,一批高端船舶和海洋装备完成建造,我国船舶工业持续向高端化发展。6 000 吨级抛石船(中航威海船厂有限公司制造,见图 1.23)、99 000 m³ 超大型乙烷乙烯运输船(江南造船厂建造,见图 1.24)等高端船型都已经成功交付。

图 1.23 6 000 吨级抛石船

图 1.24 超大型乙烷乙烯运输船

我国已经能够建造包括大型滚装客船、大型挖泥船、万箱级集装箱船、大型邮轮等在内的各种高技术船舶。量变的背后,是中国造船业品质的全面提升。可以说,21 世纪的中国造船业不断创新、提升、转型,从数量扩张向质量效益转变,从低端制造向高端制造跃升,从传统动力向绿色动力转型。中国船舶工业经受住了国际船市近 10 年的持续调整,国际市场份额稳居前列,海洋重工装备进入世界第一方阵,世界造船大国的地位也得到进一步巩固。

1.4　中国造船工业当前的形势

1.4.1　面临的机遇

2022年10月16日，习近平总书记在党的二十大报告中深刻阐释了新时代坚持和发展中国特色社会主义的一系列重大理论和实践问题，描绘了全面建设社会主义现代化国家、全面推进中华民族伟大复兴的宏伟蓝图，为新时代新征程党和国家事业发展、实现第二个百年奋斗目标指明了前进方向、确立了行动指南。二十大报告不仅擘画了中国的美好未来，描绘了中华民族伟大复兴前景，也为我国造船业指明了前进方向、提供了发展路线。

经历了2016—2020年船市低迷期，全球造船业正处于一个新的复苏周期。我国造船业与国家发展经济的许多举措息息相关，如减税降费、金融扶持、驱动创新、双循环发展、国企改革和"碳达峰、碳中和"行动等政策。在积极响应和落实国家战略的过程中，我国造船业面临的机遇包括以下方面：

1.4.1.1　减税降费和金融扶持并举，有利于企业卸重发展

为制造业减税降费，已成为我国近几年一项常态政策。减税降费为造船企业提供了真金白银的帮助，为船企长远发展增强了信心。如果说减税降费解决的是船企一时半会的困难，那么畅通融资路径则关系着船企的发展命运。造船业是典型的借贷经营行业，由于市场持续低迷导致效益不好，加之整体产能过剩，金融机构一直视其为信贷禁区。国家金融政策对实体经济释放出的强烈的扶持信号，必然会促进船企轻装上阵，在实现健康经营的同时快速提升创新力和竞争力。这是船企希望看到的结果，也是建设造船强国的需要。

1.4.1.2　坚持创新核心地位，助力突破技术瓶颈

近20年，我国船舶工业发生了翻天覆地的变化，不仅在体量和船型覆盖上实现了突飞猛进，在豪华邮轮、液化天然气船和大型集装箱船等"双高"产品市场也取得了优异成绩。但是，核心技术的缺失仍非常明显，特别是关键核心配套、船舶工业设计软件等与造船强国还存在较大差距。要解决这个问题，需要行业奋起，更需要顶层规划和国家倾力支持。在科技新方略引领下，我国造船业加快突破设计建造技术瓶颈，破解核心技术"卡脖子"难题指日可待。

二十大报告对科技创新的部署，核心要求有三点：一是坚持创新在我国现代化建设全局中的核心地位；二是加快实施创新驱动发展战略；三是深入实施人才强国战略。其中，第一点最为重要，是我国当前乃至今后科技政策的基调，更是我国实现高水平科技自立自强的引擎。为了落实上述要求，二十大报告提出了详细的方案和路径。这些创新之策不仅展示了我国实现制造强国的雄心壮志，也必将推动我国科技创新迈入波澜壮阔的大发展时代。

1.4.1.3　加快构建双循环格局，促进造船需求增长

2020年和2021年上半年是造船市场极度低迷的时期，但我国造船业通过积极把握和挖掘国内需求，如粤港澳大湾区建设、深海养殖装备、海上风电和"气化珠江"等显性和潜在需

求,实现了新船接单量远超日韩,成为当时世界造船业一道亮丽的风景线。随着 2021 年下半年国际船市逐渐复苏,我国造船业更是呈现出一片欣欣向荣的景象。

二十大报告提出:"我们要坚持以推动高质量发展为主题,把实施扩大内需战略同深化供给侧结构性改革有机结合起来,增强国内大循环内生动力和可靠性,提升国际循环质量和水平,加快建设现代化经济体系,着力提高全要素生产率,着力提升产业链供应链韧性和安全水平,着力推进城乡融合和区域协调发展,推动经济实现质的有效提升和量的合理增长。"首先,要解决落后造船产能过剩问题。据估算,全球造船产能在相应周期已减少了 6 000 万载重吨,大量船厂退出了造船市场。这其中就有中国推动供给侧结构性改革,坚持利用"有形手""无形手"来削减低端落后造船产能的贡献。现在看来,这一做法将来仍会继续。其次,要实现要素配置改革。近年,我国实行市场要素、土地要素、劳动力要素、资本要素、技术要素等要素配置改革,大力推动各要素自由流通。这些举措已为船企发展发挥了一定作用。二十大报告要求加大这方面力度,这是一个积极的信号,对造船业也是全面性利好的。

1.4.2 面临的挑战

随着全球格局和战略环境的不断变化,中国的造船业也面临着一系列的挑战,包括以下几个方面:

1.4.2.1 环保要求空前升级,绿色转型大势所趋

"碳达峰、碳中和"是 2022 年两会新词,也是制造业的热词。碳达峰是指在某个时点,二氧化碳的排放达到峰值,不再增长。碳中和则是指国家、企业、产品、活动或个人在一定时间内直接或间接产生的温室气体排放总量,通过植树造林、节能减排等形式来抵消,实现正负抵消,达到相对"零排放"。

我国造船业面临的碳减排的挑战主要来自绿色造船和绿色船舶两方面。

首先,"碳达峰、碳中和"行动迫使船企转向低碳绿色制造,减少乃至杜绝环境和空气污染。据估算,一家大型造船企业每年用电量约为 2 亿千瓦时,费用超亿元。这就是说,燃煤发电电网升级改造所产生的成本在转移中必然会提高造船业成本。与此同时,造船过程中切割、焊接、特殊材料作业和涂装等也会直接产生碳排放。此外,我国造船业普遍采取粗放式模式,许多船企能源利用效率相对较低。这些都是船企在"碳达峰、碳中和"行动中迫切需要解决的问题。虽然,船企无法左右电网和上游配套产品因碳减排带来的价格上涨,但为了达到低碳化生产经营,就必须增加更多投入来更新设备、改进工艺和技术及实行先进管理。

其次,绿色低碳发展战略加速了我国绿色船舶设计建造进程,船企提高新船型研发能力迫在眉睫。近年来,国际海事组织对船舶温室气体减排要求越来越高,我国许多船企积极布局低排放、零排放船舶研发建造,取得了一定成效。但是,我国绿色船舶整体制造水平参差不齐,船型设计、新型燃料研发、适用于新型燃料或更高能效的动力系统研发相对滞后,国产节能装备配套应用也是困难重重。

1.4.2.2 加快去掉过剩产能,打响提质增效攻坚战

我国制造业产能过剩是不争的事实,国家也于多年前就开展了产能化解工作。我国造船业同样存在这种现象,不但总量过剩,而且结构性过剩,三大常规主流船建造量占比超过90%,LNG 船等高端船舶占比较低。从 2012 年开始至今,我国出台了《船舶行业规范企业监

督管理办法》《船舶工业深化结构调整加快转型升级行动计划（2016—2020年）》等政策，通过淘汰、消化、整合、转移等途径，造船产能降至6 000万载重吨左右，但离削减目标仍有一定差距。可以说，世界发展日新月异，中国造船水平突飞猛进，但是造船产能过剩问题还未得到彻底解决。

在加快"去产能、去杠杆"的新形势下，那些市场占有率低、产品低端落后、科研能力弱和财务状况恶劣的船企更是雪上加霜，加速退出造船市场将是大概率的事。通过优胜劣汰，让一部分落后产能消逝，对行业发展是好事，但对船企是残酷的。对于船企来说，围绕具有市场前景的技术，培育优势产品，实现高新技术、高附加值产品发展，打响提质增效攻坚战，是其目前面临的严峻挑战。

1.4.2.3　深化体制改革，推动船企提升竞争力

2019年，经报国务院批准，中国船舶工业集团有限公司与中国船舶重工集团有限公司实施联合重组。这些年，船海领域的央企、国地合并重组开展得有声有色，并取得重大突破和成效，但在上下游协同效应资源整合、央企重组等方面，尤其是海工央企重组还有待加强。

二十大报告给出了未来国企改革的途径：要深化国资国企改革，加快国有经济布局优化和结构调整，推动国有资本和国有企业做强做大，提升核心竞争力；要完善中国特色现代企业制度，弘扬企业家精神，加快建设世界一流企业。这表明，国企改革会长期深入进行，船舶企业后续在增强国企活力、提高企业运作效率、完善现代企业制度和推进高质量发展等方面还会面临不小的挑战。

1.4.2.4　国际造船大国竞争激烈，国际船舶市场需求波动

经过行业多年的发展，美国造船业基本转为为军船建造服务；21世纪以来在政策的支持下中国造船业凭借人力优势快速发展，已具备三大主流船型和包括液化气船在内的高端船型的自主研发能力，并凭借较强的成本承受能力逐渐赶超日韩。全球造船业的竞争格局总体上可以分为三个阵营：第一阵营，即中国、韩国、日本，主要生产散货船、油船、集装箱船；第二阵营，即德国、意大利、丹麦等欧洲国家，基本以制造液化气船、豪华邮轮等高附加值船舶为主；第三阵营，即其他较小造船国家。印度、巴西、越南等新兴市场国家也在大力发展造船业。

随着全球格局和战略环境的不断变化，国际大国的竞争越来越激烈。欧洲一些发达国家和日本在造船业方面拥有先进的技术和丰富的经验，不断向高端船型市场挤压。国际船舶市场需求的波动也给中国造船业带来了不确定性。随着经济全球化发展和贸易保护主义倾向日益明显，船舶需求存在周期性波动，对中国造船业造成了影响。中国造船业必须居安思危，主动抓住开放政策带来的机遇，提高技术水平和研发能力，努力开拓国外市场，提高品牌影响力和企业竞争力，在实现中国造船强国梦的进程中不断发展壮大。

1.4.3　船舶未来发展趋势

2015年，中国政府把海洋工程装备和高技术船舶作为十大重点发展领域之一加快推进。船舶领域未来的发展着重于两点：一是实现产品绿色化、智能化；二是实现产品结构的高端化。可以从以下三个方面理解船舶产品的绿色化、智能化与高端化的发展需求及船舶行业技术挑战。

高技术高附加值船舶:抓住技术复杂船型需求持续活跃的有利时机,快速提升 LNG 船、大型 LPG 船等产品的设计建造水平,打造高端品牌;突破豪华邮轮设计建造技术;积极开展北极新航道船舶、新能源船舶等的研制。

超级节能环保船舶:通过突破船体线型设计技术、结构优化技术、减阻降耗技术、高效推进技术、排放控制技术、能源回收利用技术、清洁能源及可再生能源利用技术等,研制具有领先水平的节能环保船,大幅降低船舶的能耗和排放水平。

智能船舶:通过突破自动化技术、计算机技术、网络通信技术、物联网技术等信息技术在船舶上的应用,实现船舶的机舱自动化、航行自动化、机械自动化、装载自动化,并实现航线规划、船舶驾驶、航姿调整、设备监控、装卸管理等,提高船舶的智能化水平。现阶段,我国智能船舶的智能性主要体现在数据分析和信息采集方面,而在自动航行、自动靠泊、自动维修方面还未实现智能化,仍需按照要求配备足够的船员,平台规划和模块验证方面依旧亟待研究。在工业4.0 的大背景下,随着工业物联网、智能感知等技术的飞速发展,我国智能船舶朝着数字化、绿色化、商业化的方向不断深入发展。

从技术发展来看,一直以来,船舶技术是沿着从基本功能的实现,到节能,再到绿色环保的道路发展的,船舶的未来也必然沿着环保与智能并重的道路发展。在互联网技术下,未来的船舶会更加凸显智能化,这里的智能化是指设备的智能化、系统的智能化,甚至整体船舶运营的智能化,智能船舶将会应运而生。

2014 年,DNV GL 集团发布了一份名为《未来航运业》的报告,提出智能船舶这一新概念。智能船舶是一个综合系统性的概念,旨在运用传感器技术、信息整合技术和数据分析技术等推动船舶向自动化、智能化、信息化的方向发展,提高船舶运行的整体效率,降低船舶运输的营运成本,从根本上提高船舶的整体竞争力和安全性。与传统船舶相比,智能船舶在运行安全性、环保性、经济性、可靠性等方面均有显著的优势。智能船舶的发展要充分利用现有条件,从环境、能源、材料、空间、电子、机械、导航、物联网、大数据、云计算等多个领域建立实体和虚拟设施,实现操纵系统、航行系统、设备技术、节能技术甚至生产系统等的智能化,逐步建造集自感知、自评估、自预测、自组织、自重构于一体的船舶,实现信息与实体智能耦合全过程。

二十大报告为我国造船业指明了前进的方向,擘画了充满希望的新蓝图。在新的历史时期,中国提出大力发展海洋经济,把建设海洋强国上升为国家战略。这为中国造船业的发展提供了更广阔的舞台,只要认真落实好新政策新举措,主动融入国家发展战略,脚踏实地、敢于创新,我国造船业就一定能在新的时代迎来更大发展,谱写更加辉煌的篇章!

课后题

1. 简述中国古代造船业的三个高峰时期及当时船舶建造工艺技术。
2. 简述改革开放后我国造船业的发展情况。

3. 说一说你对高技术、高附加值船舶的理解。

4. 讨论当前中国造船工业面临的机遇与挑战。

5. 讨论 21 世纪船舶的发展趋势。

第2章
船舶的分类和用途

现代船舶是为交通运输、港口建设、渔业生产和科研勘测等服务的,随着工业的发展、船舶服务面的扩大,船舶也日趋专业化。船舶的航行区域、航行状态、推进方式、动力装置、造船材料等方面各有不同,因而船舶的种类繁多。本章主要介绍船舶的分类和用途等基本知识。

2.1 船舶的分类

2.1.1 按用途分类

通常,船舶是按照其用途来进行分类的。用于军事用途的船舶称为军用船舶;用于民事用途的船舶称为民用船舶。

2.1.1.1 民用船舶的分类

按照用途的不同,民用船舶主要分为运输船、工程船、渔业船、港务船等,可更具体地分为如下几种:

运输船——客船、客货船、渡船、杂货船、集装箱船、滚装船、载驳船、冷藏船、运木船、散货船、油船和液化气体船等。

工程船——挖泥船、起重船、布设船、救捞船、破冰船、打桩船、浮船坞、海洋开发船、钻井船和钻井平台等。

渔业船——网渔船、钓渔船、渔业指导船、调查船、渔业加工船和捕鲸船等。

港务船——拖船、引航船、消防船、供应船、交通船和助航工作船等。

2.1.1.2 军用船舶的分类

按照用途的不同，军用船舶主要分为两大类：具有直接作战能力或者海域防护能力的船舶称为战斗舰艇；负责后勤保障的船舶称为辅助舰艇。战斗舰艇又可以具体分为水面战斗舰艇、水中战斗舰艇和特种战斗舰艇。舰和艇主要是根据排水量不同来区分的。通常，把满载排水量在 500 t 以上的船称为舰，满载排水量在 500 t 以下的船称为艇。

军用船舶可更具体分为以下几种：

水面战斗舰艇——航空母舰、直升机母舰、战列舰、巡洋舰、驱逐舰、护卫舰、导弹艇、鱼雷艇、猎潜艇、护卫艇等。

水中战斗舰艇——攻击型潜艇（柴油机动力、电动机动力）、战略导弹潜艇（常规动力、核动力）。

特种战斗舰艇——两栖舰艇（两栖指挥舰、两栖攻击舰、船坞登陆舰、两栖船坞运输舰、坦克登陆舰、两栖货船、车辆人员登陆艇、通用登陆艇）、布雷舰艇、扫雷舰艇、猎雷艇。

辅助舰艇——补给舰、军事运输船、测量船、打捞救生船、武器试验船、医院船等。

军用船舶与民用船舶的最大区别是军用船舶装备武器。此外，军用船舶的外表一般漆上蓝灰色油漆，船尾悬挂海军旗或国旗，桅杆上装有各种用于作战的雷达天线和电子设备。

2.1.2 其他常用的分类方式

船舶其他常用的分类方式如下。

2.1.2.1 按航行区域来划分

按航行区域来划分，船舶可分为海洋船舶、内河船舶和港湾船舶。海洋船舶可分为远洋船舶、近洋船舶、沿海船舶三种，航行于湖泊上的船舶一般归为内河船舶。

2.1.2.2 按航行状态来划分

按航行状态来划分，船舶可分为排水型船、滑行船、腾空船。一般船舶为排水型船，包括浮行船和潜水船。滑行船是指船舶航行时，船身绝大部分露出水面而滑行的船舶。一些在高速航行时处于滑行状态的船舶，如摩托艇、水翼艇等都属于滑行船。腾空船是指船舶航行时，船身被托出水面运行的船舶，如气垫船就是在船底与水面间的气垫上腾空航行的。

2.1.2.3 按推进方式来划分

按推进方式来划分，船舶可分为螺旋桨船、喷水推进船、空气螺旋桨推进船和明轮船。

2.1.2.4 按造船材料来划分

按造船材料来划分，船舶可分为钢船、木船、水泥船、铝合金船和玻璃钢船等。

2.2 民用船舶

按照不同的用途，民用船舶主要分为运输船、工程船、港务船、渔业船等。

2.2.1 运输船

运输船是专门从事运载业务的船舶的统称。在民用船舶中,运输船所占的比重最大。根据运输货物种类的不同,运输船包括以下常见种类。

2.2.1.1 干货船

干货船是指专门运送干杂货(包括桶装液货)和散货的船舶,常见的有杂货船、散货船、集装箱船、滚装船、矿砂船、冷藏船、载驳船等。

(1)杂货船

杂货船是载运包装、袋装、桶装和箱装的普通货物船。杂货船通常根据货源具体情况及货运所需运输的港口,设有固定的船期和航线。其特征是采用多层甲板结构和双层底结构,通常为2~3层甲板,3~6个货舱。为便于装卸,各货舱的舱口尺寸均较大,并配有起货设备来满足装载货物的需要。起货设备包括起货吊杆、起重吊车、起重绞车或回转式起重机等。

杂货船在运输中占有较大的比例,在内陆水域中航行的杂货船吨位有数百吨、上千吨,而在远洋运输中的杂货船可达2万吨以上。杂货船要求有良好的经济性和安全性,对高速性要求不高。杂货船的缺点是:由于杂货需要包装、捆绑才能装卸,导致装卸作业效率低、时间长、劳动强度大、货物易损等。近年来,杂货船都设计成标准船型,成批生产,并趋向建造多用途货船,通过适应不同货种的需要来提高船舶的营运效率。

(2)散货船

散货船是专门装运谷物、煤炭、矿砂、水泥、化肥等散货的船舶。因为散货船货种单一,不需要进行包装成捆、成包、成箱的装载运输,货物不怕挤压,便于装卸,所以散货船多采用单甲板双层底结构。散货船的驾驶室和机舱都在尾部,货舱口比杂货船宽大,带有顶边舱和底边舱。如果散货的货源充足,装载量大,则可用大抓斗、吸粮机、装煤机和皮带输送机等装卸货物。散货船比杂货船的装卸速度快,运输效率高。

散货船通常分为以下几个级别:

①"灵便型"散货船

"灵便型"散货船(Handysize Bulk Carrier):载重量在2万~5万吨的散货船,其中超过4万吨的船舶又称为大灵便型散货船(Handymax Bulk Carrier)。干散货是海运的大宗货物,这些吨位相对较小的船舶对航道、运河及港口具有较强的适应性,载重吨量适中,且多配有起卸货设备,营运方便灵活,因而被称为"灵便型"。

②"巴拿马型"散货船

"巴拿马型"散货船(Panamax Bulk Carrier):顾名思义,该型船是指在满载情况下可以通过巴拿马运河船闸的最大型散货船,即主要满足船舶总长不超过274.32 m,型宽不超过32.30 m的运河通航有关规定。根据需要,可调整船舶的尺度、船型及结构来改变载重量,该型船载重量一般在6万~7.5万吨。

③"好望角型"散货船

"好望角型"散货船(Capesize Bulk Carrier):载重量在15万吨左右的散货船,该型船以运输铁矿石为主,由于尺度限制不可能通过巴拿马运河和苏伊士运河,需绕行好望角和合恩角。我国台湾地区称其为"海岬"型。由于苏伊士运河当局已放宽通过运河船舶的吃水限制,该型船多可满载通过该运河。

④"大湖型"散货船

"大湖型"散货船(Lake Bulk Carrier)：经由圣劳伦斯航道航行于美国、加拿大交界处五大湖区的散货船，以承运煤炭、铁矿石和粮食为主。该型船尺度上要满足圣劳伦斯航道通航要求，船舶总长不超过222.50 m，型宽不超过23.16 m，且桥楼任何部分不得伸出船体外，吃水不得超过各大水域最大允许吃水，桅杆顶端距水面高度不得超过35.66 m，该型船一般在3万吨左右，大多配有起卸货设备。

（3）集装箱船

集装箱船是一种专门载运集装箱的货船，如图2.1所示。它的全部或部分船舱用来装载集装箱，必要时也可在甲板（舱盖）上堆放集装箱。集装箱就是用来装运杂物的箱子，是装卸运输单元，它大大简化了装卸转运工作，解决了由杂货品种和规格大小不一致而导致的装卸效率低、周转速度慢、营运成本高、劳动条件差、易造成货损和货差等问题。集装箱船停港时间短，航速较快，其平均航速为18～20 kn，高的达33 kn。集装箱运输在铁路和公路上采用得较早，集装箱船的出现，使集装箱运输实现了海陆空联运，形成了一个完整的体系。但是，船上集装箱的装卸是靠码头起卸货设备进行的，对原来的港口、码头以及装卸设备提出了新的要求，还需要有能堆放集装箱的建筑物以及专用的装箱场所，从而出现了专门停靠集装箱船的码头。这种码头的面积比一般的货运码头的面积要大3～6倍，因此初始投资较大。

图2.1　集装箱船

集装箱的箱体多用金属制造，其外形和尺寸现在都采用国际标准化组织（ISO）公布的统一规格，一般多使用8 ft×8 ft×20 ft和8 ft×8 ft×40 ft(l ft≈0.305 m)的规格，前者为标准集装箱，用"TEU"表示。集装箱根据其构造特点，可分为保温式集装箱、冷冻式集装箱、通风式集装箱、防水式集装箱等类型；根据载货不同，可分为干货箱、散货箱、动物箱、汽车箱和液货箱等类型。

集装箱船的结构特点是：船的舱口又宽又长，甲板较小，货舱尺寸都按要求规格化，且为蜂窝状垂直隔栅，隔舱内堆放集装箱。甲板上设有固定集装箱的专门设备。集装箱船按船型可分为全集装箱船、半集装箱船和多用途集装箱船。

（4）滚装船

滚装船是在汽车轮渡的基础上发展演变而来的，是指通过跳板采用滚装方式装卸载货、车辆的船舶。滚装船有多层甲板便于放置货运单元，上甲板为平整板面。各甲板间通过斜坡道或升降平台互相连通，用于车辆通行。滚装船的出入口通常设于尾部，设有跳板与岸搭接，用于滚装货上下船。载货车辆从主甲板尾部开进来,一直开到货舱前端。

滚装船装载时,汽车及由牵引车辆拖带的挂车通过跳板开进舱内,到达目的港后,车辆可直接开往收货单位。其优点是装卸效率高,船舶周转快和水陆直达联运方便,减少了运输过程中的货损和差错。其缺点是重心高,稳性较差,因横隔舱壁少而影响抗沉性和甲板的强度等。

滚装船同时载运旅客又称滚装客船。滚装客船多用于内河轮渡、中近程海运,用于装运卡车、小汽车、旅客以及为船上旅客提供住宿和娱乐等服务,是目前全球船舶行业中的高端产品。滚装客船每年的建造数量并不多,但对建造技术要求高,属于高附加值类船舶,呈现更大、更快、更环保和更豪华的发展趋势。滚装客船在我国渤海湾使用较多,图2.2 所示为烟台渤海轮渡"渤海钻珠"号滚装客船,船长 178.8 m,3.5 万总吨,乘客定额 2 038 人,可载大小车辆300 余辆。

图 2.2 "渤海钻珠"号滚装客船

2.2.1.2 液货船

液货船是用于运载散装液态货物的货船的统称。按照运载货物的不同,液货船分为油船、液化天然气船、液化石油气船、液体化学品船等。与其他船型相比,液货船在船体结构、配套设备、液舱和绝缘材料、管件、制造工艺和涂装等方面都有很大的不同。

(1)油船

油船是装运石油产品等液体的货船,对防火、防爆的要求特别高。石油分别装在各个油密的货舱内,依靠油泵和输油管进行装卸。油船具有独特的外形布置和船型特征,只有一层纵通甲板,甲板上管路较多。一般货船的货舱口较大,而油船的舱口小、水密性好,航行不怕甲板上浪,所以油船在满载航行时,甲板线几乎接近水面。油船的机舱一般设在尾部,这样有利于防火安全。油船的吨位从几百吨至几十万吨,根据不同的需要,吨位相差很大,目前世界上大型油船都在 20 万~30 万吨,超大型的油船在 50 万吨以上,除了原油船外,还有成品油船和多用途油船等。

(2)液化天然气船

液化天然气船,又称 LNG 船(Liquefied Natural Gas Carrier)。液化天然气的主要成分是甲烷,为便于运输,通常采用常压、极低温冷冻的方法使其液化。LNG 船通常会装载数以万计立方米的液化天然气,相当于"海上超级冷冻车"。LNG 船是高技术、高难度、高附加值的船舶,制造难点主要集中在用来装载液化天然气的液货舱。液货舱的结构可分为独立储罐式(见图2.3)和薄膜式(见图 2.4)。前者是将柱形、罐形、球形等形状的储罐置于船内;后者采用双壳结构,将内壳作为液货舱的承载壳体。与独立储罐式相比,薄膜式的优点是容积利用率高,结构重量轻,因此新建的,尤其是大型的液化天然气船,多采用薄膜式结构。

图 2.3　独立储罐式 LNG 船　　　　　　　图 2.4　薄膜式 LNG 船

薄膜式结构最关键的绝缘层内壁是厚度不到 1 mm 的因瓦合金钢板,它和低温液货直接接触,但仅起阻止液货泄漏的屏障作用。因瓦合金钢板必须一小块一小块地焊接,不能让汗水滴到上面,不能留下手印,只要一个点焊接不到位,就相当于埋下了一颗威力巨大的定时炸弹。因此,有人比喻薄膜式 LNG 船的建造难度相当于在钢板上绣花。

（3）液化石油气船

液化石油气船,又称 LPG 船（Liquefied Petroleum Gas Carrier）。石油气以丙烷和丁烷为主要成分,可以在常温下加压或冷冻而液化。根据液化的方法可将 LPG 船分为三种:①将石油气加压液化,称全加压式液化石油气船。这种船是将几个压力储罐装在船上,结构简单,装载量较小,出现得最早。②将石油气既加压又冷冻的船称为半加压半冷冻式液化石油气船。③将石油气冷冻液化的船称全冷冻式液化石油气船。这种船为双壳结构,液货舱用耐低温的合金钢制造并衬以绝热材料,容量大多在 1 万平方米以上,适宜建造大型船舶。

通常,LPG 船的运输方式为冷藏（温度在−60 ℃左右）或者采用压力储罐形式,而 LNG 船运输的是液化天然气,天然气液化温度较低（−163 ℃）,又不适合采用压力方式液化,且天然气易挥发,如果泄漏并起火,后果不堪设想,因此,LNG 船的设计要求要远远高于 LPG 船。LNG 船一般都设有气体再液化装置,也可运送液化石油气。LPG 船不能运送液化天然气,所以这种船的大型化发展不如 LNG 船快,容量一般不超过 10 万立方米。

2.2.1.3　客船

客船是专门运送旅客及其所携带行李的船舶。同时运送旅客和少量货物的船舶称为客货船。《国际海上人命安全公约》（*International Convention for Safety of Life at Sea*,简称 SOLAS）规定,载客 12 人以上者均视为客船。客船的特点是:具有多层甲板的上层建筑,用于布置旅客舱室;设有较完善的餐厅和卫生、娱乐设施;具有较好的抗沉性,一般为"二舱不沉制"或"三舱不沉制";配备有足够的救生、消防设施;航速快、耐波性好。

兼用于旅游或经改装后专用于旅游的普通客船均可称为游轮。随着旅游事业的发展,为观光游览而专门设计建造的游轮越来越多,这些游轮除具备一般客船的基本功能外,大多提供专门的观景、娱乐设施和服务项目。按国际惯例,游轮是指在内河江湖中航行的观光游船,而在海洋上航行的大型豪华游轮则称为邮轮,这是因为在航空运输广为发展之前,国际邮政业务主要靠远洋客船承担,故又称其为邮轮。

图 2.5 所示为"海洋和谐"号邮轮（Harmony of the Seas）,它耗资 8 亿欧元（约 14 亿美元）,吨位达 22.7 万吨。这艘巨轮共有 18 层甲板和 2 700 个客舱,最多可搭载 6 360 名游客和

2 100 名船员。"海洋和谐"号邮轮分为 7 个区域,包括中央公园、百达汇、皇家大道、游泳池和运动区、活力海上水疗和健身中心、娱乐世界和青少年活动区,仿佛一个海上移动的小型城市。

(a)

(b)

图 2.5　"海洋和谐"号邮轮

2.2.2　工程船

工程船,是指专门从事某种水上或水下工程的船舶。其上装配有成套工作机械以完成特定的工作任务,如航道保证、港口作业、水利建设、海上施工、救助打捞等。工程船包括挖泥船、起重船、破冰船、海洋开发船、浮船坞、打桩船、布缆船、海上救助打捞船、潜水工作船等。

2.2.2.1　挖泥船

挖泥船是用于疏通航道的工程船。有些挖泥船本身没有航行能力,靠拖船带动来更换工作位置,将从水底挖出的泥沙倾入在旁等待的驳船里并让其拖走。本身有航行动力的挖泥船在通行较大船舶的航道上施工,用粗大的排泥管抽吸淤泥,把泥沙存在舱中,装满后开往海外将其倒掉。挖泥船的工作能力是以每小时能挖多少立方米泥沙来表示的。挖泥船按其工作原理可分为耙吸式、绞吸式、抓斗式、链斗式、铲扬式和射流式等几种类型。

耙吸式挖泥船通过置于船体两舷或尾部的耙头吸入泥浆,以边吸泥、边航行的方式工作。耙吸式挖泥船机动灵活、效率高、抗风浪能力强,适宜在沿海港口、宽阔的江面和船舶锚地作业。绞吸式挖泥船是目前在疏滩工程中运用较广泛的一种船舶,它利用吸水管前端围绕吸水管装设的旋转绞刀装置,将河底泥沙进行切割和搅动,再经吸泥管,借助强大的泵力,将绞起的泥沙输送到排泥区。其挖泥、运泥、卸泥等工作过程,可以一次性完成。绞吸式挖泥船是一种效率高、成本较低的挖泥船,是良好的水下挖掘机械。抓斗式挖泥船利用旋转式挖泥机的吊杆及钢索来悬挂抓斗,并让抓斗在其本身重量的作用下,进入水中一定的深度,然后通过插入泥层和闭合抓斗来挖掘和抓取泥沙,最后通过操纵船上的起重机械将抓斗提升出水面,回旋到预定位置并将泥沙卸入泥舱或泥驳中,如此反复进行。它主要用于挖取黏土、淤泥、卵石,以及不宜抓取的细砂、粉砂。

2.2.2.2　起重船

起重船,又称为浮吊船,用于水上起重、吊装作业,一般为非自航,调迁作业频繁的起重船也采用自航式。船上起重设备的吊臂有固定式和旋转式,起重量一般从数百吨至数千吨。起重船特别是大型起重船一般具有较大的主尺度(起重量为 4 000 t 的起重船,排水量在 7 万 ~ 8 万吨)。根据不同功能及甲板承载能力,对起重船的结构设计应充分考虑作业状态下可能的最不利载荷组合作用时的计算条件,并留有足够的强度储备。

　　随着海洋油气开发、桥梁工程建设、港口码头施工和海难救助事业的发展，大型起重船作为不可缺少的工程船舶，近几十年来有了长足的发展。起重船设计的技术趋势逐渐向起重吨位重型化、作业领域深海化和吊装过程高效率化方向发展，起重臂能够360°回转的全回转起重船也在我国造船市场上迅速兴起。图2.6所示为上海振华港机（集团）股份公司成功研制的"蓝鲸"号起重船。"蓝鲸"号为7 500吨级全回转起重船，总长241 m，型宽50 m，型深20.4 m，相当于一个足球场的面积，高度超过7层楼；总吨位达64 110，起重吊梁高98.1 m，最大起重能力为7 500 t。它既可以将吊具深入水下150 m，又可以将重物提升到水上125 m。它的一大特点是起重臂可以放倒或旋转，十分灵活。由于海上环境瞬息即变，普通的固定臂式起重机因其起重臂不能放倒，在遇上恶劣的海况时，起重臂常会变形损坏或折断。7 500吨级全回转浮吊能自如对付恶劣环境，大大扩展了我国海事工程和救助打捞可涉及的海域。

图2.6　"蓝鲸"号起重船

2.2.2.3　破冰船

　　破冰船是用于破碎水面冰层，开辟航道，保障舰船进出冰封港口、锚地，或引导舰船在冰区航行的勤务船，分为江河、湖泊、港湾或海洋破冰船，如图2.7所示。船身短而宽，长宽比值小，底部首、尾上翘，首柱尖削前倾，总体强度高，首尾和水线区用厚钢板和密骨架加强。推进系统多采用双轴和双轴以上多螺旋桨装置，以柴油机为原动力进行动力推进。螺旋桨和舵应有防护和加强作用。

图2.7　破冰船

　　破冰船一般常有两种破冰方法，当冰层不超过1.5 m厚时，多采用"连续式"破冰法，主要靠螺旋桨的力量和船头把冰层劈开撞碎，每小时能在冰海航行9.2 km。如果冰层较厚，则采用"冲撞式"破冰法。首先破冰船冲撞冰层，由于船头部位吃水浅，破冰船能轻而易举地冲到冰面上去，从而把船下厚厚的冰层压为碎块；然后破冰船倒退一段距离，再开足马力冲撞前面的冰层,把船下的冰层压碎;如此反复,就开出了新的航道。

2.2.2.4 海洋开发船

海洋开发船是指一种专门从事海洋调查研究、海洋资源利用和海洋环境保护的船舶,主要包括海洋资源开发船,生物资源开发船,海洋能源开发船,海水资源利用船和海上、海底空间利用船及海洋调查船。图 2.8 所示为"海洋石油 707"号综合勘察船,总长 80.3 m,型宽 17.8 m,吃水 5.85 m,配备钻井取样系统,名义钻深不小于 600 m,可进行工程地质取样、原位静力触探测试(CPT)等作业。该船配备了多种用于海底勘探的声学设备,可进行水深、地形测量,浅地层剖面和海底地貌及障碍物调查,高分辨数字地震调查,以及海洋水文环境观测。

图 2.8 "海洋石油 707"号

2.2.2.5 浮船坞

浮船坞是一种用于修、造船的工程船舶,还可用于打捞沉船,运送深水船舶通过浅水的航道等,如图 2.9 所示。浮船坞有一个巨大的"凹"字形船舱,两侧有墙,前后端敞开,是一种构造特殊的槽形平底船。两侧墙的坞墙和坞底均为箱形结构,沿纵向和横向分隔为若干封闭的舱格,有的舱格称为水舱,用来灌水和排水,使船坞沉浮。底舱除能保证浮性外,还能支承船舶。坞墙的作用是保证船坞具有必要的刚度和浮游稳定性,并提供生产所需的空间。

图 2.9 浮船坞

浮船坞的自动化和电气化程度较高,船坞的浮沉由中央指挥台操纵,坞上设有电站,以及机工、电工、木工等车间。船舶要修船时,进入浮船坞,其方法是:先在浮船坞水舱内灌水,使浮船坞下沉至坞内水深满足进坞船只吃水要求时,用设在坞墙顶上的绞车将待修船牵引进坞,并将待修船对准中心轴线后,四面系缆固定;再抽去浮船坞水舱内的水,使船坞上浮至坞底板顶面露出水面。这样,待修船也随着坞底板露出水面。于是,便可开始船舶修理工作。船舶修理完毕,出浮船坞时,操作程序相反。将浮船坞水舱里灌满水,让浮船坞下沉,这样修好的船舶便能自行驶出浮船坞了。

2.2.3　港务船

港务船是各种专门从事港务工作的船舶的统称,亦称港作船。港务船用于维持港口生产作业,包括拖船、引航船、供油船、供水船、驳船、趸船,以及执行各种特殊任务的消防船、巡逻船和浮油回收船等。

2.2.3.1　消防船

消防船是一种对港内船舶或岸边临水建筑物进行消防灭火工作的专业船,如图 2.10 所示。消防船外形很像拖船,所以也有兼作拖船使用的消防船。船上备有大功率水泵系统、高压喷水枪和灭火剂等消防器材,并配有救护人员和医疗设备。为适应油船消防,消防船还设置专门的消防泡沫炮。消防水枪设在离水面很高的消防塔架上,有的设在加粗的船桅顶上,其射程可达 40 m。为了能更深地进入火区救火,船上还设有水幕装置。在进入火区时,全船由水幕罩着。消防船漆成红色,从外观上很容易识别。消防船航速较快,并有良好的耐波性,还有很好的操纵性,使船舶能在狭水道或拥挤的港口内执行消防任务。

图 2.10　消防船

2.2.3.2　拖船

拖船是指用来拖动驳船和轮船的船舶,如图 2.11 所示。拖船的特点是结构牢固、稳定性好、船身小、主机功率大、牵引力大、操纵性能良好,但它本身没有装卸能力。它主要用于拖带载运物资的驳船和各种作业船。按照使用地区的不同,拖船可分为远洋拖船、内河拖船、沿海拖船、港内拖船、海洋救援拖船等。拖船在拖带时对船舶的稳性、操纵性要求较高。

图 2.11　拖船

2.2.3.3　驳船

驳船一般是指本身无自航能力,需拖船或顶推船拖带的货船[如图 2.12(a)所示]。其特点为设备简单、吃水浅、载货量大。驳船与拖船或顶推船组成驳船船队[如图 2.12(b)所示],可航行于狭水道和浅水航道,并可根据货物运输要求而随时编组,适合内河各港口之间的货物运输。少数增设了推进装置的驳船称为机动驳船。

（a)驳船　　　　　　　　　　　　　　　（b)驳船船队

图 2.12　驳船和驳船船队

2.2.4　渔业船

渔业船是指从事渔业生产的船舶,以及属于水产系统并为渔业生产服务的船舶。渔业船包括捕捞船、养殖船、水产运销船、冷藏加工船、油船、供应船、渔业指导船、科研调查船、教学实习船、渔港工程船、拖船、交通船、驳船、渔政船和渔监船。

根据船长或主机功率的大小,渔业船可分为大型渔业船、中型渔业船和小型渔业船。根据船长对渔业船进行分类是国际渔业船管理中最普遍的做法。一般情况下,船长小于 12 m 的渔业船为小型渔业船;船长不小于 24 m 的渔业船为大型渔业船;船长为 12~24 m 的渔业船为中型渔业船。根据主机功率对渔业船进行分类是我国渔业船管理中对海洋捕捞渔业船分类的主要做法。在我国,主机功率不小于 44.1 kW 的渔业船为大型海洋捕捞渔业船;主机功率小于 44.1 kW 且船长大于 12 m 的渔业船为小型海洋捕捞渔业船;介于上述两者之间的渔业船为中型海洋捕捞渔业船。

2.3　军用船舶

军用船舶是执行战斗任务和辅助任务的各类船舶的总称,通常有航空母舰、巡洋舰、驱逐舰、护卫舰、潜艇等。

2.3.1　航空母舰

航空母舰是以一定数量的舰载飞机为主要武器并作为其海上活动基地的大型军舰,实质上它是一座浮动的海上机场,是海军水面战斗舰艇中最大的舰种。现代航空母舰,按排水量可分为大型（6 万吨以上）航空母舰、中型（3 万~6 万吨）航空母舰和小型（3 万吨以下）航空母舰；按动力装置可分为常规动力航空母舰和核动力航空母舰；按作战任务可分为攻击航空母舰、反潜航空母舰和多用途航空母舰等。

　　航空母舰主要用于攻击水面舰艇和潜艇，打击陆上目标、沿海基地和港口设施，夺取作战海区的制空权、制海权、制电磁权，支援登陆作战等。航空母舰攻击威力大，机动性、适航性、耐波性好，防护能力强，通常与巡洋舰、驱逐舰、护卫舰、潜艇和补给舰等护航舰船组成航空母舰战斗群，执行作战任务。图 2.13 所示为中国第一艘服役的航空母舰"辽宁舰"。目前，中国已拥有 3 艘航空母舰，分别是"辽宁舰""山东舰""福建舰"。

图 2.13　"辽宁舰"

2.3.2　巡洋舰

　　巡洋舰是一种具有多种作战能力，适于远洋作战的大型水面战舰。它的航速快、续航力大、耐波性好，具有较强的独立作战能力和指挥职能。巡洋舰的排水量通常在 6 000~15 000 t，最大的高达 30 000 t，航速为 30~34 kn。巡洋舰按装备的主要武器和推进方式可分为导弹巡洋舰、直升机巡洋舰、核动力巡洋舰和常规动力巡洋舰。

2.3.3　驱逐舰

　　驱逐舰是一种多用途的军舰，是海军舰队中突击力较强的中型军舰之一。驱逐舰通常配置导弹、火炮、鱼雷、水雷、反潜武器和直升机等，并有雷达、声呐、指挥仪等电子设备，主机功率大、航速快。其中，以导弹为主要武器的称为导弹驱逐舰，以反潜为主要使命的称为反潜驱逐舰，以防空为主要使命的称为防空驱逐舰。目前，现代驱逐舰满载排水量为 3 500~8 500 t，航速为 30~50 kn。随着现代舰船的发展，很多新型驱逐舰的排水量甚至达到了 9 000 t 以上。图 2.14 所示是"海口舰"，该舰是中国海军第一代具备相控阵雷达、垂直发射系统的防空型导弹驱逐舰。

图 2.14　"海口舰"

2.3.4　护卫舰

护卫舰是一种比驱逐舰装备弱、续航能力小，以护航、反潜或巡逻为主要任务的轻型水面战斗舰艇，是海军战斗舰艇中用途最广、数量最多的重要舰种之一。护卫舰的特点是轻快、机动性好、造价低，适宜批量生产。护卫舰的排水量通常为 600~5 000 t，航速为 25~34 kn，续航力为 4 000~8 000 n mile。护卫舰上配有舰对舰导弹、舰对空导弹、火炮，以及反潜鱼雷、大型深水炸弹和火箭式深水炸弹等反潜武器。有的护卫舰还配有反潜直升机。

2.3.5　潜艇

潜艇是能够在水下运行的舰艇。自第一次世界大战后，潜艇得到广泛运用，其功能包括攻击敌人军舰或潜艇、近岸保护、突破封锁、侦察和掩饰特种部队行动等。潜艇也被用于非军事活动，如海洋科学研究、抢救财物、勘探开采、科学侦测、维护设备、搜索援救、海底电缆维修、水下旅游观光、学术调查等。

2.4　高性能船舶

高性能船舶是指为突破常规船舶性能和适应特殊环境要求而开发的，具有某些特殊性能的船舶。它们具有高航速、浅吃水、耐波性、两栖性等特点，或兼而有之。高性能船舶有很多种类，包括滑行艇、水翼艇、气垫船、冲翼艇和小水线面双体船及高速穿浪双体船等。

2.4.1　滑行艇

滑行艇是指在水面上高速运动时处于滑行状态的小艇，如图 2.15 所示。它在滑行时只有部分艇底与水接触，能显著减小阻力。滑行艇多用于军用快艇和其他高速艇，如鱼雷艇、导弹艇和摩托艇等。

图 2.15　滑行艇

　　滑行艇通常采用具有横向斜升角的尖舭外形设计,这种设计是为了保证耐波性和操纵性,降低波浪冲击时的载荷,并保证低速航行时阻力较小。尾端的横向斜升角逐渐减小,使得艇尾底部接近于一块平板,以保证滑行艇在高速航行时具有较高的滑行效率。

2.4.2　水翼艇

　　水翼艇减小阻力的原理与滑行艇相同,都是通过减少吃水的方式来减小阻力。水翼艇因采用水翼而得名,如图 2.16 所示。水翼就是全部或部分浸入水中的机翼,随着船体前进而前进。水翼和空气中的机翼一样,在运动时会产生与运动方向垂直的升力,将这个升力用于抬升船体,就可以使船体"飞"离水面,减少吃水,甚至使除了水翼的其他部分完全脱离水面,从而减小阻力。水翼艇的升力与速度有关,因此在低速航行时很难产生足够的升力,而水翼通过支柱与船体连接,在工作时,支柱承受船的大部分甚至全部的重量,因此对支柱的要求非常高,这些条件限制了水翼艇的大型化发展。这也是水翼艇从 19 世纪末诞生到现在一百多年的时间里主要应用还是小批量客运或者小型鱼雷艇的原因。

图 2.16　水翼艇

2.4.3　气垫船

　　气垫船是指一种利用表面效应原理,依靠高于大气压的空气在船体与支撑面(水面或地面)间形成气垫,使船体全部或部分脱离支撑面航行的高速船舶,如图 2.17 所示。通过向船体底部喷气,形成一个高压空气场,这些高压空气作为"垫"将气垫船托起至水面以上,几乎完全不受水面的各种扰动影响,甚至可以在沙滩、冰面、沼泽等几乎平整的面上航行。气垫是气垫船的基础,也是气垫船的划分依据。按产生气垫的方式,气垫船可分为全浮式气垫船和侧壁式气垫船两种。全浮式气垫船是指船下方的空气场的四面都由柔性围裙包围,通过柔性围裙对下表面凹凸不同环境的适应性来避免空气损失;侧壁式气垫船则在两侧有刚性侧壁,刚性侧壁伸入水中,前后仍然使用柔性材料保护气垫。

图 2.17 气垫船

2.4.4 冲翼艇

冲翼艇是利用航行时贴近水面的艇翼的表面效应所产生的空气升力使艇体脱离水面,在接近水面的空气中飞行的一种特殊的高速船舶,如图 2.18 所示。冲翼艇是船也是飞机。它不但可以在水面迅速滑行,而且能在水面以上几米乃至三四十米的低空飞行,所以人们称它为腾空艇,或者超低空飞机。

图 2.18 冲翼艇

冲翼艇飞行原理如下:利用航行时贴近水面的艇翼的表面效应所产生的空气升力使艇体脱离水面。冲翼艇装有宽大的机翼,当艇在水面高速运动时,流经机翼与水面的空气流由于受到突然阻滞,机翼下面的压力升高,形成气垫,把艇体托出水面;再靠空气螺旋桨或涡轮喷气发动机推进飞行。如果升力超过艇的重力,冲翼艇就能飞离水面。

一般冲翼艇在空中飞行时,机翼下面的高压气流会向机翼两边扩展,绕过两边翼梢,到达上翼面,形成涡流,产生阻力。但是当机翼贴近水面飞行时,水面阻滞了气流向两侧扩展,大大削弱了机翼的涡流,使阻力大为减小。所以冲翼艇能沿水面高速滑行,并且能稳定地做超低空飞行。

2.4.5 小水线面双体船

小水线面双体船,亦称半潜双体船,是指一种水线面积小,且由两个潜水体和一个水上箱体,中间有两个流线型支柱连接起来的船舶,如图 2.19 所示。该船型的最大特点是耐波性好,尤其是在高航速、大波浪航行时。它是 20 世纪 70 年代为改善船的耐波性而研制成功的一种船型,因其水线面积仅相当于相同排水量的普通船型的 1/4 左右而得名。它由水上平台、水下浮体和穿过水面的支柱三部分组成。

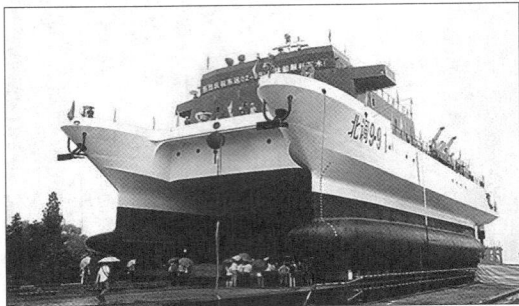

图 2.19　小水线面双体船

小水线面双体船的排水容积大部分深浸于水中,支柱的水线面积很小,可大大减小兴波阻力,并使海浪的干扰作用明显减弱,从而减少船在波浪中的摇荡运动和波浪拍击,其耐波性优于普通船型和一般双体船。小水线面双体船具有双体船的各项优点,即甲板面积大,稳性、操纵性、高速时的快速性均优于普通船型。但其低速时的功率消耗较大、吃水较深,为保证其纵向运动稳定性需加装自动控制水平鳍,增加了技术的复杂性,提高了造价。

2.4.6 高速穿浪双体船

高速穿浪双体船如图 2.20 所示,保留了小水线面双体船低阻、高耐波性及常规双体船甲板宽敞的优点,同时融汇了深 V 船型的特点,克服了小水线面双体船的片体无储备浮力、空间狭小和要求复杂的航态控制系统和传动系统等缺点,也克服了常规双体船连接桥离水高度低、片体干舷高、储备浮力过大、对波浪影响敏感、易于出现"螺旋状"摇摆等缺点。

图 2.20　高速穿浪双体船

课后题

1. 船舶的分类方式有哪几种？ 最常用的分类方式是什么？
2. 按照用途，民用船舶可以分为哪几类？
3. 根据运输货物种类的不同，运输船舶可以分为哪几类？
4. 简述杂货船、散货船和集装箱船的用途及结构特点。
5. 高性能船舶有哪几种？ 各自的航行特点是什么？

第 *3* 章
船舶的基本概念

3.1　主尺度与船型系数

　　船舶是一个狭长的、左右对称的几何体,其形状与航行性能有着密切的关系。船舶外形一般都是双向曲面,这种外形的复杂性使得表述船舶几何形状时需要使用船舶主尺度、船型系数和型线图等术语。

3.1.1　船舶主尺度

　　船舶主尺度是表示船体外形大小的基本尺度,包括船长、型宽、型深和吃水等(如图3.1所示)。这些尺度由船体型表面量得,一般来说,钢质船的型表面是指船壳板和甲板的内表面,非金属船(如玻璃钢船、木船等)的型表面是指船壳板和甲板的外表面。本章主要针对钢质船进行介绍。

3.1.1.1　船长 L

船长包括总长、设计水线长和垂线间长三种。

总长 L_{oa}(Length over All):船体首端至尾端之间的最大水平距离。

设计水线长 L_{wl}(Length of Waterline):船舶设计水线平面与船体型表面首、尾端交点之间的水平距离。设计水线是指船舶在预期设计状态自由正浮于静水上时,船体型表面与水面的交线,即对应于设计排水量的水线。

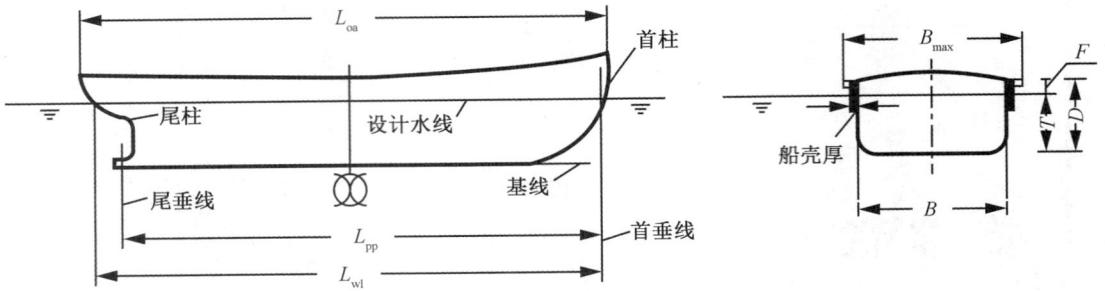

图 3.1　船舶主尺度

垂线间长 L_{pp}（Length Between Perpendiculars）：首垂线至尾垂线之间的水平距离。首垂线是指通过设计水线与首部轮廓线的交点所作的垂线。尾垂线是指通过设计水线与舵柱后缘的交点所作的垂线，无舵柱时为舵杆中心线。因此，垂线间长又称两柱间长。

这些船长对应的用途各有不同，在船舶静水力性能计算中一般采用垂线间长，在分析阻力性能时采用设计水线长，而在船进坞、靠码头或通过船闸时应注意船舶总长。一般情况下，船长是指垂线间长或者设计水线长。

3.1.1.2　型宽 B

型宽 B（Breadth）：船舶两侧外板内表面之间的最大水平距离，一般在船长中点处的中横剖面处量取。

与型宽对应的是最大宽度 B_{max}，最大宽度是指包括外板厚度和伸出两舷的永久性固定结构物在内的船体最大宽度。

3.1.1.3　型深 D

型深 D（Depth）：在船长中点处，自平板龙骨上缘（基线处）至上甲板边线的垂直距离。

3.1.1.4　吃水 T

吃水 T（Draught）：船舶浸在水里的深度，即船舶基线与水线之间的垂直距离。设计吃水是指在船长中点处，自平板龙骨上缘（基线处）至设计水线的垂直距离。当船舶具有纵倾时，船首和船尾的吃水不同。首吃水 T_f 是指首垂线处基线至设计水线的垂直距离；尾吃水 T_a 是指尾垂线处基线至设计水线的垂直距离。

3.1.1.5　干舷 F

干舷 F（Freeboard）：一般指最小干舷，在船长中点处，沿设计水线至上甲板边线的垂直距离，即型深 D 与吃水 T 的差值，$F = D - T$。船舶干舷是保证船舶安全浮于水面的限度，所有船舶都是按国家船舶检验局勘定的船舶载重线来确定最小干舷。如果船舶超载、干舷减小到小于规定的限度，船舶就不能安全浮于水面，故最小干舷也叫安全干舷。

3.1.2　船型系数

船舶的主要尺度只能粗略地表示其几何特征，而具有相同尺度的两艘船，它们的几何特征可以有显著的差别，使用船型系数能进一步表明船的几何特征，同时又能与船舶的航行性联系得更紧密。常用的船型系数如下。

3.1.2.1　水线面系数 C_w

水线面系数是指船舶设计水线面面积 A_w 与该水线面对应的船长 L、船宽 B 所构成的矩形面积 $L \times B$ 的比值,如图 3.2 所示,即

$$C_w = \frac{A_w}{L \times B}$$

水线面系数 C_w 表征了水线面的丰满度,主要与船舶稳性和快速性有关。

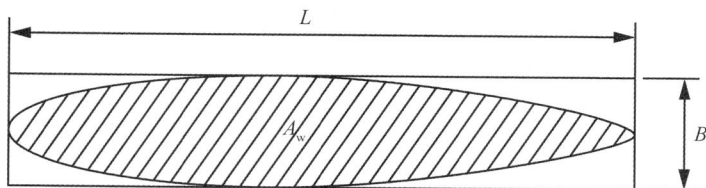

图 3.2　水线面系数

3.1.2.2　中横剖面系数 C_m

中横剖面系数是指中横剖面水下部分面积 A_m 与型宽 B、吃水 T 所构成的矩形面积 $B \times T$ 的比值,如图 3.3 所示,即

$$C_m = \frac{A_m}{B \times T}$$

通常 C_m 的大小与船舶舱室内部容积有关。通常,大型中低速船 C_m 接近于 1,则横剖面近于矩形,对船舱内部布置等有利。

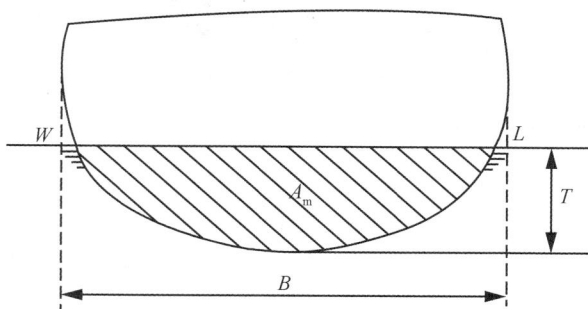

图 3.3　中横剖面系数

3.1.2.3　方形系数 C_b

方形系数是指船舶在水线以下的型排水体积 ∇ 与船长 L、型宽 B、吃水 T 所构成的长方体体积 $L \times B \times T$ 的比值,如图 3.4 所示,即

$$C_b = \frac{\nabla}{L \times B \times T}$$

由于方形系数的大小反映了排水体积和排水重量的大小,所以方形系数称为排水量系数。方形系数 C_b 的大小表征船体水下部分的丰满程度。通常,方形趸船的 C_b 接近于 1,驳船的 C_b

也很大,货船次之,客船最小。就航速而言,低速船的 C_b 较大,高速船的 C_b 则较小。

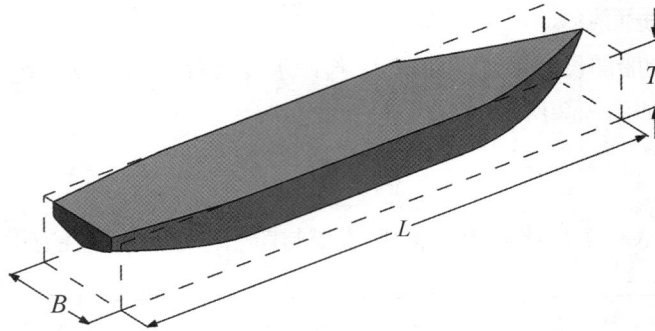

图 3.4　方形系数

3.1.2.4　纵向棱形系数 C_p

纵向棱形系数是指船舶在水线以下的型排水体积 ∇ 与中横剖面水下部分面积 A_m、船长 L 构成的棱柱体体积 $A_m \times L$ 的比值,如图 3.5 所示,即

$$C_p = \frac{\nabla}{A_m \times L}$$

纵向棱形系数的大小表示船舶排水体积沿船长分布的情况。其值越大,即 A_m 越小,则表示船舶的排水体积沿船长分布较均匀;其值越小,即 A_m 越大,则表示船舶的排水体积集中于中部。该系数与船舶的快速性有着密切的联系。

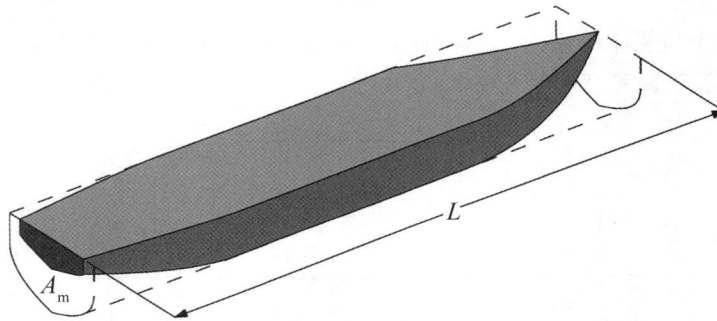

图 3.5　纵向棱形系数

3.1.2.5　垂向棱形系数 C_{vp}

垂向棱形系数是指船舶在水线以下的型排水体积 ∇ 与对应的水线面面积 A_w、吃水 T 构成的棱柱体体积 $A_w \times T$ 的比值,如图 3.6 所示,即

$$C_{vp} = \frac{\nabla}{A_w \times T}$$

垂向棱形系数的大小表示船舶排水体积沿吃水方向分布的情况。

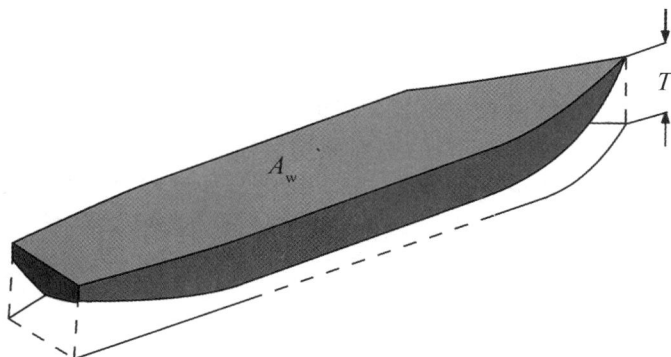

图 3.6 垂向棱形系数

3.2 船体型线图

3.2.1 型线图的基准面

仅用船舶的主尺度和船型系数还不能把船体这一复杂的空间曲面形状完整地反映出来。因此目前均用作图方法来形成一组视图表示船体的几何形状,这种图称为船体型线图。绘制型线图时,需要三个互相垂直的投影基准面,分别是:

3.2.1.1 中线面

中线面通过船体甲板中心线的纵向垂直平面,把船分成对称的左、右舷。自船尾向船首看,左手的一侧称为左舷,右手的一侧称为右舷。中线面剖切船体后所得的剖面称为中纵剖面,它反映了船舶的侧面形状,包括甲板中心线、龙骨线和首尾部分的外形轮廓线。因此,中线面有时也称中纵剖面。

3.2.1.2 中站面

中站面通过船长中点的横向垂直平面,把船舶分成前、后两个部分。中站面剖切船体后所得的剖面称为中横剖面,它反映了船舶的正面形状,包括甲板梁拱线、船底轮廓线和舷侧轮廓线。因此,中站面有时也称中横剖面。

3.2.1.3 基平面

基平面是指通过船体中部平板龙骨上缘,并与水线面相平行的水平平面。

中线面、中站面、基平面是三个相互垂直的平面,是表达与测量船体外形的基准,也是表达与测量船体中各种构件和设备位置的基准。基平面是船体高度方向的基准,中线面是船体宽度方向的基准,中站面是船体长度方向的基准。投影基准面,在船体型线图中的作用相当于机械制图中的水平投影面 H、正投影面 V 和侧投影面 W,因此,基平面也称为 H 面,中线面也称为 V 面,中站面也称为 W 面。

3.2.2　型线图的三视图

型线图是用投影方法完整地表示船舶型表面的一组视图。具体做法是用一系列平行于3 个基准面(中线面、中站面和基平面)的平面截切船体型表面,得到船体型表面的三组截交线,并加上必要的投影线(如甲板边线、舷墙顶线等)和外轮廓线,构成了完整表示船体外形的三视图。型线图的三视图包括纵剖线图、横剖线图和半宽水线图。

3.2.2.1　纵剖线图

将用一系列平行于中线面的平面剖切船体所得到的曲线投影绘制到中线面上所得到的图,称为纵剖线图。剖切平面的个数一般在半船宽内取 2~4 个。

3.2.2.2　横剖线图

将用一系列平行于中站面的平面剖切船体所得到的曲线投影绘制到中站面上所得到的图,称为横剖线图。习惯上,将船长分成 10 等份或 20 等份,每一等份称为站,其编号从船尾至船首依次是 0,1,2,…,10(或 20)。由于船体左右对称,横剖线在视图中仅需画一半,右边曲线表示由船中到船首部分,左边曲线则表示由船尾到船中部分。

3.2.2.3　半宽水线图

用一系列沿吃水方向平行于基平面的平面剖切船体得到一组水线,由于船体左右对称,在视图上仅画出水线投影的一半(通常画出左舷一半),故称为半宽水线图。剖切平面的个数一般在设计水线以下按一定间距取 4~8 个,设计水线以上亦根据需要选取。

由以上绘图方式可知,纵剖线是用一系列平行于中线面的平面与船体表面相截所得的一组曲线;横剖线是用一系列平行于中站面的平面剖切船体所得到的曲线;水线是用一系列沿吃水方向平行于基平面的平面剖切船体所得到的曲线。横剖线、纵剖线、水线在它们所平行的基准投影面上的投影是船体的真实形状,而在其他两个基准投影面上的投影是直线。型线图上,除了绘有以上剖线外,同时还绘有上甲板边线、折角线、舷墙顶线、上甲板中心线等。为了便于画图,达到所要求的精度,根据船的大小,通常利用 1∶25、1∶50、1∶100 等比例绘制型线图。船体剖切平面图如图 3.7 所示。

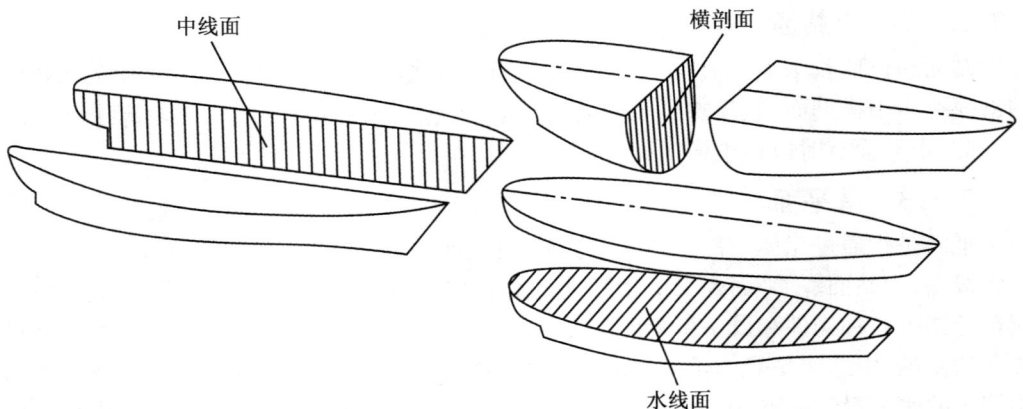

图 3.7　船体剖切平面图

3.2.3 型值表

直接在型线图上量取数据不精确,故型线图上除了 3 个视图外,还要给出型值表。决定船体型线空间位置的各点的坐标值称为型值。型值以表格的形式列在型线图图纸的左上方,此表格称为型值表。为使阅图者能全面掌握型线图上所给船舶的几何特征,通常在图纸的上方还列出该船的主尺度及船型系数等。

这样,型线图就完整而准确地表达了船体的形状和大小,成为进行船舶排水体积、湿表面积和航行性能计算的依据。

3.3 船舶吨位

船舶吨位(Weight Tonnage)是表示船舶大小和运输能力的标识,分为容积吨位和重量吨位两大类。

3.3.1 容积吨位

容积吨位,是表示船舶容积的单位,是各海运国家为船舶注册而规定的一种以吨为计算和丈量的单位。这是世界各国通用的船舶统计单位,反映船舶规模大小,每一注册吨相当于 $100 \ \mathrm{ft}^3$ 或 $2.83 \ \mathrm{m}^3$。

容积吨位又可分为容积总吨和容积净吨两种。

容积总吨又称注册总吨(Gross Registered Tonnage,GRT),是指船舱内及甲板上所有封闭场所的内部空间(或体积)的总和。容积总吨的用途很广,它可以用于国家对商船队的统计;用于表明船舶的大小;用于船舶登记;用于政府确定对航运业的补贴或造船津贴;用于计算保险费用、造船费用以及船舶的赔偿;等等。

容积净吨又称注册净吨(Net Registered Tonnage,NRT),是指从容积总吨中扣除那些不供营业用的空间(如机舱、油箱、船员起居室等部分)后所剩余的吨位,也就是船舶可以用来装载货物的容积折合成的吨数。容积净吨主要用于船舶的报关、结关;作为船舶向港口缴纳各种税费的依据;作为船舶通过运河时缴纳运河费的依据。

3.3.2 重量吨位

重量吨位,是指船舶在水中排开同体积水的重量,又可分为排水量(吨位)和载重量(吨位)两种,可表示船舶的载重运输能力。目前,国际上多采用公制"吨"作为计量单位。

3.3.2.1 排水量

排水量(Displacement)是船舶在水中所排开水的重量。根据不同装载状态,排水量又可分为空船排水量、满载排水量和实际排水量三种。

（1）空船排水量

空船排水量（Light Displacement）是船舶本身加上船员和必要的给养物品三者重量的总和，是船舶空载时的重量，即船舶最小限度的重量。对于运输船舶来说，空船排水量是船舶没有装货物、旅客、燃料、淡水和供应品等时的排水量。对于军用船舶来说，空船排水量包含舰体、机器、武器装备的重量，但不包含人员、燃油、滑油、弹药、给养、淡水、备用锅炉水等的重量。

（2）满载排水量

满载排水量（Full Load Displacement），是船舶载客、载货后吃水达到最高载重线时的重量，即船舶最大限度的重量。对于运输船舶来说，满载排水量是船舶装足货物、旅客、燃料、淡水和供应品，并具有规定的安全干舷时的排水量。

（3）实际排水量

实际排水量（Actual Displacement），是船舶每个航次载货后实际的排水量。

3.3.2.2　载重量

载重量（Dead Weight Tonnage，DWT）是包括货物、燃料、储备品、船员和乘客的船舶装载总重量，表示船舶在营运中能够达到的载重能力。船舶载重量实际上是满载排水量和空船排水量的差值，用吨位表示，也称载重吨位。对于运输船舶来说，载重量是一个重要指标，载重量越大，装载的货物或乘客越多，运输能力越强。

课后题

1.说出船长、设计水线长、垂线间长、型深、吃水、干舷的定义。

2.说出水线面系数、中横剖面系数、方形系数、纵向棱形系数、垂向棱形系数的含义。　分析各船型系数与船型特征、船舶航行性能之间的联系。

3.绘制型线图的三个基准面是什么？

4.型线图包括哪三个视图？

5.根据不同的装载状态，船舶排水量分为哪三种？

6.船舶载重量的定义是什么？　与排水量的区别是什么？

第4章
船舶性能

船舶从事运输生产或执行特定任务时,经常航行于惊涛骇浪的海洋或急流险滩的江河,它们之所以能顺利地完成预定的任务,在于船舶本身具有一些特定的性能。这些性能称为船舶航海性能或航行性能。它包括:

（1）浮性——在一定的装载情况下,船舶能够漂浮于水面一定位置的能力。

（2）稳性——船舶在外力的作用下偏离原平衡位置,当外力消除后船舶仍能回复到原来平衡位置的能力。

（3）快速性——船舶在给定主机功率下以较快速度航行的能力。

（4）抗沉性——当船体破舱进水后,船舶仍能保持一定的浮性和稳性而不致沉没或倾覆的能力。

（5）操纵性——船舶在航行中能够保持既定航向,并根据驾驶人员的要求改变航向的能力。

（6）耐波性——船舶在规定的海洋环境下能保持一定航速安全航行并完成任务的能力。

4.1 船舶的浮性

4.1.1 浮性的定义

船舶浮性是指船舶在一定的装载情况下漂浮于水面一定位置的能力。

当船舶浮于一定水平位置时,首先受到地球引力的作用,这就是重力 G,它的方向是垂直向下的,作用点通过船的重心。其次,船体浸水表面的每一部分都受到水的压力,如图 4.1 所示。这些水压力都是垂直于船体表面的,其大小和深度成正比,水压力的水平分力互相抵消,垂直分力则形成一个垂直向上的合力,此合力就是支持船舶漂浮于水面一定位置的浮力。

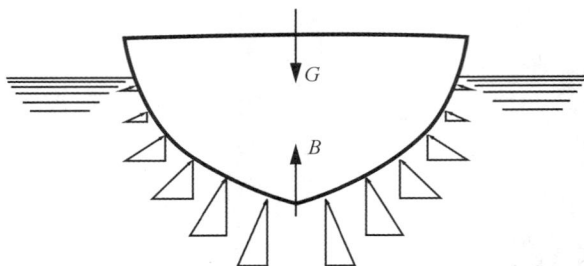

图 4.1　重力和浮力平衡

根据阿基米德定律,物体在水中所受到的浮力大小等于物体所排开水的重量。因此,船舶所受到的浮力就等于船舶所排开水的重量(通常称为排水量),可写成

$$\Delta = \rho \nabla \tag{4.1}$$

式中,Δ 为船舶排水量(单位为 t);∇ 为船舶排水体积;ρ 为水的密度,淡水为 1 000 kg/m³,海水一般取 1 025 kg/m³。

在实际营运过程中,船舶的重量总是发生变化的,这在装卸货物时最为明显。当船内载重减少时,重力小于浮力,船舶必然上浮,待浮力减小到与重力重新相等时,达到新的平衡。当船内载重增加时,重力大于浮力,船舶必然下沉,使船舶的排水体积增大,船舶的浮力也就随之加大,直到浮力和重力相等达到新的平衡。

船舶浮性主要研究的是船舶重力、重心和浮力、浮心之间的相互关系。在设计时,我们期望船舶在静水中处于浮性平衡状态。浮性平衡状态是重力与浮力大小相等、方向相反;重心和浮心必须在同一垂线上。因此,在设计时,需要对船舶重量与重心、浮力与浮心进行仔细估算,估算的准确度直接关系到船舶技术性能,估算不准会导致满足不了设计要求。

4.1.1.1　船舶重力、重心估算

在船舶的各个设计阶段,船舶的重力、重心估算都是一项必不可少的重要工作。随着设计阶段的不断深入,重力、重心估算值也逐步由粗略到精确。

船舶的重力、重心采用分项估算、叠加求和的方法。船舶在某一装载情况下,已知各部分重力 w_i,如钢料、机电设备、舾装设备、货物、人员、燃油等的重力,及其在全船坐标系下的重心位置 (x,y,z),则很容易求出船舶的重力 W 和重心 (X,Y,Z)。

$$W = \sum_{i=1}^{n} w_i$$

$$X = \sum_{i=1}^{n} w_i x_i / W, \ Y = \sum_{i=1}^{n} w_i y_i / W, \ Z = \sum_{i=1}^{n} w_i z_i / W$$

4.1.1.2　船舶浮力、浮心计算

船舶浮力和浮心坐标的计算可归结为船体排水体积和体积形心的计算。浮力可用公式表达为 $B = \rho w V$,式中 V 是排水体积,ρ 是水的密度,对于淡水来说,ρ 取 1 000 kg/m³;对于海水

来说，ρ 通常取 1 025 kg/m³。w 代表附体系数，通常取 1.003。根据船舶型线图，对排水体积进行估算时有两种方法：一种是按照水线面沿吃水积分运算；另一种是按照横剖面沿船长积分运算。通过计算可得到排水体积曲线、浮心纵向坐标曲线、浮心垂向坐标曲线、水线面面积曲线、水线面形心(漂心)纵向坐标曲线。

4.1.1.3 船舶的漂浮状态

船舶在水中的漂浮状态称为浮态，浮态一般包括正浮、横倾、纵倾、既有横倾又有纵倾这几种基本情况。

(1)正浮状态

正浮状态是指船舶既无横倾又无纵倾的漂浮状态。此时，重力等于浮力，重心与浮心均在中纵剖面上且处于同一垂线上。

(2)横倾状态

横倾状态是指船舶由正浮状态向左舷或右舷方向倾斜且处于平衡的漂浮状态。此时，重心与浮心不在中纵剖面上。

(3)纵倾状态

纵倾状态是指船舶由正浮状态向船首或船尾方向倾斜且处于平衡的漂浮状态。此时，重心与浮心不在同一个平行于中横剖面的平面上。

(4)任意状态

任意状态是指船舶既有横倾又有纵倾的漂浮状态。

一般情况下，船舶都应处于正浮状态或稍有尾倾状态。船舶的浮态可以用吃水、横倾角和纵倾角等参数来表示。在实际应用中，由于纵倾角不易直接测量，通常采用首尾吃水差来表示船舶纵倾。

4.1.2 储备浮力

由于船舶在波浪中航行，船舶水下部分的体积和形状始终处于不断变化之中，船舶在静水中浮力和重力之间的平衡状态常被破坏，迫使船舶始终不停地上浮和下沉。为确保航行安全，船舶除在设计水线以下需要足够的排水体积以提供足够的浮力之外，在设计水线以上还必须有相当的水密体积，这一部分水密体积可以保证船舶继续下沉时能提供补充的浮力。船舶设计水线以上船体水密空间能提供的浮力通常被称为储备浮力(如图 4.2 所示)。

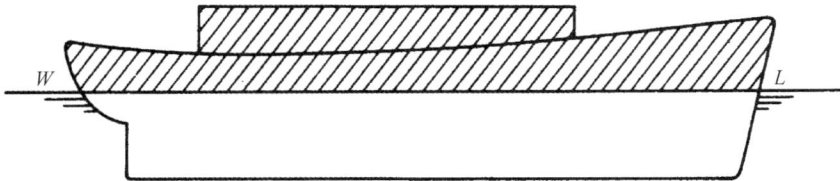

图 4.2 船舶储备浮力

储备浮力通常以干舷来表示。干舷大，表示船舶的储备浮力也大，当然干舷还同船体强度有关，干舷越大，强度越高。但是储备浮力过大，会使船舶装载量减小，从而影响经济效益和船舶稳性，所以储备浮力要适中。为了确保船舶安全，国家船舶检验部门明确规定了每一艘船必须具有的最小干舷。为了便于监督,验船部门还规定,每一艘船必须在船中舷侧勘绘船舶载重线标志(Load Line Mark)。载重线标志用来检查船舶装载状态使之不小于已核定的最小干舷。船舶装载后实际水线未淹没相应载重线标志,则视为满足最小干舷的要求。

勘绘船舶载重线标志时,还包括勘绘甲板线、载重线圈及各载重线,如图4.3所示,载重线圈两侧加绘字母C、S表明其为中国船级社勘绘。在不同的季节和海域,海上风浪情况不同,允许船舶具有不同的干舷。通常在夏季,热带海域因风浪较小,干舷可相应地减小;而在冬季,特别是在北大西洋冬季,因风浪较大,要求有较大的干舷。海船航行到淡水区域,由于淡水的密度比海水的密度小,在同样载重情况下,其排水体积和吃水都相应地有所增加,所以其干舷相对较小。各载重线标明了船舶在不同海域、不同季节中航行时所允许的最大吃水线。图4.3中所示的各条载重线含义如下:

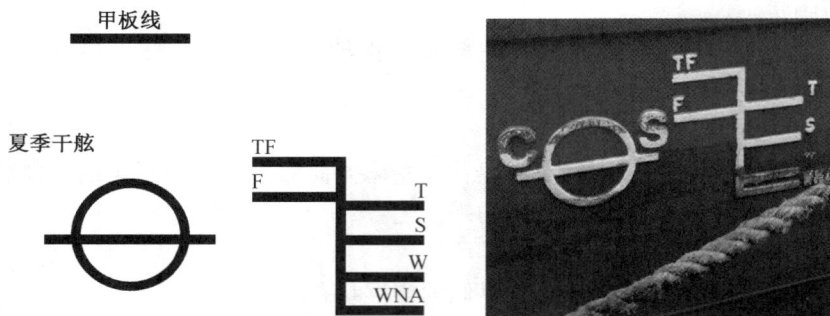

图 4.3　船舶载重线标志

TF(Tropical Fresh Water Load Line):热带淡水载重线,即船舶在热带地区淡水中航行时,总载重量不得超过此线。

F(Fresh Water Load Line):淡水载重线,即船舶在淡水中航行时,总载重量不得超过此线。

T(Tropical Load Line):热带海水载重线,即船舶在热带地区航行时,总载重量不得超过此线。

S(Summer Load Line):夏季海水载重线,即船舶在夏季航行时,总载重量不得超过此线。

W(Winter Load Line):冬季海水载重线,即船舶在冬季航行时,总载重量不得超过此线。

WNA(Winter North Atlantic Load Line):北大西洋冬季载重线,指船长在100 m以下的船舶,在冬季月份航行经过北大西洋(北纬36°以北)时,总载重量不得超过此线;船长超过100 m的船舶,不勘绘此载重线,当其处于北大西洋冬季季节期海区时,仍使用冬季载重线。

4.2　船舶的稳性

4.2.1　稳性的定义

船舶漂浮于水面某一水平位置时受两个作用力,即重力和浮力,其大小相等、方向相反、作用在同一条垂直线上,这时船舶处于一种平衡状态。但是,船舶在航行中经常受到风浪等各种外力的干扰作用,所以这种平衡状态是相对的,不是绝对的。船舶稳性是指船舶在外力的作用下偏离原平衡位置,当外力消除后船舶仍能回复到原来平衡位置的能力。

下面以船舶在横向受到外力作用而发生横倾为例。船舶开始处于正浮状态,当受外力作用发生横倾时,船舶排水体积的形状就会改变,这一体积的形心——浮心的位置也随之发生变化。由图 4.4 可见,浮心 B 从正浮时的位置向倾斜的一舷移动,此时,重力 G 和浮力 B 方向相反,而它们的作用点不再在一条垂直线上,这两个大小相等、方向相反而作用点不在一条垂直线上的力就构成了一个力矩,称为回复力矩。图 4.4 中所示的回复力矩的方向与船舶横倾方向相反,起着抵抗外加的使船倾覆的力矩的作用,力图使船舶回复到原来的正浮位置。如重力和浮力作用线之间的垂直距离是 $\overline{GZ}$,船舶横倾角为 θ 时的回复力矩可按下式进行计算。

$$M_{\mathrm{h}} = g\Delta \cdot \overline{GZ} = g\Delta \cdot \overline{GM}\sin\theta \qquad (4.2)$$

式中:g——重力加速度,m/s^2;

　　　Δ——船舶排水量,t。

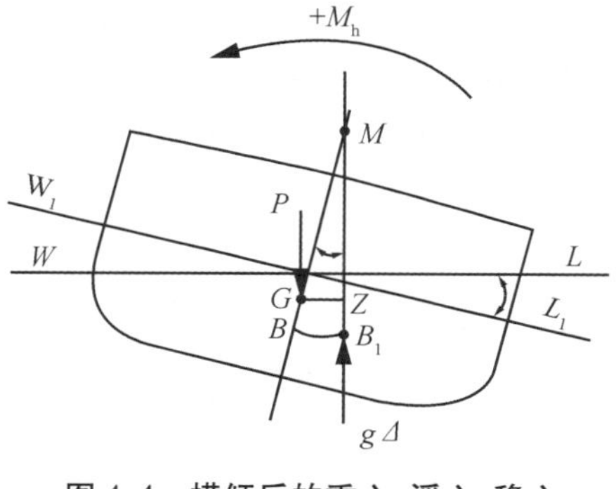

图 4.4　横倾后的重心、浮心、稳心

很显然,回复力矩的值是随着横倾角度的增大而逐渐增大的。若外力矩不是突加在船上的,船舶的横倾是很缓慢的。当回复力矩的数值增大到与外力矩相等时,船舶就停止横倾,此时若外力矩消除了,船舶就在只有回复力矩这一个力矩的作用下回复到原来的正浮位置。

在倾斜角度不大,如小于 10°~15°时,倾斜前后浮力作用线的交点 M 可认为是固定不变的,浮心 B 以 BM 为半径做圆弧运动,M 称为稳心,此时的问题称为初稳性问题。船舶横倾时的稳心就是横稳心。

由式(4.2)还可知道,在某个排水量状态,关系到船舶回复到原来平衡位置能力的回复力

矩的大小与 $\overline{GM}$ 密切相关，$\overline{GM}$ 越大，则船舶抵抗倾侧的能力越强，亦即船舶的稳性越好，所以通常把 $\overline{GM}$ 作为衡量船舶稳性的标志之一。$\overline{GM}$ 值实际上就是稳心在重心以上的高度，习惯上把它称为初稳性高度，常用 h 来表示。所以，船舶在小倾角情况下的回复力矩可由下式计算。

$$M = 9.8\Delta \cdot h\sin\theta \tag{4.3}$$

式中：Δ ——船舶排水量，t；

　　　h——初稳性高度，m。

由此可见，在某排水量状态时的船舶，横稳心 M 点是一定的，重心 G 越低，则初稳性高度 h 就越大，船舶抗沉倾侧的能力越强，稳性越好。

很明显，若船体形状太窄，致使点 M 离基线较低，而重心 G 又较高，再加上航运过程中配载不注意，有可能出现下述两种情况：

（1）重心 G 在稳心 M 之上，当船舶受外力矩作用而横倾时，浮力与重力所构成的回复力矩的方向与外力矩的方向相同，即回复力矩为负值，或者初稳性高度 h 是负值，船舶的倾侧会加剧。这种船的稳性极差，必须通过加压载等措施进行重心调整。

（2）重心 G 和稳心 M 重合，初稳性高度 h 为零，回复力矩也为零。这种船舶倾斜任一小角度之后都可以达到平衡，即随遇平衡。由于没有回复到原正浮位置的能力，故这种船也属于稳性差，必须加以调整。

上述两种情况在设计建造和使用过程中是不允许的。为确保安全，《海船稳性规范》中有明确的要求：一切海船经过自由液面修正后的初稳性高度不得小于 0.15～0.20 m；《长江船舶稳性规范》中对内河船舶的最小初稳性高度也规定有具体的计算公式。

应当指出的是，上述分析是限于小角度倾斜而言的，式（4.3）也称为初稳性公式。但是，实际上船舶常会产生较大角度的倾侧，且因外力矩是突加上去的，船舶的倾侧过程还具有动能，在较大角度倾侧时，船体水下的形状、干舷以及上层建筑的形式对船舶的回复力矩都有很大影响，这时就不能用 h 来表征船舶的稳性了，而必须用船舶在各个倾角时的回复力矩或回复力矩所做的功来表征。这就涉及大倾角稳性的问题。通常将倾角大于 10°～15°或上甲板边缘开始入水后的稳性称为大倾角稳性。大倾角稳性一般只产生于横向倾斜情况，因此也称为大倾角横稳性。大倾角稳性与初稳性的最大区别是船舶在横倾过程中，稳心 M 是变动的。

4.2.2　改善稳性的方法

为保证船舶具有足够的稳性，可以采用各种办法，但出发点都是降低重心和提高稳心。以下是具体的措施。

（1）降低重心：降低重心是改善船舶稳性的最根本措施。应使设备和载重尽量布置在较低的位置；上层建筑不能过于庞大，且宜采用较轻的材料；有时为降低重心可在舱底加设压载物；对于双层底的船舶来说，可以装载压载水，以降低重心。

（2）提高稳心：稳心 M 点距基线的高度主要受船宽吃水比 B/T 和水线面系数 C_w 的影响，为保证船舶具有足够的稳性，在设计之初就必须予以充分的注意。当船舶建成后，船舶主要尺度及船型系数已定，横稳心 M 点也就难以变动了。如果船舶建成之后，稳性不满足条件，可以通过在舷边加浮体的方法来提高稳心，但此时也会增大船舶的阻力。

然而，必须注意的是，在设计船舶时需要兼顾各种性能，而这些要求往往是相互矛盾的。

在保证初稳性的同时,也要兼顾舒适性能,即稳心不能太高,即 $\overline{GM}$ 不能过大,否则船舶将摇摆剧烈。一般来说,初稳性高度越大,横摇周期越短,摇摆越剧烈,船舶舒适性越差。

4.3 船舶的快速性

船舶的快速性是船舶一个很重要的航行性能,指的是船舶尽可能通过消耗较小的主机功率来维持一定航行速度的能力。从另一个角度来说,就是船舶在给定的主机功率下,以较快速度航行的能力。只有当船舶具有一定的快速性时,它才能完成所承担的运输或其他任务。快速性具有重要的经济意义,是船舶的重要性能之一。

在一定的排水量和航速的要求下,如何寻求优良的船体型线和高效率的推进方式,以使船舶主机消耗最小的功率,这是研究船舶的快速性需要关注的问题。因此,研究船舶的快速性问题主要包含以下两部分内容:船舶阻力,研究船体在运动过程中所受到的各种阻力问题;船舶推进,研究克服船体阻力的推进器及其与船体间的相互干扰及船、机、桨(推进器)的匹配问题。

4.3.1 船舶阻力

4.3.1.1 船舶航行中的阻力

船舶在航行过程中会受到流体阻止它前进的力,这种与船体运动相反的作用力称为船舶阻力。船体的水线下部分浸入水中,其余部分则处在空气中,因此,船舶运动时受的阻力根据流体的种类分为水阻力和空气阻力。由于水的密度远大于空气的密度,因此水阻力是主要阻力。此外,还可以把水的阻力分为船体在静水中航行时的静水阻力和在波浪中航行时增加的阻力(亦称汹涛阻力)两部分。

静水阻力通常分为裸船体阻力和附体阻力两部分。附体阻力指的是突出于裸船体之外的附属体,如舵、轴支架和舭龙骨等所增加的阻力。根据这种分类方式,船舶在水中航行时所受到的阻力通常分为两大部分,如图 4.5 所示。一部分是裸船体在静水中所受到的裸船体阻力,这是船舶阻力的主要部分,也是船舶的快速性着重研究的内容;另一部分是附加阻力,包括空气阻力、汹涛阻力和附体阻力。

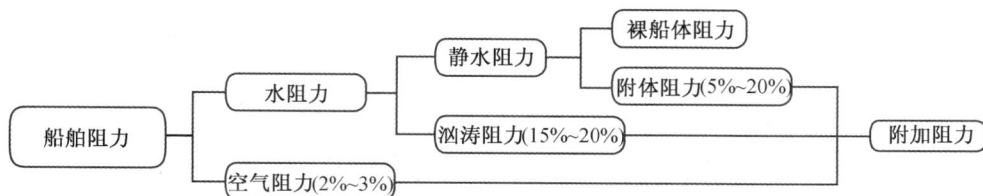

图 4.5　船舶航行中的阻力

4.3.1.2 船舶阻力的成因和分类

船体在静水中运动时所受到的阻力与船体周围的流动现象密切相关。根据观察,船体周围的水会出现三种现象：

（1）水面兴起波浪。船舶的运动使水面兴起了波浪，从而改变了水在船体表面的压力分布，船首的波峰使首部压力增大，船尾的波谷使尾部压力减小，形成了首尾的压差。这种由兴波引起的压力分布的改变所产生的阻力称为兴波阻力。从能量的观点看，船体掀起的波浪具有一定的能量，波浪的能量是由船体对水做功提供的。船舶运动过程中不断产生波浪，也就不断耗散能量，从而形成兴波阻力。

（2）由于水具有黏性，在船体周围形成边界层，从而使船体在运动过程中受到黏性切应力作用，在船体表面产生了摩擦力，它在运动方向的合力便是船体摩擦阻力。

（3）在船体曲率变化大处，特别是较丰满船舶的尾部常会产生旋涡。旋涡处的水压力减小，也改变了船体表面的压力分布情况。产生旋涡的根本原因也是水具有黏性，这种由黏性引起的船体前后压力不平衡而产生的阻力称为黏压阻力，习惯上也叫旋涡阻力。

这样，按照船舶航行过程中船体周围流动现象和产生阻力的原因，船体总阻力 R_t 可分为兴波阻力 R_w、摩擦阻力 R_f 和黏压阻力 R_{pv} 这三类，可写成以下表达式：

$$R_t = R_w + R_f + R_{pv}$$

对于不同航速的船舶，上述诸阻力成分在船舶阻力中所占的比重是不同的。对低速船，兴波阻力成分较小，摩擦阻力为 70%～80%，黏压阻力占 10% 以上。对于高速船，兴波阻力将增加到 40%～50%，摩擦阻力约为 50%，黏压阻力仅占 5% 左右。

由于摩擦阻力、黏压阻力都是由水的黏性而产生的，因此有时将两者合并称为黏性阻力 R_v。这样，船舶阻力又可以认为是由兴波阻力 R_w 和黏性阻力 R_v 两部分组成的，可写成以下表达式：

$$R_t = R_w + R_v$$

式中：$R_v = R_f + R_{pv}$。

4.3.1.3 减小船舶阻力的方法

根据上述船舶阻力的特点，不同船型，各阻力成分所占比例也不相同。对于中低速船，着重减小摩擦阻力和黏压阻力；对于高速船，着重减小兴波阻力。根据不同阻力的成因，有以下一些常用的减小船舶阻力的办法。

（1）减小兴波阻力有两个基本途径：一是通过优化线型，使船体的兴波阻力减小；二是加装附体，如球鼻艏等，使之产生的波谷正好与船主体产生的波峰叠加，降低实际兴波高度，从而减小兴波阻力。

（2）减小摩擦阻力：一是可以通过降低船体表面粗糙度，如采用高标准的涂料及涂装作业技术，采用基于仿生学的非光滑船体表面等；二是减小船体湿表面积，如低速船采用较大的排水体积长度系数 ∇/L^3，即减小船长 L 有利于减小湿表面积，另外减少不必要的船舶附体。

（3）减小黏压阻力：应减少船体表面沿水流方向的曲率变化，使其不发生突变。黏压阻力多发生在船尾部，故中低速船需要有合理的去流段长度以保证流线平顺。

4.3.1.4 确定船舶阻力的方法

确定船舶阻力的方法有：理论研究方法、试验方法和数值模拟。

（1）理论研究方法

理论研究方法是根据观察实际现象,进行力学抽象,从而利用流体力学的基本理论和数学工具来分析和研究船舶阻力和推进问题。这种方法近年来虽有很大的进展,但目前尚未被普遍应用到船舶设计和制造中去,原因在于:一是船体形状及其运动情况极为复杂;二是为简化分析起见,有的问题引进了一些近似假定,但与实际情况有一定出入,因此所得的结果准确性较差。

应该指出,理论研究方法虽然目前在定量方面存在差距,但常可用来解释现象,指出研究方向。近年来,流体力学、数学,特别是计算技术的发展,有力地推动了理论研究工作的进一步开展。通过理论研究可以发现试验中难以发现的问题,可为旧船型的性能改进和新船型的开发等指明方向。因而理论研究方法仍不失为重要的研究手段之一。

（2）试验方法

试验方法包括船模试验和实船试验。船模试验是通过一定缩尺比的船模在船模试验水池中运动来模拟实船运动,并在试验中观察船体周围的流动现象,测量有关数据,探讨有关机理等。因船模试验中的流动现象直观、清晰,且可得到较准确的结果,故其是船舶阻力研究中不可缺少的方法。应用船模试验来研究船舶的快速性的优点在于:它不但简单、经济,而且可以为造船工程提供定量数据。与实船试验相比,船模试验不受外界环境的限制,花费的人力、物力相对少得多,因此是主要的试验方法。实际上任何船舶在进行设计时,即使在初步设计阶段,也要利用这方面的系统研究所取得的结果。船模试验目前在国内外应用得较为广泛,一些较重要的船舶几乎没有未做船模试验就进行建造的,很多优良船型几乎都是通过大量模型试验而得到的。

但是,船模试验受到试验条件、试验设备等的限制,同时船模和实船有尺度上的差异,因此船模试验中难以保证船模和实船周围的流动完全相似,即船模试验不能完全取代实船试验。因此,实船试验也是船舶阻力研究中不可缺少的方法。

实船试验的目的是鉴定船舶的各种性能是否达到设计要求,并验证根据船模试验结果所预测的实船航行情况的准确性,也就是研究船模与实船之间的相关性问题。但因实船试验花费较大,所以除了新船进行例行试航外,通常很少进行。

（3）数值模拟

随着计算流体力学的不断完善,计算机软硬件技术的不断提高,各种新的计算方法的不断出现和已有计算方法的不断改进(如有限体积法、差分法等),现在有更多的问题可以获得有实用价值的数值解,数值模拟已成为研究船舶阻力不可缺少的方法。目前还出现了若干可用于船体周围流场模拟和阻力计算的商业软件(如 SHIPFLOW、FLUENT、CFX 等)。可以相信,随着数值模拟的不断完善,对船体周围流动模拟的不断细化和对流动机理研究的不断深入,数值模拟会在船舶阻力研究中发挥越来越大的作用。

在船舶阻力研究中,上述三种方法是缺一不可、相辅相成的。如果没有理论研究来建立物理模型,就无法进行数值模拟;没有试验方法来验证理论计算的结果,就无法证明理论研究的正确性。同时,理论研究和数值模拟可为试验方法提供理论指导。在船模试验前,可以预先用数值模拟对试验中大量的重复性的试验进行优化研究,减少重复试验,节省试验中的人力和物力。同时,通过数值模拟可以发现试验中难以发现的现象,可以对有危险的无法进行试验的现象进行模拟等。这三种方法相辅相成,推动了船舶阻力研究的不断深入。

4.3.2 船舶推进

船舶在水面航行,受到空气和水的阻力,船舶要保持一定的航速,必须不断地用推力克服阻力。推力器是为船舶提供推力的装置。推力器的类型很多,螺旋桨构造简单、造价低廉、使用方便、效率较高,是目前船舶应用最为广泛的推力器。

4.3.2.1 螺旋桨

螺旋桨俗称"车叶",由桨叶和桨毂构成。桨叶固定在桨毂上,桨叶的数量通常在 2~6 叶,叶片之间的间隔角度相等。桨毂位于螺旋桨末端,多为圆锥形或圆台形,和尾轴互相贴合,贴合面处开一键槽,镶以键,使尾轴带动螺旋桨旋转。为了减小水阻力,在桨毂后端加整流罩,与桨毂形成一光顺流线形体,称为毂帽。桨叶和桨毂通常是整体浇铸而成的,有时也采用将桨叶固定在桨毂上的安装方式。图 4.6 所示为不同形状的螺旋桨。

（a）   （b）

图 4.6　螺旋桨的外观

4.3.2.2 推进效率与推进系数

螺旋桨安装于船尾水线以下,由主机获得动力而旋转,将水推向船后,利用水的反作用力推船前进。对于以等速 v 直线运动的船舶而言,推力 T 与阻力 R 大小相等、方向相反。因此,阻力 R 在单位时间内所消耗的功应等于推力 T 在单位时间内所做的功。这里的推力所做的功是螺旋桨实际输出的功率,表示螺旋桨所产生的有效功率,用 P_E 表示。

实际上,船舶主机无论是蒸汽机还是柴油机都是以转矩形式输出功率的,螺旋桨的作用是吸收主机传递来的转矩,并把它转换成推船前进的推力。这种转换必然伴随着能量的损失,因此引出推进效率的概念。

主机发出的功率称为机器功率,用 P_S 表示。机器功率经过减速装置、推力轴承及主轴等传送至螺旋桨,即螺旋桨的收到功率用 P_D 表示。由于减速装置、推力轴承等具有摩擦损耗,故螺旋桨的收到功率总是小于机器功率,即 $P_D < P_S$,两者之间的比值称为传送效率或轴系效率 η_S,即

$$\eta_S = P_D / P_S$$

螺旋桨的收到功率为 P_D,而最后克服船体阻力的有效功率 P_E。因为螺旋桨在运转时有一定的能量损耗,且船身和推进器之间有相互作用,故有效功率总是小于收到功率,即 $P_E < P_D$,两者之间的比值称为推进效率 η_D,即

$$\eta_D = P_E / P_D$$

有效功率与机器功率的比值称为推进系数,用 $P.C$ 表示,即

$$P.C = P_E/P_S = \frac{P_E}{P_D}\frac{P_D}{P_S} = \eta_D\eta_S$$

推进系数是推进效率与传送效率的乘积,通常可以表示主机及推进器推进船舶的全面性能,推进系数越高,船舶的推进性能越好。因此,人们致力于增大推进系数,使机器功率尽可能多地转换成推进效率。

4.3.2.3 其他类型的推进器

除常规螺旋桨之外,根据不同船舶的工作条件,目前在船舶上得到应用的推进器还有以下一些类型。

(1)可调螺距螺旋桨

通过设置在桨毂内部的操纵机构,使桨叶能够转动而调节螺距的螺旋桨称为可调螺距螺旋桨,简称调距桨,如图 4.7 所示。由于桨叶螺距可按需要调节,在不改变桨轴的转速以及转向的情况下,使船舶推进的推力大小和方向得以变化,以适应船的前进、后退、加速和减速等各种航行状态。比起定螺距桨,调距桨既可以在不同工况下能充分利用主机的功率和转速,发挥桨的最大性能,又可以减少主机磨损,延长主机的使用寿命,使船舶能够最大限度地兼顾经济性、机动性以及快速性要求。但是,由于桨毂中的转动机构和整套操纵机构复杂,调距桨的造价高,保养及维护相当困难。此外,毂径比普通螺旋桨大,且不易制成光顺的流线型,在正常操作条件下,调距桨的效率要比普通螺旋桨低。综上所述,调距桨一般用于对灵敏性要求高或者航程远、多工况的船舶,例如军舰、潜艇、港内拖船、渡船、拖网渔船、捕鲸船等。一般货船、油船不适于采用调距桨。

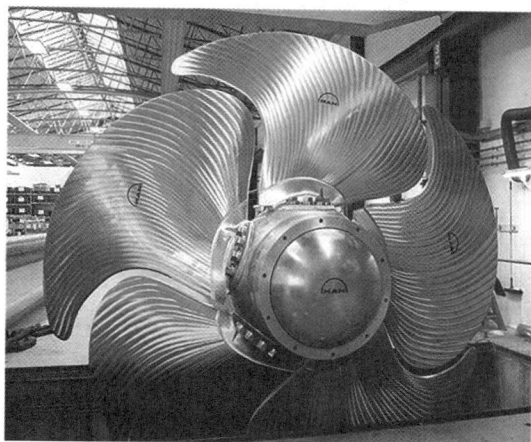

图 4.7　可调螺距螺旋桨

(2)导管螺旋桨

导管螺旋桨是在普通螺旋桨周围加上导流管,导流管类似于环形套筒,如图 4.8 所示。其优点是利用导流管作用,可以增加 30% ~ 35% 的推力,以满足航行需要,尤其适用于重载的船舶,如一些拖船、推船和货船。此外,导管围在螺旋桨的外面起着保护作用,螺旋桨不易露出水面产生空吸现象,并可免受外物的破坏或缠绕。但导管螺旋桨会使船舶的回旋性能降低和低速舵效果变差。

图 4.8　导管螺旋桨

（3）串列螺旋桨

串列螺旋桨将两个普通螺旋桨装于同一轴上，以相同速度同向转动，如图 4.9 所示。当螺旋桨直径受限制时，它可加大桨叶面积，吸收较大功率，对减振或避免空泡有利。串列螺旋桨重量较大，桨轴伸出较长，增加了布置及安装上的困难。对于多工况的船舶，尤其是螺旋桨直径受限制的浅水内河船，采用串列螺旋桨可以收到较显著的效果。

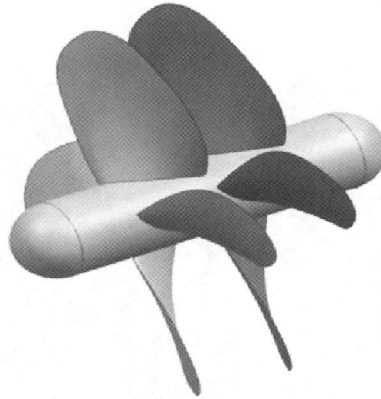

图 4.9　串列螺旋桨

（4）对转螺旋桨

对转螺旋桨将两个普通螺旋桨一前一后分别装于同心的内外两轴上，以等速反方向旋转，如图 4.10 所示。因为前后螺旋桨尾流的旋转方向相反，可减小尾流旋转损失，效率比单桨略高；叶面负荷较单桨低，有利于避免空泡；对转前后两个螺旋桨的转矩方向相反，大小略相等，作用在运动体上的扭转力矩很小，故常用于鱼雷推进器，可以防止鱼雷在航行中产生航向偏离。但其轴系构造复杂，制造工艺要求高，造价和维修费用高昂，在船舶上还未广泛应用。

图 4.10 对转螺旋桨

（5）喷水推进器

喷水推进器是指推进机构的喷射部分浸在水中,利用喷射水流产生的反作用力驱动船舶前进的一种推进器,如图 4.11 所示。它由水泵、管道、吸口和喷口等组成,并能通过喷口改变水流的喷射方向来实现船舶的操纵,效率比螺旋桨低,但操纵性能好,特别是对于泥沙底的浅水航道,喷水推进器具有良好的适应性。

图 4.11 喷水推进器

（6）吊舱推进器

吊舱推进器(又称 POD 推进器,如图 4.12 所示)集推进和操舵装置于一体,极大地提高了船舶设计建造和使用的灵活性,使电力推进的优越性得到了更充分的体现,是受到世界造船业广泛关注的新型推进装置。吊舱推进器一般由永磁电机、导管、螺旋桨和控制器等组成,其结构特点是电机机座与导管一体化,导管采用悬臂方式与机座连接。

图 4.12　吊舱推进器

吊舱推进器可围绕连接船体的垂直轴灵活自如做 360°水平回转,可产生任何方向的推力,从而可以任意调整航行方向,让船舶具有前所未有的操纵性能和紧急机动性能。有了这种先进的推进系统,船舶在海上航行或靠离码头期间,不仅可以自如地前进、后退,还能够完成"横移""原地回转"等各种高难度动作。

4.4　船舶的抗沉性

船舶抗沉性是指船舶在破舱浸水后仍能保持一定的浮性和稳性,不致沉没和倾覆的能力。为了保证抗沉性,船舶除了具备足够的储备浮力外,还可通过设置双层底和一定数量的水密舱壁来增大浮力。一旦发生碰撞或搁浅等致使某一舱进水而失去浮力时,水密舱壁可将进水尽量限制在较小的范围内,阻止进水向其他舱室漫延,而不致使浮力损失过多。这样,就能以储备浮力来补偿进水所失去的浮力,保证船舶不沉,也为堵漏施救创造了有利条件。

1912 年,"泰坦尼克"号沉没事件是迄今为止对国际航运影响最深远的海难,当时2 224 名船员及乘客中有逾 1 500 人丧生。"泰坦尼克"号曾被认为是航海技术史上的一个里程碑,有"永不沉没"的美誉。全船分为 16 个水密舱,连接各舱的水密门可通过电开关统一关闭,设计时认为在任何 4 个水密舱进水的情况下都不会沉没。技术人员后来根据对沉船残骸破损情况的分析得出,船体水线下有 5 个水密舱壁被冰山划破了,实际上建造时水密舱壁并没有穿过整个甲板,仅仅达到了 E 层甲板。海水漫过第 5 号水密舱壁后流入第 6 号水密舱,继而不可逆转地导致船舶彻底沉没。

在这一事件的直接影响下,各主要航海国家代表在 1914 年集会于英国伦敦,于 1 月 24 日签订了《国际海上人命安全公约》。但该公约因第一次世界大战的爆发而未付诸实施。之后,各主要航海国家于 1929 年、1948 年和 1960 年又召开了第二、三、四次国际海上人命安全会议,签订和修改了《国际海上人命安全公约》。该公约对航行于公海的船舶提出了关于船舶救生设备、无线电通信设备和助航设备的基本要求,还特别规定了船舶的抗沉性要求。

《国际海上人命安全公约》和我国的《海船抗沉性规范》都对客船的舱壁位置、船体结构、开口处的封闭装置以及排水设置等做了详细的规定,也对船舶抗沉性的衡准提出了具体的方法和标准。规范还规定,民用船舶任何一舱破洞并淹水后,船舶下沉的极限是舱壁甲板顶面的边线以下 76 mm。也就是说,船舶在破舱进水后至少要有 76 mm 的剩余干舷。在船舶侧视图上,舱壁甲板线以下 76 mm 处的一条与甲板边线相平行的曲线称为安全限界线,简称限界线,如图 4.13 所示。限界线上各点的切线即表示所允许的最高破舱进水后船舶的吃水水线,称为极限海损水线。

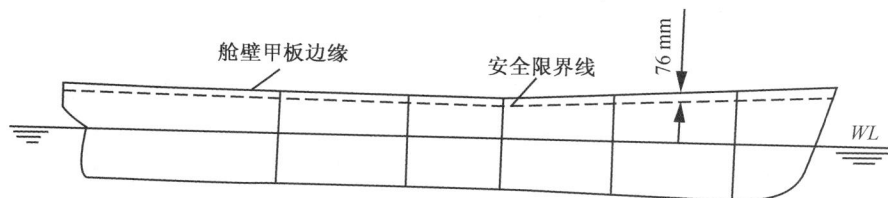

图 4.13　安全限界线

　　为了保证船舶在破舱后的水线不超过限界线,自然要对船舱的长度加以必要的限制。若一个舱的长度过长,就代表着一旦该舱破损进水,就会损失大量浮力,增加沉没的风险。船舱的最大许可长度,表示如果此长度的船舱破损进水后,船舶的海损水线恰好与限界线相切。船舱在船长方向的位置不同,其最大许可长度自然也不相同,即沿船长方向的可浸长度是不同的。因而,在船舶技术文件中就会有一表示该船舶沿船长方向最大许可长度数值的曲线,称为可浸长度曲线。

　　当船舶一舱进水后能满足上述诸要求时,称为一舱不沉制,两舱进水后能满足上述要求的称为两舱不沉制,以此类推。海上客船至少应满足一舱不沉制要求。

　　改善抗沉性最有效的措施是增大船舶的储备浮力,通常可采取下述办法:

　　(1)增加干舷。增大型深 D 或者在多层甲板船上将水密舱壁通到更高一层甲板。

　　(2)减小吃水。当型深不变时,这与增加干舷有类似的效果。

　　(3)增加舷弧和使横剖线外倾。

　　(4)使水下体积瘦削也可以认为是相对地增大了储备浮力。

　　(5)合理分舱,即合理地确定各水密舱壁的位置。

　　当然,为改善船舶的抗沉性而采取的措施有时会与船舶的使用要求或其他性能要求产生矛盾,设计人员必须针对具体船舶做具体分析,抓主要矛盾进行正确的处理。

4.5　船舶的操纵性

　　船舶的操纵性是指船舶按照驾驶者的意图保持或者改变其运动状态的性能,即船舶能保持或改变航速、航向和位置的性能。在船舶航行过程中,为了尽快到达目的地和减少燃料消耗,驾驶者总是力图使船舶以一定的速度保持直线航行,此时要求船舶具有良好的航向稳定性。当在预定的航线上发现障碍物或其他船舶时,为了避免碰撞,驾驶者需使船舶及时改变航速或航向,此时要求船舶具有良好的回转性和转首性。一艘操纵性良好的船舶,应既能按驾驶者的要求方便、稳定地保持运动状态,又能按驾驶者的要求迅速、准确地改变运动状态。

船舶的航向稳定性、回转性、转首性及停船性可以用来表示船舶的操纵性。

（1）航向稳定性是指船舶在水平面内的运动受扰动而偏离平衡状态,当外界扰动消除后能保持其原有平衡状态的性能。

（2）回转性是指船舶在一定舵角下,能迅速改变航向并让船舶做回转运动的性能。

（3）转首性是指船舶应舵转首的性能。

（4）停船性是指船舶对惯性停船和倒车停船的响应性能。

船舶在航行时,总是会受到外界各种偶然的干扰作用,如风、浪、流等因素的影响,使船偏离原来的运动状态,如图 4.14 所示。船舶受瞬时扰动后,最终仍能按原航线的延长线航行,称为位置稳定性。船舶受瞬时扰动后,新航线为与原航线平行的另一直线,称为方向稳定性。船舶受瞬时扰动后,最终能恢复直线航行状态,但航向发生变化,称为直线稳定性。显然,具有位置稳定性必同时具有方向稳定性和直线稳定性,而具有方向稳定性必同时具有直线稳定性。反之,若不具有直线稳定性,也不可能具有方向稳定性和位置稳定性。

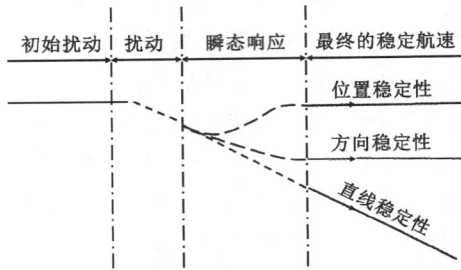

图 4.14　船舶航向稳定性

操纵性的另一个重要方面是机动性,其中研究最多的是船舶的回转运动。将沿直线航行的船舶的舵转至某一舵角,并保持此舵角,船将做曲线运动,称为回转运动。回转运动包含三个阶段:转舵阶段、过渡阶段和定常阶段。在定常阶段,船舶回转圈的直径称为定常回转直径。满舵条件下的定常回转直径称为最小回转直径。可以很直观地得出,定常回转直径越小,船舶的回转性越好。

船舶的操纵性与船舶航行的安全性、经济性密切相关。军用船舶有着更高的操纵性要求,良好的操纵性是提高战斗力的重要手段。航向稳定性差的船舶,将延长实际航程,同时,增加操纵机械和推进机械的功率消耗,使船舶的经济性降低。通常,航向稳定性好的船舶仅消耗总功率的 2%~3%,航向稳定性差的船舶消耗总功率的 20%。

此外,如果航行船只数量增多,航行密度增大,将使船舶的安全性受到影响。同时,船舶航速提高,或船舶主尺度增加,排水量增大,也将使船舶的安全性受到影响。

如何使船舶具有良好的操纵性呢? 一般来说,可以从以下三个方面考虑:

（1）舵的正确设计;

（2）船体主尺度和型线的正确选择;

（3）设计特种操纵装置。

4.6 船舶的耐波性

在波浪扰动的作用下,船舶会产生横摇、纵摇、升沉等各种摇荡运动以及耦合运动,如图 4.15 所示。船舶的耐波性是指船舶在风浪等外力作用下,产生摇荡运动以及砰击、上浪、失速等现象时仍能以一定的航速安全航行、完成作业的能力。研究船舶在风浪的扰动下的运动状态,设法减小船舶在波浪中的摇摆运动幅度,可避免船舶产生剧烈摇摆运动。耐波性指标与海洋环境条件密切相关,因此设计者需要关注的是船舶在海洋环境中的摇摆运动,并用量化指标去综合评价船舶的耐波性。

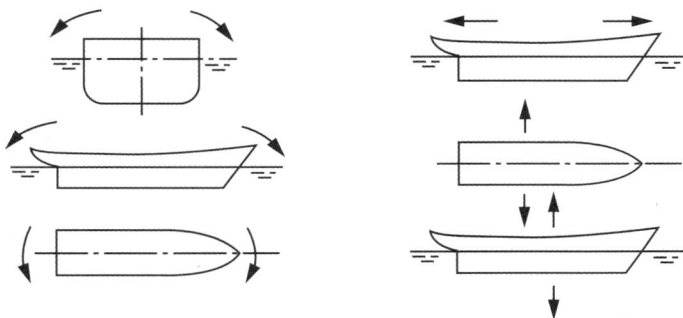

图 4.15 船舶摇荡

船舶在静水或波浪上航行时围绕某一平衡位置做周期性的往复运动统称为船舶摇荡。其运动形式包括以下几种:

(1)横摇——绕船舶纵轴的往复摇动;

(2)纵摇——绕船舶横轴的往复摇动;

(3)首摇——绕船舶垂直轴的往复摇动;

(4)垂荡——沿船舶垂直轴的上下往复运动,又称升沉;

(5)横荡——沿船舶横轴的左右往复运动;

(6)纵荡——沿船舶纵轴的前后往复运动。

其中,横摇、纵摇和升沉对船舶航行的影响最大,其中横摇又最易发生,摇荡幅值也最大,严重影响船舶安全。剧烈的摇荡会对船舶产生一系列有害的影响,可能使船舶因过分倾斜、失去稳性而倾覆;因纵摇和升沉而导致船体折断;由于船舷或首尾淹没在波面下致使甲板上浪;使机器和仪表运转失常,使船体构件和设备因负荷增加而损坏,使固定不牢的货物移动;引起乘员晕船,工作、居住条件恶化;使船舶螺旋桨工作效率下降和阻力增大,导致船舶失速;等等。

对于海船来说,必须在设计阶段就估算船舶的耐波性,采取措施以减缓船舶在风浪中的摇荡运动。耐波性的研究通常以横摇为主,横摇是耐波性的重要内容。具有良好耐波性的船舶,其横摇一定是缓和的,其摆幅也肯定是小的。横摇缓和的程度常以船舶的横摇周期来表示。横摇周期是指完成一个全摇摆过程所需的时间,就是图 4.15 中船舶从原始正浮位置向左、右舷摆动到最大倾斜位置再摆回到正浮位置所需的时间。

横摇周期越大,则横摇越缓和,通常认为沿海船舶的横摇周期应在 8 s 以上。但横摇和初稳性是矛盾的,初稳性好的船,横摇周期短。可见,为了保证横摇的缓和性,海船的初稳性高度不能过分大,应小于某个数值,同时,各类海船也对横摇周期有具体要求。

为了改善船舶的横摇性能,通常在船上装设减摇装置。以下是几种常见的减摇装置。

4.6.1 舭龙骨

舭龙骨是在舭部安装的长板条,如图 4.16 所示。舭龙骨的宽度为 0.3~1.2 m,或取船宽的 3%~5%,其长度为船长的 25%~75%。舭龙骨能增大横摇阻尼,以达到减小摆幅的目的,尤其是当船舶的周期性摇摆与波浪的周期性作用发生共振摇摆时效果最显著。由于结构简单,舭龙骨在民用船舶上被广泛采用。舭龙骨有整体型的,也有间断型的,后者多用在快速船上。为了减小舭龙骨对船舶前进运动的阻力,舭龙骨要顺着舭部水流方向安装。

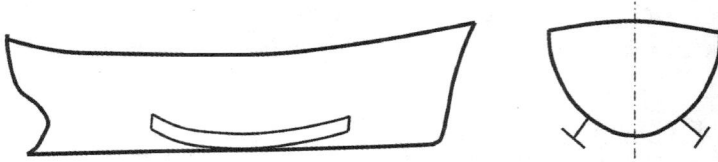

图 4.16 船舶舭龙骨

4.6.2 减摇鳍

减摇鳍是装在船中舭部可操纵的机翼,又称侧舵,如图 4.17 所示。减摇鳍是目前效果最好的减摇装置。根据船舶对减摇效果的不同要求,可以安装一对或两对减摇鳍,每对减摇鳍必须以船的中线面对称布置。减摇原理是船舶在运动时,通过操纵机构转动减摇鳍或本身位置,水流经鳍上下表面产生不同作用力,从而形成减摇力矩,以便减小船体横摇。该设备结构复杂,造价较高,且效果取决于航速,航速越快,效果越好,故多用于水面舰艇、军辅船舶和高速民用船舶上。减摇鳍能够提高船舶的安全性,改善船舶的适航性和船上工作条件,提高船员工作效率以及避免货物碰撞和损伤。另外,减摇鳍能够提高船舶在风浪中的航速,节省燃料,保证特殊作业,如直升机起降、准备使用观测仪器等。

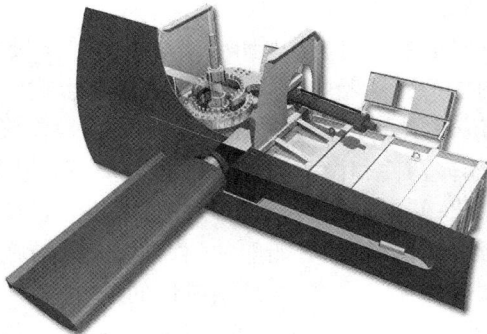

图 4.17 船舶减摇鳍

减摇鳍有不可收放式减摇鳍和可收放式减摇鳍两大系列。可收放式减摇鳍又有伸缩式减摇鳍和折叠式减摇鳍两种。不可收放式减摇鳍具备结构简单、体积小、重量轻、可靠性高及成本低等优点,但是减摇鳍的外伸尺寸必须限制在船宽和船底基线范围内,所以它的展弦比较小、升力系数小、扶正力矩相应较小,因而这种形式的鳍适用于舰艇和中小船舶。通常,对于排水量在 1 000 t 以下的船舶,一对不可收放式减摇鳍就能满足船舶横摇减摇的要求。

可收放式减摇鳍的结构相对复杂,中间需要操纵装置控制鳍的角度和收放。在大型船舶遇风浪需要减摇时将可收放式减摇鳍放出舷外,在控制信号作用下转鳍,产生稳定力矩;不用鳍时,将鳍收进舱内。其主要优点是鳍的升力系数较大,静水航行时鳍收进船舱,不产生附加阻力;缺点是多了一个收放机构,故需占用一定的船内空间,因此该型装置主要装在较丰满船型的大型船舶上。

4.6.3　减摇水舱

减摇水舱是在船体内部设有的左右连通的水舱,其示意图如图 4.18 所示。当船舶发生横摇时,该水舱里的水也会随之从一舷移到另一舷来回做振荡运动,通过连通管道截面尺寸的设计或配以调节装置调节控制两侧的水位差,使左右水舱中水的重量差产生与摇摆方向相反的力矩,从而达到减摇的目的。

图 4.18　船舶减摇水舱示意图

减摇水舱在各种航速下都能减小船舶的横摇运动,具有结构简单、造价低廉、便于维护保养等特点,这使得减摇水舱已被越来越多的船东所采用,其应用前景非常广阔。特别是近20 年来,随着对船舶减摇要求的不断提高,以及计算机和自动控制技术的发展,人们对减摇水舱进行了更为广泛的研究,并取得了突破性进展,还相继设计了一些高性能的减摇水舱,并成功地应用到实船上。

表 4.1 为各类减摇装置的性能及效果。

表 4.1　各类减摇装置的性能及效果

性能及效果	可收放式减摇鳍	不可收放式减摇鳍	主动式减摇水舱	被动式减摇水舱	舭龙骨
减摇效果	90%	85%	60%	50%	35%
低速有效性	无	无	有	有	有
占排水量	1%	0.6%	1%～4%	1%～2%	几乎没有
对初稳性的不利影响	无	无	有	有	无
对阻力的不利影响	工作时有	有	无	无	很小

续表

性能及效果	可收放式减摇鳍	不可收放式减摇鳍	主动式减摇水舱	被动式减摇水舱	舭龙骨
所需动力	小	小	大	无	无
占用船内空间	一般	少	一般	一般	无
被损坏的可能性	收进时无	有	无	无	有
造价	较高	一般	一般	低	极低
维修费	一般	高	一般	低	低

课后题

1.船舶的航行性能包括哪几种？各自的定义是什么？

2.船舶在水中的漂浮状态有哪四种？

3.改善船舶稳性的方法有哪几种？具体的做法是什么？

4.分析一下船体在静水中运动时，船体周围的三种流动现象。

5.减小阻力的方法有哪几种？

6.除常规螺旋桨外，船舶采用的推进器还有哪些类型？特点是什么？

7.改善船舶抗沉性的措施有哪几种？

8.船舶操纵性包括哪几个方面的内容？

9.船舶常见的减摇装置有哪些？

第5章
船舶的结构与外形

5.1 船体受力与强度

船舶在建造、下水、航行、停泊、修理等过程中受到各种外力作用。研究船体结构就是要使船体有足够的强度和刚性来承受这些外力,同时依据不同的使用要求设计不同的结构形式,达到减轻结构重量、降低建造成本和提高营运经济性的目的。

5.1.1 作用在船体上的力

根据受力形式,作用在船体上的力可以分为三类:总纵弯曲力、横向载荷和其他局部力。

5.1.1.1 总纵弯曲力

船体的总纵弯曲是指作用在船体上的重力、浮力、波浪水动力和惯性力等引起的船体绕水平横轴的弯曲。它由静水总纵弯曲和波浪总纵弯曲两部分叠加而成。

(1)船舶在静水中的总纵弯曲

船舶在静水中受到的外力有船舶及其装载的重力和水的浮力。

重力的方向向下,浮力的方向向上。重力和浮力在静水中处于平衡状态,即重力和浮力大小相等、方向相反、作用在同一铅垂线上,如图 5.1(a)所示。将船体假想成若干分段的组成,由于重力和浮力沿船长方向分布不一致,对每一段来说,作用其上的重力和浮力并不相等。如果将段与段之间的约束解除,每一段为了重新取得平衡,必然会产生上下移动的趋势,直至取得静力平衡,如图 5.1(b)所示。船舶弯矩分布图如图 5.2 所示。

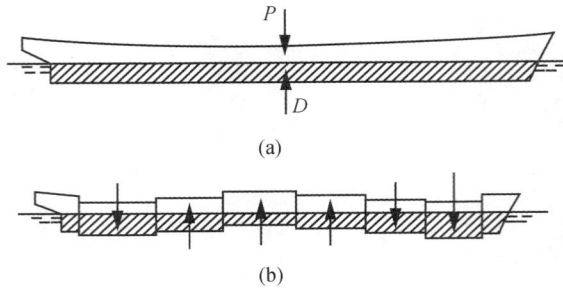

(a)

(b)

图 5.1　船舶在静水中的总纵弯曲

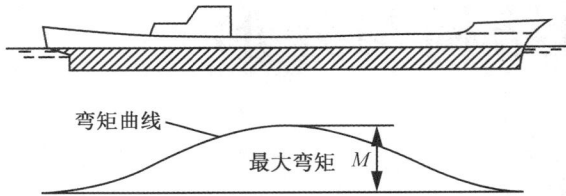

弯矩曲线

最大弯矩　M

图 5.2　船舶弯矩分布图

（2）船舶在波浪中的总纵弯曲

在波浪中船体产生的总纵弯矩会比在静水中大。当波长与船长相等或接近相等时，船体的弯曲程度最严重。当波峰在船中时，会使船体发生中拱弯曲，此时船体的甲板受拉伸，底部受压缩，如图 5.3（a）所示；当波谷在船中时，会使船体发生中垂弯曲，此时船体的甲板受压缩，底部受拉伸，如图 5.3（b）所示。

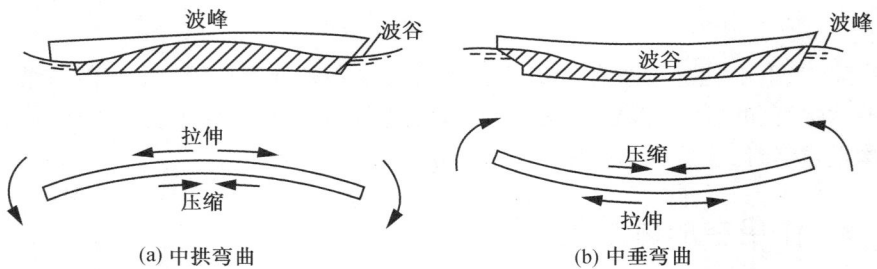

波峰　　　　　　波谷　　　　　　　　波谷　　　　　　波峰

拉伸　　　　　　　　　　　　　　压缩

压缩　　　　　　　　　　　　　　拉伸

(a) 中拱弯曲　　　　　　　　　　(b) 中垂弯曲

图 5.3　船舶在波浪中的总纵弯曲

5.1.1.2　横向载荷

船体在静水或波浪中，它的各部分结构还受到局部的水压力和货物等横向载荷，会产生局部弯曲。图 5.4 所示为作用在船体上的横向载荷。

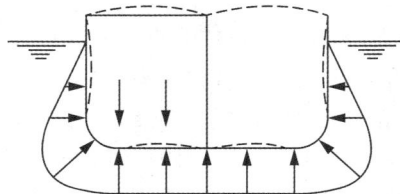

图 5.4　作用在船体上的横向载荷

5.1.1.3　其他局部力

作用在船体上的其他局部力有：船体上机器和螺旋桨运转时的振动力，船首端的波浪砰击和水面漂浮物的撞击等局部的外力，油船的油货舱内液体的晃动载荷，以及船舶进坞或搁浅时受到船底下墩木或河床的支持作用力等。这些力会使船体发生局部弯曲变形。

5.1.2　船体强度的概念

船体强度是指船舶的船体结构在规定条件下抵抗各种外力不致造成严重变形或破坏的能力。按船体结构的受力状况，船体强度分为总纵强度、局部强度、横向强度等。总纵强度对应的外力是总纵弯曲力，局部强度对应的外力是局部力，横向强度对应的外力是横向力。

5.1.2.1　总纵强度

船舶在外力作用下会产生总纵弯曲。若船体结构的强度和刚性不足，就有可能使船体总体或局部的结构发生断裂或严重变形。船体结构抵抗纵向弯曲不使整个结构遭受破坏或严重变形的能力称为总纵强度。一旦船体结构遭到破坏或严重变形，船舶和人员的生命财产安全将会受到严重威胁。所以，船舶的总纵强度是船舶设计建造和使用过程中必须高度重视并密切关注的问题。

在研究船体的总纵强度时，将船体看作变断面的空心梁（即船梁），它抵抗总纵弯曲的能力是由船梁的横剖面模数决定的。通常最大总纵弯曲正应力出现在船舶约占 1/4 船长区域内的上甲板和船底板，所以上甲板和船底板总是较厚的。

5.1.2.2　横向强度

船舶在水中除了产生总纵弯曲外，也会产生横向弯曲。横向强度是指横向构件（如肋骨框架和横舱壁）抵抗横向载荷不至破坏和永久变形的能力。

5.1.2.3　局部强度

船体的局部强度是指个别构件对局部载荷的抵抗能力。有时船体的总纵强度能得到保证，但局部强度不一定能得到保证。当船舱破损进水时，船内的某些局部构件在水压力作用下可能会遭到破坏或严重变形。

5.1.2.4　扭转强度

船体抵抗扭曲变形或损坏的能力称为扭曲强度或扭转强度。船体产生扭转变形的主要原因有：船舶做斜浪航行，首部和尾部受到的波浪作用力方向相反；首部与尾部装卸货物不对称，横倾时复原力矩与横倾力矩沿船长各段不相等，横摇时船体受到不平衡的惯性力；等等。

5.2 船体结构

5.2.1 船体结构的组成

船舶是由许多部分构成的,按各部分的作用和用途,可综合归纳为船体、船舶动力装置、船舶电气三大部分。船体是船舶的基本部分,可分为主船体和上层建筑,如图 5.5 所示。

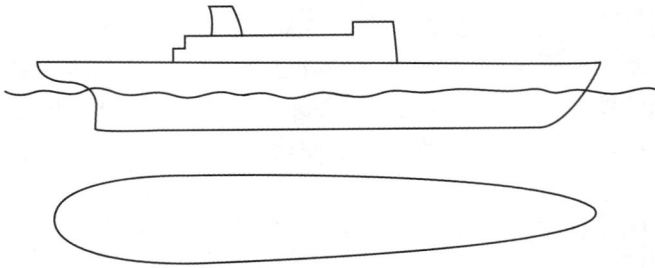

图 5.5 船体的组成

主船体一般指上甲板以下的部分,它是由船壳(船底及舷侧)和上甲板围成的具有特定形状的空心体,是保证船舶具有所需浮力、航海性能和船体强度的关键部分。从外形来观察,主船体部分通常左右对称,呈流线型,中间宽,向两端逐渐变窄。

主船体一般用于布置动力装置、装载货物、储存燃油和淡水,以及布置其他各种舱室。为保障船体强度、提高船舶的抗沉性和布置各种舱室,主船体通常设置若干纵横舱壁,在主船体内形成一定数量的舱,并根据需要加设中间甲板或平台,将主体水平分隔成若干层。

上层建筑一般指上甲板以上的部分,由左、右侧壁,前、后端壁和各层甲板围成,其内部主要用于布置各种用途的舱室,如工作舱室、生活舱室、贮藏舱室、仪器设备舱室等。上层建筑的大小、层楼和型式因船舶用途和尺度而异。

5.2.2 船体结构的型式

组成船体的基本结构是板架结构,由骨材、桁材和板焊接而成,如图 5.6 所示。尺寸较小、数目多、间距小的叫作骨材;尺寸较大、数目少、间距大的叫作桁材。

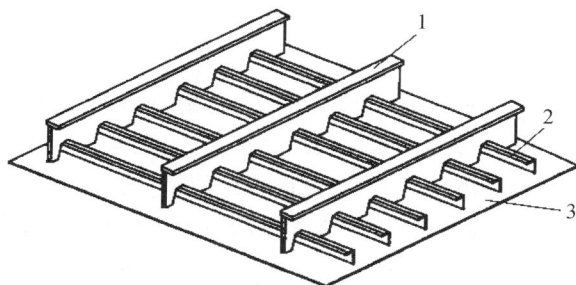

图 5.6 船舶板架结构
1—桁材;2—骨材;3—板

按骨架的不同排列形式,船体结构可分为纵骨架式、横骨架式和混合骨架式三种。

5.2.2.1 纵骨架式

纵骨架式船体结构是指在主船体中的纵向构件数量多、间距小,横向构件排列间距大、尺寸也大的船体结构。由于纵向构件的增加大大提高了船体的总纵强度,因此可选用较薄的板材,使船舶自重减轻。其缺点是施工建造比较复杂,同时由于横向构件尺寸增大,货舱舱容得不到充分利用而影响载货量,且装卸也不便。纵骨架式船体结构常见于大型海船。

5.2.2.2 横骨架式

横骨架式船体结构是指在主船体中的横向构件数量多、间距小,纵向构件排列间距大、尺寸也大的船体结构。其结构简单、建造方便、横向强度和局部强度好。在同样的受力情况下,横骨架式船体结构需要加厚钢板来保证总纵强度,因此增加了船舶的自重。横骨架式船体结构主要用于对总纵强度要求不高的沿海中小型船舶和内河船舶。

5.2.2.3 混合骨架式

混合骨架式船体结构是指在主船体中的一部分结构采用纵骨架式,另一部分结构采用横骨架式的船体结构。通常,上甲板和船底结构等受总纵弯矩较大的区域,采用纵骨架式船体结构;下甲板、舷侧等受总纵弯矩较小的区域,建造施工不便、波浪冲击力较大的首尾部位,则采用横骨架式。

混合骨架式船体结构综合了上述两种船体结构的优点,因此,既保证了总纵强度,又有较好的横向强度。同时,这种船体结构也减轻了结构重量,简化了施工工艺,并充分利用了舱容并方便装卸,但在纵横构件交界处结构的连续性较差,在连接处容易产生较大的应力集中。

5.3　主船体结构

主船体结构由众多的板架组成。根据在船体上的位置不同,主船体结构可分为甲板结构、船底结构、舷侧结构和舱壁结构等,各板架结构相互连接、相互支持,使整个主船体构成坚固的、空心的长箱形结构。

5.3.1 外板

船体外板是构成船体底部、舷部和舷侧的外壳，它由许多块钢板合并焊接而成。其作用是：构成船体的水密外壳，使船舶具有漂浮和运载能力；参与船体总纵弯曲，保证船体总纵强度；与其他板架一起承受并传递各种外载荷，共同保证船体的强度与刚度。

船体横向曲率变化较大，因此钢板的长边通常沿船长方向布置，形成沿船长方向排列的列板，便于加工成形。组成船体外板的各列板的组成如图 5.7 所示。位于船底的各列板统称为船底板，其中位于船体中线面处的一列底板称为平板龙骨。由船底过渡至舷侧的转圆部分称为舭部，该处的列板称为舭列板。与舭列板相连，以上的外板称为舷侧外板，其中与上甲板相连的舷侧外板称为舷顶列板。习惯上，用大写英文字母表示各列板，一般称平板龙骨为 K 行板，称相邻的列板为 A 行板，以此类推，直至舷顶列板为 S 行板。

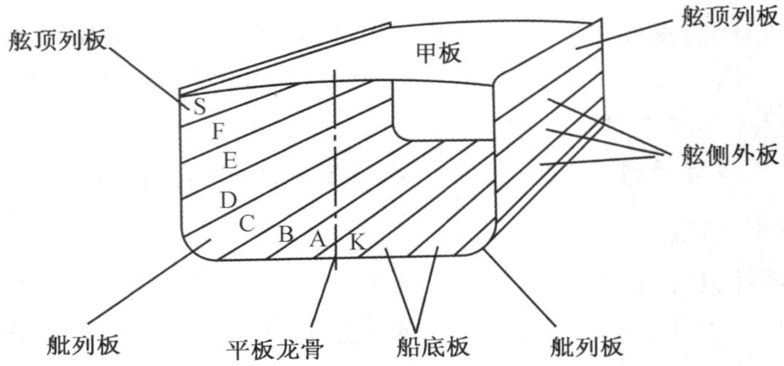

图 5.7　船体外板的组成

5.3.2 甲板结构

船舶的主体部分有多层甲板和平台。全通甲板（连续甲板）设置一层或者几层，小型舰船仅有一层，而大型船舶根据使用要求往往设置两层或多层。按自上而下的顺序分别称为上甲板、第二甲板、第三甲板等。通常，上甲板亦称强力甲板，即船舶总纵弯曲时起最大抵抗作用的一层甲板，是保证船舶总纵强度的重要结构。平台甲板是指沿船长方向布置并不计入船体总纵强度的不连续甲板。

甲板板由许多钢板并合焊接而成，钢板的长边通常沿船长方向布置，在首尾端和大舱口间会采用横向布置。沿甲板外缘与舷侧邻接的一列甲板称为甲板边板。甲板上常设有各种开口，如机舱口、货舱口、人孔等，开口破坏了甲板的纵向连续性，并且在转角处造成应力集中，导致甲板产生裂纹。所有舱口角隅处结构应适当加强，舱口四角应做成圆弧过渡，以缓和应力集中。

船舶就像一座水上移动的高楼，这座高楼有许多层楼板，在船上叫作甲板。其中从首铺到尾的甲板称为连续甲板，最上一层连续甲板简称上甲板，上甲板以下的连续甲板称为下甲板。上甲板和下甲板之间的空间称为甲板间舱，下甲板到船底之间的空间称为船舱。上甲板以上的上层建筑内也有几层甲板，其中，最高一层甲板通常布置罗经等导航仪器，称为罗经甲板；驾驶室所在的一层甲板称为驾驶甲板；布置救生艇的一层甲板称为艇甲板；旅客和船员居住的甲板一般称为起居甲板或游步甲板。

5.3.3　船底结构

船底结构位于船体的最下部,承受舷外水压力、舱内各种设备的重力,以及坞修时墩木的支持力等载荷,是保证船体总纵强度和局部强度的重要结构。船底有单层底和双层底两种形式。单层底结构只有一层船底板,结构简单、施工方便,多用在小型船舶上。双层底比单层底多了一层内底板,不仅提高了强度,而且提高了船舶抗沉性,同时底部舱室可作为油水舱和压载舱来改善船舶的航行状态。几乎所有的海船都采用双层底结构,一些内河船和小型船在机舱等重要部位也采用双层底结构。

5.3.4　舷侧结构

舷侧结构是连接船底和甲板的两舷侧壁。它与船底、甲板、舱壁等相互连接、相互支持,构成船体结构的主船体,以保持船体的正常形状。舷侧结构直接受到舷外水压力、波浪冲击力、漂浮物和冰块的冲击挤压力以及其他碰撞力等的作用。

一般船舶的舷侧只有一层外板,为单层舷侧结构。大型油船、集装箱船采用双层舷侧结构,形成舷边舱,来提高船舶的总纵强度、抗扭转强度和船舶的抗沉性。对于油船来说,双层舷侧也可防止船舶破损时对海洋造成污染。

5.3.5　舱壁结构

舱壁结构是指将船体内部空间分隔成舱室的大型垂直平面板架结构。舱壁结构按其布置方向,分为纵舱壁结构和横舱壁结构;按用途,分为水密舱壁结构和非水密舱壁结构;按结构形式,分为平面舱壁结构和槽形舱壁结构等。

船上横向和纵向布置的舱壁将船体内部空间分隔成若干个舱室,供居住,工作,装载货物、备品及压载水等使用。根据船舶的抗沉性要求设置的水密舱壁,将船体分隔成若干个水密分舱,一旦发生海损事故,船舶不致因破舱进水而沉没;同时,防止火灾和毒气的蔓延,从而延长了船舶寿命。油舱或水舱用舱壁进行分隔,还能起到限制液体摇荡的作用,减少自由液面对船舶稳性的影响。从提高船体强度的角度看,横舱壁对保证船体的横向强度和刚性有很大的作用,较长的纵舱壁能提高船体的总纵强度。另外舱壁作为船底、甲板、舷侧等结构的支座,能传递船体各构件之间的作用力。

综上所述,舱壁结构的主要作用是:将船体内部空间分隔成不同用途的舱室;水密舱壁提高了船舶的不沉性,也可防止毒气的蔓延;分隔液货舱,减少自由液面对船舶稳性的影响;提高船体的结构强度。

5.4　上层建筑

一般来说，上甲板以上的各种围蔽建筑物统称为上层建筑。上层建筑又分为船楼和甲板室。其中，上层连续甲板上由一舷伸至另一舷或其侧壁板离船壳板向内不大于 4% 船宽的围蔽建筑为船楼；不符合上述条件的其他围蔽建筑为甲板室。根据位置的不同，船楼又分为首楼、桥楼和尾楼；甲板室又分为中甲板室和尾甲板室等。

5.4.1　上层建筑的作用

上层建筑可用于布置各种舱室和装置。如驾驶室设置在船中部或尾部上层建筑的顶部，有利于拓宽驾驶人员的视野。在上层建筑内可设客舱及船员的生活舱室。有的地方，如首楼的甲板间舱，还可作为货舱使用，或用于存放缆绳、灯具、油漆等。

当上层建筑具有足够长度时，主船体加上上层建筑会构成一定高度和断面变化的船体梁，按其所在位置和长度大小，可以全部或部分不同程度地参与主船体的总纵弯曲，这样可以提高船体的总纵强度。

上层建筑可以增大船舶的储备浮力，此外，首楼还可以减少甲板上浪。设于机舱上方的上层建筑可遮蔽机舱开口，保护其免受波浪侵袭。

5.4.2　上层建筑的受力

上层建筑主要承受以下各种力的作用：

（1）波浪冲击

船舶航行遭遇恶劣的海况时，上层建筑可能会受到波浪的冲击，其中首部承受的载荷最大；当船舶迎着风浪行驶时，在中部上层建筑的所有围壁中，又以前端壁承受载荷最大。

（2）总纵弯曲

船中部较长的船楼和甲板室承受总纵弯曲，首楼、尾楼、尾甲板室受到总纵弯曲的影响较小，但若长首楼向船中延伸较长，则承受总纵弯曲应力。

船舶主体沿船长方向是连续的，而上层建筑却是间断的，船体在上层建筑端部附近结构发生突变，当船舶发生总纵弯曲时，船中的上层建筑端部将会产生严重的应力集中现象，如果不采取相应的结构措施，船舶航行时就有可能使该处的上甲板、舷顶列板和上层建筑侧壁产生裂缝，这必须引起充分注意。

5.4.3　上层建筑的结构与形式

与主船体结构很相似，上层建筑也由侧壁、端壁和甲板板围成，并由横向骨架、纵向骨架加以支持。上层建筑大多采用横骨架式结构，只有一些长桥楼和长甲板室的甲板采用纵骨架式结构。船楼的舷侧和甲板骨架一般与主船体骨架的间距一致；其端壁的骨架间距则根据门窗开口位置和宽度来确定。

从上层建筑在主船体上的布局来看,上层建筑主要有以下几种形式:

(1)三岛式:在上甲板的首尾两端和中部,设有首楼、尾楼和桥楼三个上层建筑的船楼形式。甲板上的船楼形似三"岛",是主机布设于船体中部的杂货船的标准型船。三岛式曾广泛应用于早期船舶,后因船楼间交通不便而逐渐被取代。

(2)长首楼式:首楼与桥楼相连接,其长度大于船长的1/4。

(3)长尾楼式:尾楼与桥楼连成一体,其长度大于船长的1/4,广泛应用于现代大多数尾机型船。

(4)桥楼式、长桥楼式:桥楼式、长桥楼式船上仅设桥楼而无首楼和尾楼,若其长度大于船长的15%则称长桥楼式,若长度不大于船长的15%则称桥楼式。

(5)连续上层建筑式:将三岛式的三个船楼连接起来形成连续的上层建筑,也就是在上甲板之上又增加一层或多层连通甲板。大型客船常采取这种形式。

上层建筑的形式与船舶的用途、航行区域、主尺度、机舱位置以及内部布置要求有关,还会影响到船舶的航行性能和结构强度。某些特殊的舰船(如航空母舰、潜艇、钻井平台等)有比较特殊的建筑形式,有些船的上甲板上不设船楼而只有甲板室,这类船称为平甲板船,常见于某些工程船舶、工作船舶。

上层建筑一般具有多层甲板,尤其是在客船和客货船上,其上层建筑更为庞大(如图5.8所示)。这类船舶的上层建筑对船舶的航行性能、使用性能、外观造型和结构强度的影响,比其他类型的船舶要大得多。大型客船都采用宝塔式上层建筑并形成流畅、美观的光顺外形,减小风阻力并增加造型上的美感。对于豪华游艇来说,更重视上层建筑造型的视觉效果,例如英国圣汐游艇(Sunseeker)建造的80 ft豪华游艇,从船体到上层建筑的线条都具有设计美感,给人时尚、流畅、精美的视觉感受。

(a)　　　　(b)

图5.8　上层建筑的形式

5.5 船舶的外形特征

船舶种类繁多，外观形状也是千奇百怪、各式各样。通常，船舶是一个左右对称、中部丰满、首尾尖瘦的狭长体。首尾部分别位于船舶的最前端和最后端，线型变化复杂，主要受局部外力的作用，其形状对船舶航行性能有着一定程度的影响。以下是对船舶首尾部形状的介绍。

5.5.1 首部形状

船舶常见的首部形状可归纳为 5 类，如图 5.9 所示，即直立型首、前倾型首、飞剪型首、破冰型首和球鼻型首。

图 5.9（a）所示为直立型首，首柱为与基线相垂直或接近垂直的直线，首部甲板面积不大。现在这种首部主要用于驳船和特种船舶，现代船舶已很少采用。

图 5.9（b）所示为前倾型首。一般船舶多采用前倾斜式的船首，首柱呈直线前倾或微带曲线前倾，首部不易上浪，甲板面积大，在发生碰撞时船体水线以下的部分不易受损，外观上比较简洁，有快速感。军用船舶上多采用直线前倾型，民用船舶上常用微带曲线前倾型。

图 5.9（c）所示为飞剪型首，首柱在设计水线以上呈凹形曲线，首部不易上浪，且较大的甲板悬伸部可以扩大甲板面积，有利于布置锚机和系泊设备。飞剪型首常用在远洋航行的大型客船和一些货船上。

图 5.9（d）所示为破冰型首，设计水线以下的首柱呈倾斜状，与基线约成 30° 夹角，这种较大的倾斜度便于船舶冲上冰层，利用本身的重量来压碎冰层，适用于破冰船。

图 5.9（e）所示为球鼻型首，设计水线以下的首部前端有球鼻型的突出体，突出体有多种形状，其作用是减小兴波阻力。球鼻型首多用在大型远洋运输船和一些军用船舶上，军用船舶上可利用球鼻的突出体装设声呐。

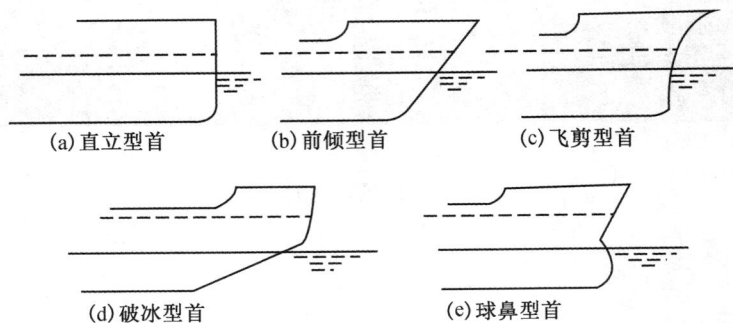

图 5.9 首部形状

图 5.10 所示为不同首部形状的船舶。

(a)破冰型首　　　　　　　　(b)球鼻型首　　　　　　　　(c)飞剪型首

图 5.10　不同首部形状的船舶

5.5.2　尾部形状

船舶常见的尾部形状可归纳为 3 类。

图 5.11(a)所示为椭圆型尾,船的尾部有短的尾伸部,折角线以上呈椭圆体向上扩展,端部漏出水面较大,桨和舵易损坏。过去民用船舶多采用这种尾型,现在仅在某些驳船上可以看到。

图 5.11(b)所示为巡洋舰型尾,具有光顺曲面的尾伸部,尾部大部分浸入水中,增加了水线长度,有利于减小船的阻力,并有利于舵和螺旋桨的保护。这种尾型在巡洋舰和民用船舶上都用得较多。

图 5.11(c)所示为方型尾,尾部有垂直或倾斜的尾封板,其他仍保留巡洋舰型尾的特点。尾部水流能较平坦地离开船体,使航行阻力减小,尾部甲板面积较大,有利于舵机布置,并能防止高速航行时尾部浸水过多。方形尾施工简单、应用广泛,多用于航速较高的舰艇及许多货船。

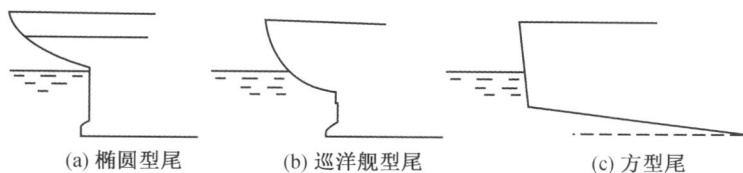

(a) 椭圆型尾　　　　　(b) 巡洋舰型尾　　　　　(c) 方型尾

图 5.11　尾部形状

课后题

1. 船舶总纵弯曲、总纵强度的定义是什么?
2. 分析船舶在静水中和在波浪中的总纵弯曲情况。

3. 横骨架式船体结构和纵骨架式船体结构的优缺点是什么？

4. 船舶上层建筑的作用是什么？

5. 船舶常见的首部形状有哪几种？ 船舶常见的尾部形状有哪几种？

第 *6* 章

船舶动力装置

　　船舶动力装置是为保证船舶正常营运而设置的动力设备,为船舶提供各种能量,使船舶能用这些能量来保证船舶正常航行、人员正常生活,以完成各种作业。船舶动力装置主要提供机械能、电能、热能、液体和气体的压力能,除保证船舶推进外,还要满足整艘船舶能量消耗的需要,是船舶的重要组成部分。受海上条件的限制,对船舶动力装置有以下要求:能够在摇晃、潮湿、腐蚀等环境下正常运行;因动力负荷变化频繁、幅度大而对机动性要求高;因远离陆基而对可靠性要求高;因舱室有限而要求结构紧凑等。

6.1　船舶动力装置的组成

　　船舶动力装置主要由主动力装置、辅助动力装置、船舶管路系统、甲板机械和机舱自动化设备五个部分组成。

6.1.1　主动力装置

　　主动力装置(也称推进装置)是指发出一定功率经传动设备和轴系带动螺旋桨,推动船舶并保证船舶以一定航速前进的一整套设备。它是船舶动力装置中最重要的组成部分,包括主机、传动设备、船舶轴系和推进器等。当启动主机时,即可驱动传动设备和轴系,使推进器工作。推进器(通常是螺旋桨)启动后,可通过在水中旋转使船舶前进或后退。图 6.1 所示为推进装置示意图,其中,图 6.1(a)所示为主机通过轴系直接传动,图 6.1(b)所示为主机通过齿轮箱传动。

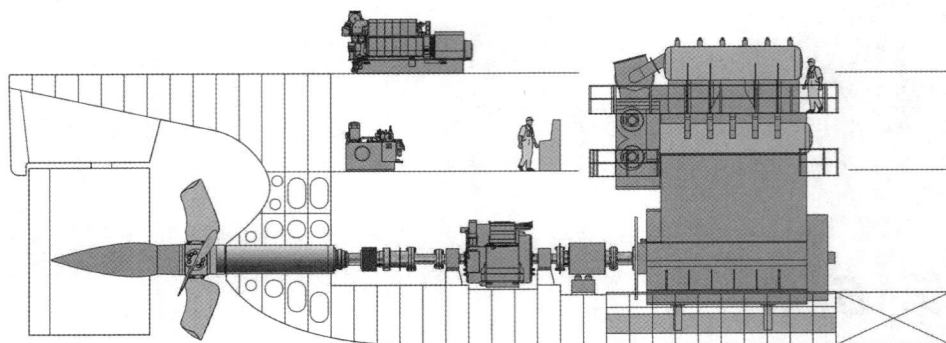

（a）主机通过轴系直接传动

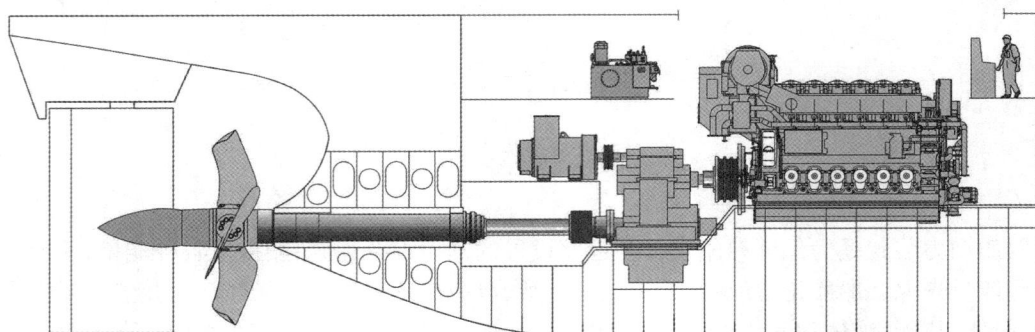

（b）主机通过齿轮箱传动

图 6.1　推进装置示意图（图片来源于 MAN 柴油机说明书）

　　主机的作用是把燃料燃烧产生的热能转化为机械能，用以推动船舶前进。船舶根据不同要求可设置一台或数台主机，也可设置不同类型的主机。目前主机的类别主要有柴油机、蒸汽轮机、燃气轮机等，其中以柴油机最为普遍。

　　传动设备的作用是断开或接通主机传递给传动轴和推进器的功率，这些传动设备不仅能组成大功率的多机组（双机、三机甚至四机）推进装置，同时还可以使后者达到减速、反向和减振等目的。传动设备的主要组成有齿轮箱、离合器或液力耦合器、联轴器及相应的润滑冷却系统等。

　　船舶轴系位于主机（或齿轮箱）的输出法兰和螺旋桨之间，作用是将主机的功率传递给推进器，同时将推进器产生的轴向推力传给船体，以推动船舶运动。船舶轴系一般由传递主机功率用的传动轴、支承传动轴用的轴承，以及其他附件组成，其中传动轴主要由螺旋桨轴、尾轴、中间轴和推力轴四部分组成，这些轴段的数目和配置主要取决于船型、动力装置类型和机舱位置。船舶轴系的传动型式主要包括直接传动、间接传动、Z 形传动、电力传动等。

　　推进器是能量转换设备，是将主机发出的能量转换成船舶推力的设备，除螺旋桨之外，还有明轮和喷水推进器等。

6.1.2　辅助动力装置

　　在动力装置产生能量的诸装置中，除了直接产生船舶推动力的主动力装置外，还有产生船上需要的其他各种能量的辅助动力装置。它包括船舶电站、辅助锅炉和液压泵站等。船舶电站是船上最重要的辅助动力装置,能为辅助机械及全船提供所需电力。船舶电站由发电机组、配电板及其他电气设备组成。辅助锅炉装置一般用于产生低压蒸汽,以满足船舶加热、取暖及其他生活需要。它由辅助锅炉及为其服务的供油、供水、送气、鼓风的设备和管路所组成。

6.1.3 船舶管路系统

船舶管路系统是船舶上用来连接各种机械设备的管道,用来传送水、油、气等有关工质。船舶管路包括动力管路和船舶系统管路两大类别。

(1)动力管路是为主机和辅机服务的各种管路,有燃油管路、滑油管路、冷却水管路、压缩空气管路、排气管路、废热管路等。

(2)船舶系统管路是为了满足船员、旅客的正常生活需要而设置的管路系统,这些系统有为全船供应海水和淡水的供水系统;用于调节船舶压载的压载水系统;用于排除舱底积水的舱底水排出系统;为全船提供压缩空气的压缩空气系统;用于灭火的消防系统;等等。

6.1.4 甲板机械

甲板机械是为保证船舶航向、停泊、装卸货物及起落重物所设置的机械设备。它包括锚泊机械设备、操舵机械设备和起重机械设备等。

6.1.5 机舱自动化设备

机舱自动化设备是实现主机、辅机遥控和集控的设备。这些设备是为了改善船员工作条件、降低劳动强度和维护工作量、提高工作效率以及减少人为操作错误而设置的,主要包括遥控设备、自动控制设备、自动调节设备、监视设备、报警设备等。

6.2 主动力装置的类型

主动力装置为船舶提供推进动力,保证船舶以一定的速度航行,可称为全船的"心脏"。主动力装置以主机类型命名,主要有蒸汽机、汽轮机、柴油机、燃气轮机和核动力装置等。现代运输船舶的主机以柴油机为主,在数量上占绝对优势。蒸汽机动力装置曾经在船舶发展史上起过重要作用,但已基本被淘汰。汽轮机动力装置在大功率船上长期占有优势,但也日益被柴油机动力装置所取代。燃气轮机动力装置和核动力装置仅为少数船舶所使用,尚未得到推广。

6.2.1 蒸汽机动力装置

蒸汽机动力装置由锅炉、汽轮机、给水泵、冷凝器及轴系、管系等设备组成。水首先在锅炉中吸收热量气化和过热,形成高温、高压的过热蒸汽。过热蒸汽被送至汽轮机,在其中绝热膨胀做功,经齿轮减速器和轴系驱动螺旋桨工作。做功后,达到低压湿蒸汽状态,称为乏汽。乏汽被送至冷凝器内冷却，重新凝结成水。最后，由给水泵加压后送回锅炉加热，并完成一个循环。

蒸汽机动力装置的优点是：结构简单，造价低廉，管理、使用方便，对制造工艺要求不高，工作时运转稳定，噪声小，振动小，可靠性好，使用寿命长，可使用劣质燃料油等。

蒸汽机动力装置存在以下缺点：单位功率的质量大，尺寸大，管路系统复杂；燃油消耗率大，装置效率低；当燃料储藏量相同时，续航力低；机动性差，暖机所需时间长，工况过渡时间也长。这些对于船舶动力来说都是其致命的弱点，限制了蒸汽机动力装置船舶的发展。

6.2.2　柴油机动力装置

柴油机动力装置是指以柴油机作为主机的船舶动力装置。它采用直接加热的方式，使柴油在气缸内燃烧而产生热能，并以燃气为介质将热能转变为机械能。柴油机的运动方式绝大部分为往复式。它是热效率较高的一种热机，且具有启动迅速、安全可靠、单位重量轻、尺寸小、功率范围大等优点。因此，船舶的主机及发电机原动机现在多采用这种发动机。

船用柴油机按完成一个工作循环的冲程数可分为四冲程柴油机和二冲程柴油机；按充气方式可分为增压式和非增压式；按结构排列可分为十字头式和直筒式；按气缸排列形式可分为单列式和多列式；按转速或活塞平均速度可分为高速机、中速机和低速机。大型低速柴油机和大功率中速柴油机，由于应用了废气涡轮增压技术，使用了劣质燃料，且降低了比油耗，已成为现代船舶广泛应用的一种动力装置。

6.2.3　燃气轮机动力装置

燃气轮机动力装置是指以燃气轮机作为主机的船舶动力装置。其工作原理是：空气或气体由压缩机压缩后进入燃烧室，与喷入的燃料混合燃烧，形成高温、高压燃气，燃气进入涡轮内膨胀做功，推动涡轮叶轮高速旋转，转变成机械能，机械能的一部分用来带动压气机和附件系统工作，另一部分通过减速器带动推进器，作为船舶推进动力。

燃气轮机具有单位重量轻、尺寸小、单机功率大、机动性好、操纵管理方便以及容易实现自动化等优点，在飞机、军用船舶上得到了广泛应用，但因其经济性差、使用寿命短、巨大的排气管使机舱难以布置，以致目前在商船上较少应用。

6.2.4　核动力装置

船舶核动力装置是以反应堆代替普通燃料来产生蒸汽的汽轮机装置，可以作为船舶的一种主动力装置。核燃料在核动力装置的反应堆中产生裂变反应，释放巨大的能量，被不断循环的冷却水吸收，并又通过蒸汽发生器将热量传给第二个回路中的水，使之变为蒸汽后进入汽轮机中做功。

核动力装置功率大，一次装填核燃料可以用好几年，装备核动力装置的舰船基本拥有无限的续航力，从而提高了其航行隐蔽性。对于潜艇而言，核潜艇可以长期潜航，无须定期浮出水面用柴油发电机给蓄电池充电。核动力装置具有潜在的危险性，需要采用严格的辐射防护措施，装置技术复杂，运行管理要求高，所以其主要用于大型军舰和潜艇。

6.3 柴油机动力装置

柴油机动力装置的热效率高、经济性好、启动容易、对各类船舶有很大的适应性,问世以后很快就被用作船舶推进动力装置。目前,船用柴油机已是民用船舶、中小型舰艇和常规潜艇的主要动力装置。

柴油机是一种压缩发火的往复式内燃机。它的基本工作原理是使燃油直接在发动机的气缸中燃烧,将燃油的化学能转变成热能,从而生成高温、高压的燃气,因燃气膨胀,推动活塞运动,通过曲柄连杆对外做功,将热能转变为机械能。

6.3.1 柴油机的基本结构

船用柴油机的基本结构包括固定部件、运动部件、配气机构、燃油系统、润滑系统、冷却系统、启动及控制系统。

(1)固定部件:主要有气缸盖、气缸套、机体、机座、主轴承等,构成了柴油机本体和运动件的支承,并和有关运动部件配合构成柴油机的工作空间。

(2)运动部件:主要有活塞、活塞销、连杆、连杆螺栓、曲轴等,它们与固定部件配合完成空气压缩及热能到机械能的转换。

(3)配气系统:包括进气系统和排气系统。进气系统主要由空气滤清器、进气管件、气缸盖内的进气道、进气阀、气阀弹簧、摇臂、顶杆、凸轮轴和凸轮轴传动机构等组成,用来在规定的时间内向气缸内充入足够的新鲜空气。排气系统主要由排气阀、气阀弹簧、摇臂、顶杆、凸轮轴和传动机构以及排气管、排气消音器等组成,用来在规定时间内将气缸内做功后的废气排入大气。

(4)燃油系统:包括供应和喷射两个系统。前者由日用油柜、燃油滤清器、输油泵等组成,后者由喷油泵、高压油管和喷油器组成。燃油系统的作用是定时、定量地向燃烧室内喷入雾化良好的燃油,并将燃油输送给喷油泵入口端,供柴油机燃烧做功。

(5)润滑系统:将清洁的润滑油送至柴油机的各运动部件摩擦表面,其作用是润滑摩擦表面,以减少机件的磨损,延长使用寿命,降低摩擦功率损失,提高机械效率。

(6)冷却系统:由滑油冷却系统、水冷却系统(含淡水和海水冷却系统)和空气冷却系统三大部分组成,冷却介质有油、水和空气。冷却系统的主要作用是对工作中的发动机进行适度冷却,并带走多余的热量,保证柴油机在最适宜的温度状态下工作,以便能避免零件的过快损坏,减小其磨损,以及充分发出柴油机的有效功率。

(7)启动及控制系统:为了满足船舶机动操作的要求设置的使启动、换向和调速装置各种装置联合动作的操纵机构。启动系统的任务就是使柴油机从停车状态发动起来。换向系统的作用是改变柴油机曲轴的旋转方向,从而使船舶实现航向的变换。调速装置的作用是使柴油机能按外界负荷的变化来自动改变喷油泵的喷油量,从而使柴油机在选定转速下稳定运转。

6.3.2 柴油机的工作原理

柴油机必须经过进气、压缩、燃烧膨胀和排气四个过程才能完成一个工作循环，然后不断重复这些过程，使柴油机持续工作。按照工作循环的方式，柴油机可分为四冲程柴油机和二冲程柴油机。图6.2所示为国产EX340船用二冲程柴油机，图6.3所示为瓦锡兰船用四冲程柴油机。

图6.2 国产EX340船用二冲程柴油机

图6.3 瓦锡兰船用四冲程柴油机

6.3.2.1 四冲程柴油机工作原理

若柴油机工作循环的进气、压缩、燃烧膨胀和排气四个过程是通过四个冲程（即曲轴回转两周）来完成的，这种柴油机就叫四冲程柴油机，如图6.4所示。

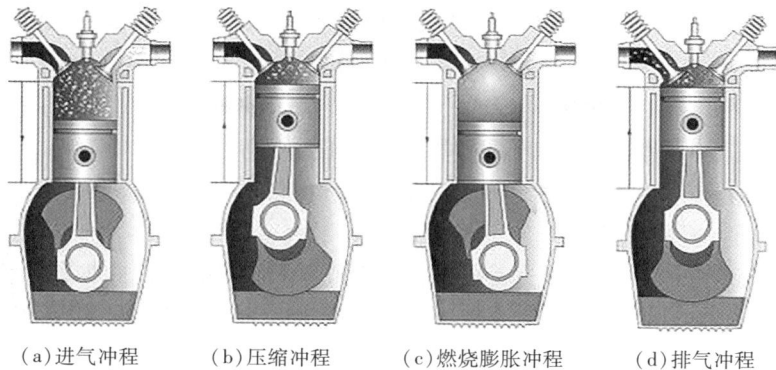

(a)进气冲程　　(b)压缩冲程　　(c)燃烧膨胀冲程　　(d)排气冲程

图 6.4　四冲程柴油机工作原理

（1）第一冲程——进气冲程

这一冲程的任务是使气缸内充满新鲜空气。活塞由上止点下行，进气阀打开，排气阀关闭，由于气缸容积不断增大，缸内压力减小，依靠气缸内外的气压差将新鲜空气通过进气阀被吸入气缸。活塞到达下止点时，进气冲程结束。

（2）第二冲程——压缩冲程

这一冲程的任务是压缩第一冲程吸入的空气，升高空气的温度，增大空气的压力，为柴油机燃烧及膨胀做功创造条件。活塞从下止点向上运动，自进气阀关闭开始压缩，一直到活塞到达上止点为止。

（3）第三冲程——燃烧膨胀冲程

这一冲程的任务是完成两次能量转换。在活塞到达上止点前，燃油经喷油器以雾状喷入气缸的高温、高压空气中，并与其混合，在上止点附近自燃。由于燃油燃烧，气缸内气体温度迅速上升到 1 400～1 800 ℃或更高些，压力增大至 5～8 MPa，甚至 13 MPa 以上。高温、高压燃气膨胀，推动活塞下行做功，当活塞到达下止点前且排气阀开启时，膨胀过程结束。

（4）第四冲程——排气冲程

这一冲程的任务是将做功后的废气排出气缸外，为下一循环新鲜空气的进入提供条件。活塞在曲轴、连杆的带动下，从下止点向上止点运动，当活塞从下止点上行时，废气被活塞推出气缸，活塞到达上止点时，排气冲程结束。

6.3.2.2　二冲程柴油机工作原理

二冲程柴油机是指两个冲程完成一次工作循环的柴油机。在二冲程柴油机中，曲轴每转一转，即活塞每两个冲程就完成一个工作循环，而进气和排气过程是利用压缩及工作过程的一部分来完成的，所以二冲程柴油机的活塞没有空气泵的作用。

（1）第一冲程——扫气及压缩冲程

在第一冲程，活塞从下止点向上止点运动。空气通过扫气口进入气缸，气缸中的残存废气被扫出气缸，活塞继续上行，逐渐遮住扫气口至完全关闭后，空气停止充入，排气还在进行，排气口关闭时，气缸中的空气就开始被压缩。

（2）第二冲程——燃烧膨胀及排气冲程

在第二冲程，活塞从上止点向下止点运动。活塞行至上止点前，喷油器将燃油喷入气缸，与高温、高压的空气相混合后自燃，活塞对外膨胀做功，直至排气口（或者排气阀）打开，膨胀做功结束,气缸内大量废气靠自身压力从排气口(或者排气阀)排出。当气缸内的压力降至接近扫气压力时,下行活塞把扫气口打开,扫气空气进入气缸,同时把气缸内的废气经排气口(或者排气阀)排出气缸。

6.3.2.3 二冲程柴油机与四冲程柴油机的比较

二冲程柴油机与四冲程柴油机相比具有以下优点:

(1)提高了柴油机的做功能力

对于两台气缸直径、活塞行程及转速等相同的柴油机,二冲程柴油机的功率似乎应比四冲程柴油机大一倍。但实际上,由于二冲程柴油机气缸上开有气口而使工作容积有所减小,机械传动的扫气泵也要消耗一定的功率等因素,二冲程柴油机的功率只能增大 60%~80%。显然,若两者功率相同,则二冲程柴油机的尺寸更小、重量更轻。

(2)改善了柴油机的动力性

由于二冲程柴油机曲轴每转 360° 各缸做功一次,而四冲程柴油机曲轴每转 720° 各缸做功一次,因而二冲程柴油机要比四冲程柴油机回转均匀,可使用较小的飞轮。

(3)简化了柴油机的结构

省去了进气阀及其传动装置。有些二冲程柴油机还省去了排气阀及其传动装置。所以,其维护保养就简单方便得多。

二冲程柴油机本身固有的缺点如下:

(1)换气质量差、热效率低

因为二冲程柴油机换气时间比四冲程柴油机短得多,且扫、排气几乎同时进行,所以扫气过程中新鲜空气与废气掺混严重,还有部分新鲜空气随废气一起排出,增加了空气消耗量,使换气质量变差,进而影响燃油燃烧,热能利用不充分,热效率比四冲程柴油机低。

(2)热负荷较高

在转速相同时,二冲程柴油机气缸内每单位时间的燃烧次数是四冲程柴油机的两倍,因此,二冲程柴油机与气缸内高温燃气相接触部件的热负荷比较高。

二冲程柴油机的上述缺点,随转速的增加,会变得更加严重。所以,大型低速柴油机采用二冲程;小型高速柴油机采用四冲程;对于中型中速柴油机,四冲程、二冲程均有采用,但以四冲程为主。

二冲程柴油机与四冲程柴油机相比,具有以下特点:

(1)二冲程柴油机凸轮轴转速与曲轴转速相同,而四冲程柴油机凸轮轴转速是曲轴转速的一半。

(2)一个工作循环中,二冲程柴油机下行对外做功,上行则靠外力驱动;而四冲程柴油机除燃烧膨胀冲程对外做功外,其他三个冲程都是耗功冲程。

(3)二冲程柴油机进、排气重叠角为 80°~100° 曲轴转角;而四冲程柴油机的气阀重叠角较小,为 25°~60° 曲轴转角。

总之,在提高功率方面,二冲程柴油机比四冲程柴油机优越;而在提高柴油机的强化程度方面,四冲程柴油机比二冲程柴油机优越。

6.4 船舶辅助机械

6.4.1 船用泵

泵是用来输送液体的机械,在船上输送海水、淡水、污水、滑油和燃油等各种液体。液体的机械能有位能、动能和压力能三种形式,它们之间可以相互转换。从功能来说,泵是一种向液体传送机械能的机械。远洋货船需要各种类型的泵。根据泵在船上的用途,可大致将泵归纳为主动力装置用泵、辅助装置用泵、船舶安全及生活设施用泵、特殊船舶专用泵。船用泵的分类标准很多,通常按工作原理分为以下几类:

(1)容积式泵

容积式泵是靠工作部件的运动使工作容积周期性地增大和缩小来吸排液体的泵,靠挤压把机械能传给液体,使液体的压力能增加。根据运动部件的运动方式不同,容积式泵分为往复泵和回转泵两类。

(2)叶轮式泵

叶轮式泵靠叶轮带动液体高速回转,从而把机械能传递给液体,使其压力增大和流速增加,然后将动能转变为压力能。

(3)喷射式泵

喷射式泵靠工作流体产生的高速射流引射流体,通过动量交换,把动能传给被输送的流体,从而使被引射流体的能量增加,然后转换为压力能。

6.4.2 空气压缩机

空气压缩机是产生压缩空气的机械。在以柴油机为主机的船上压缩空气的用途主要有:供主机启动与换向;启动发电柴油机;为气动辅机(如舷梯升降机、救生艇起落装置等)或其他需要气源的设备服务;在检修工作中用来吹洗零部件、滤器等。每艘船一般设有 2~3 台排压为 3 MPa 的空气压缩机向主气瓶供气,其他需要较低压力空气的场所则由主气瓶经减压阀供气。

空气压缩机按工作原理可分为容积式和动力式两类,前者主要有活塞式、螺杆式,后者主要有离心式、轴流式和旋涡式;按冷却方式可分为水冷、风冷;按气缸布置形式可分为直列式、V 形与 W 形。图 6.5 所示为船用活塞式直列空气压缩机。

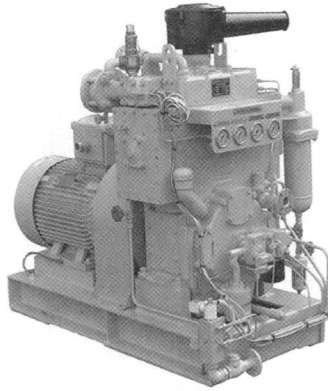

图 6.5　船用活塞式直列空气压缩机

6.4.3　分油机

　　船舶分油机可以有效地将燃油中的杂质和水分分离出来,从而提高燃油的质量和使用效率。船用分油机一般为离心式,是一种重要的船舶设备,根据分离对象的不同分为燃油分油机和滑油分油机,根据分离介质可分为分油机和分杂机。分油机利用油中不同组分(如纯油、水分和机械杂质)的密度差异,在离心力的作用下实现分离。图 6.6 所示为船用 ALFA LAVAL 分油机。

图 6.6　船用 ALFA LAVAL 分油机

6.4.4　船用锅炉

　　船用锅炉是通过燃烧把燃料的化学能转化为热能,使锅炉内的水变成水蒸气或热水的设备。在以蒸汽轮机为主机的船上,产生高温、高压过热蒸汽驱动主蒸汽轮机的锅炉称为主锅炉。主锅炉是船舶动力装置的重要组成部分。在以柴油机为主机的船上,锅炉产生的饱和蒸汽仅用于加热燃油、滑油及满足日常生活需要,或驱动蒸汽辅机,这种锅炉称为辅锅炉。

　　柴油机干货船一般设一台饱和蒸汽压力为 0.5~1.0 MPa、蒸发量为 0.4~2.5 t/h 的辅锅炉。在以柴油机为主机的油船上,因为加热货油、驱动货油泵等蒸汽辅机,以及清洗货油舱等需要大量蒸汽,一般都设两台辅锅炉,蒸发量常在 20 t/h 以上。以柴油机为主机的大型客船,一般也设两台辅锅炉,以满足日常生活所需的大量蒸汽。图 6.7 所示为船用 ALFA LAVAL 锅炉。

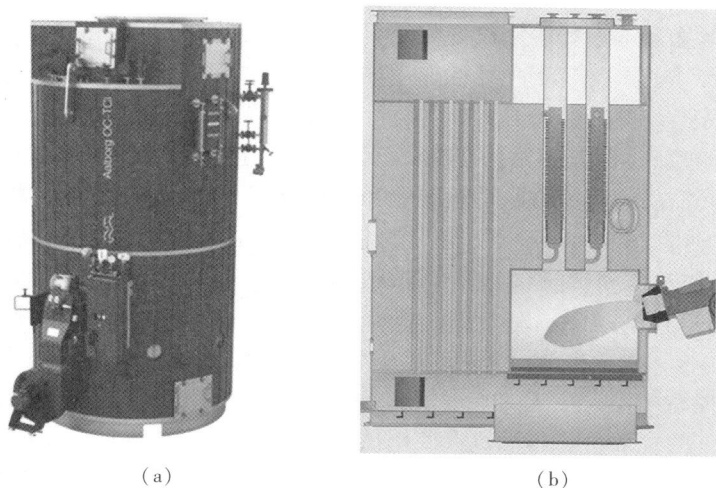

（a）　　　　　　　　　　　　　　　（b）

图 6.7　船用 ALFA LAVAL 锅炉

6.4.5　海水淡化装置

海水淡化装置的主要作用就是通过特殊的手段降低海水的含盐量,使之成为符合要求的淡水。目前开发的海水淡化技术有 20 多种,其中蒸馏法、反渗透法、冷冻法、电渗析法实现了工业规模的生产应用。而现在船用海水淡化装置采用的主要方法是蒸馏法和反渗透法。其中蒸馏法是传统的海水淡化方法,为大部分远洋船舶采用,而随着人类对半透膜研究的逐渐深入,反渗透海水淡化装置将有更加广泛的应用前景。

现代远洋船舶所装设的海水淡化装置的最高容量视主机功率而定,一般每 7 500 kW 左右装设一台造水量为 $20 \sim 25 \ m^3/d$ 的淡化装置,就足以满足动力装置和 50 名左右船员的生活需要。至于大型客船,可视情况装设几台较大的海水淡化装置,用以满足相关要求。图 6.8 所示为船用 ALFA LAVAL 板式海水淡化装置。

图 6.8　船用 ALFA LAVAL 板式海水淡化装置

6.4.6 制冷装置和空气调节装置

制冷装置在船舶运输中的应用广泛且重要，它不仅能保障货物的品质和安全，还能为船员提供舒适的生活环境。制冷装置主要的作用如下：

（1）伙食冷藏

各类运输船舶尤其是远洋船舶，为了满足长距离运输过程中船员的生活需要，必须随船具备满足全船人员必需的蔬菜、水果、鲜蛋等食品的低温保鲜，以及肉、鱼、禽类等食品的冻结、冷藏要求的设备，以防食品变质。冷藏法既能抑制微生物在食品中的繁殖，又能延缓蔬菜、水果成熟，且对食物品质和营养价值影响甚小，故最为常用。较大的船舶为了储存食品，大多设有伙食冷库和相应的制冷装置。

（2）为设备运行和人员生活服务

气动主机遥控系统要求空气的含水量非常低，所以往往装设小型制冷装置，通过降低空气的温度来降低空气的含水量。柴油机在使用低硫轻柴油时，需要降低燃油的温度以维持黏度，这通常需要设置以制冷装置为核心的低硫轻柴油冷却器来实现。居住舱室或公共场所设置的饮水机、冰箱、冰柜和医务室设置的冷藏箱等设备，也主要由制冷装置构成。

（3）冷藏运输

冷藏集装箱运输船舶和海上冷藏运输船舶上，都装设专门的制冷装置。液化石油气（LPG）运输船、液化天然气（LNG）运输船、各类海上作业船、渔船、军舰等为了满足生产、生活和特殊设备的需要，都设有专用的制冷装置。

（4）船舶空调装置

船舶一般都装有集中式空调装置向居住舱室和公共处所供风，其中制冷装置用以满足降温工况的需要，用来降低空气的温度和含水量，从而使空气的温度、湿度得到调节。

将空气集中处理后再分送到各个舱室，称为集中式空调装置或中央空调；将集中处理后送往各舱室的空气进行分区处理或舱室单独处理，称为半集中式空调装置。某些特殊舱室，例如机舱集控室，因热负荷与一般舱室相差太大，需设专用的空调装置，这种装置称为独立式空调装置。

图6.9所示为船用兆胜制冷机组，图6.10所示为船用 DMA MARINE 空调装置。

图6.9 船用兆胜制冷机组

图 6.10　船用 DMA MARINE 空调装置

6.4.7　油水分离器

油水分离器是一种在船舶上用于处理船舱底部的含油污水的设备,其主要目的是使排放出的污水含油量低于 15ppm,以满足《国际防止船舶造成污染公约》的要求。图 6.11 所示为油水分离器。

图 6.11　油水分离器

6.4.8　生活污水处理装置

生活污水处理装置是一种专门用于处理船舶上产生的生活污水的设备。根据工作原理,船舶生活污水处理装置大致可分为生化法、物化法、电解法等三种型式。其中,生化法是最常见的处理方式,它利用生物化学的传统活性污泥法来处理生活污水。在活性污泥的作用下,有机物得以降解,同时固体悬浮物被吸附沉积,进而转化为无机物或被用于加速细菌的生长繁殖。上海电气船研环保技术公司生产的 CSWB(E)型生活污水处理装置采用以电解工艺为主的方法处理生活污水,能够对船上的各种污水,包括黑水(厕所排出水、医务室排出水、活的动物处所排出水）、灰水（除黑水外的其他废水,包括厨房排出水、洗涤排出水、洗浴排出水）等进行有效处理,排出水的水质应满足 MEPC.227(64) 的排放要求。图 6.12 所示为 CSWB(E) 型生活污水处理装置。

图 6.12　CSWB(E) 型生活污水处理装置

6.4.9　船用焚烧炉装置

船用焚烧炉装置是专门用于处理船上产生的液态和固态废弃物的设备。船舶在运营过程中,会产生大量的固体垃圾,如纸张、抹布、油渣等,如果将这些废料直接排放到海洋中,将对海洋环境造成严重污染。图 6.13 所示为日本三浦 BWG-N 船用焚烧炉。

图 6.13　日本三浦 BWG-N 船用焚烧炉

课后题

1. 船舶动力装置由哪五个部分组成?
2. 船舶主动力装置的类型有哪些? 各自的优缺点是什么?
3. 四冲程柴油机一个工作循环包括哪四个过程?

第 7 章
船舶设备与管系

　　为了满足船舶在营运中的航行、靠离泊、装卸货物等安全生产作业的要求,并保证船舶和人员的安全,按照船舶建造规范和相关国际公约的要求,船上必须配备各种用途的设备和管系。

　　就一般运输船舶来说,船舶设备主要包括舵设备、锚泊设备、系泊设备、装卸设备、关闭设备和救生设备等。某些特种用途的船舶还有其他专用设备,如钻井平台配备钻探设备等,科学考察船配备实验室、科学设备和各种采样设备等,救助船配备救助艇、救生筏、吊篮等专业救生设备,拖船配备各类拖曳装置等。

　　船舶管系是船上输送液体和气体所需的管子及其附件、阀件、机械和仪表的总称,它是为船舶达到良好的航行性能和安全航行创造条件,以及满足船舶管理和船上人员生活的需要而设置的。在一般运输船上,船舶管系主要包括舱底水管系、压载水管系、消防管系、日用水管系、通风管系等。

7.1 舵设备

　　舵设备是船舶在航行中保持和改变航向及旋回运动的主要工具,由舵装置、转舵装置、舵机、操舵装置的控制系统及其他附属装置组成。

7.1.1 舵的类型

舵通常装于船尾螺旋桨的后面,当它转动时,舵叶两侧的流场发生改变,相对水流速度产生差异,迎水流一面的流速比背水流一面的流速慢,迎水流一面的压力增大,而舵叶背面的压力减小,形成了转船力矩而使船舶改变航向。

舵的类型较多,常见舵一般按照以下几种方法来分类。

7.1.1.1 按舵叶剖面的形状分类

按舵叶剖面的形状,舵可分为平板舵和流线型舵,如图 7.1 所示。

（1）平板舵

平板舵的主要构件为一块平板。平板舵造价低廉、施工简易,小舵角时的舵效高,较多应用在内河小型船舶上。

（2）流线型舵

流线型舵的水平剖面呈流线型。其结构较平板舵复杂,但水动力性能好,舵的升力系数大、阻力系数小,即舵效高,目前被广泛应用。

（a）平板舵 　　　　　　　　　　　　　（b）流线型舵

图 7.1　平板舵与流线型舵

7.1.1.2 按舵杆轴线的位置分类

按舵杆轴线的位置,舵可分为不平衡舵、平衡舵和半平衡舵。

（1）不平衡舵

不平衡舵的舵叶面积全部在舵杆轴线的后方,这种舵的水压力中心至舵杆轴线的距离较远,转舵时需要较大的转舵力矩。

（2）平衡舵

平衡舵的舵叶面积部分在舵杆轴线的前方,这种舵的水压力中心至舵杆轴线的距离较近,转舵时需要较小的转舵力矩,易于操舵,可降低舵机功率,目前在海船上广泛应用。

（3）半平衡舵

半平衡舵的舵叶面积只有较小一部分在舵杆轴线的前方,或者舵叶上半部分做成不平衡舵,下半部分做成平衡舵,减少其平衡量,使平衡程度介于上述两种舵之间。

7.1.1.3 按舵的支承方式分类

按舵的支承方式,舵可分为双支承舵、多支承舵、悬挂舵、半悬挂舵。

（1）双支承舵

双支承舵是指有两个支承点的舵。一般来说,上支承点在船体上。下支承点对于双支承的平衡舵,在舵叶下端的舵托处;对于双支承的半悬挂舵,在舵叶的半高处。

（2）多支承舵

多支承舵是指有多于两个支承点的舵。支承点可为舵承、舵钮和舵托等。它有三个以上的舵钮，用舵销与尾柱相连接。

（3）悬挂舵

悬挂舵仅在船舶内部设有支承点，舵叶全部悬挂于船体下面，无下支承，舵杆受弯矩大。

（4）半悬挂舵

半悬挂舵的舵叶上半部支承在舵柱或者舵臂处的舵钮上；下半部支承的位置设在半高处，呈悬挂状。

7.1.1.4　特种舵

某些船舶为了满足操纵上的特殊要求，如提高舵效、提高推进效率、改善大型船舶在低速时的操纵性能等，常采用一些特种舵，其中较为常见的有：

（1）整流帽舵

整流帽舵即在普通流线型舵的正对螺旋桨的部位，加一个流线型的圆锥体，俗称整流帽，它有利于改善螺旋桨后的水流状态，从而增大螺旋桨的推力，改善船尾的振动情况。其外形如图7.2所示。

图7.2　整流帽舵

（2）襟翼舵

襟翼舵（或称可变翼形舵）由主舵和襟翼舵（副舵）组成，襟翼接近于主舵叶的随边，并可由单独机构进行独立控制，襟翼转动方向可与主舵叶一致，但角度大于舵叶转角，这样就相当于增加了舵剖面的拱度，从而产生更大的流体动力，因而能提高舵的水动力性能。其外形如图7.3所示。

（3）反应舵

反应舵（或称迎流舵）以螺旋桨的轴线为界，舵叶的上下分别向左右扭曲一些，使其迎着螺旋桨射出来的水流，起到相当于导流叶的作用，从而减小阻力，增大船舶推力。

（4）主动舵

主动舵在舵叶后端装有螺旋桨，外加导管保护和整流，由设在舵叶内的电动机驱动。转舵时，导管内的螺旋桨也产生推力，因此舵叶本身所产生的舵力再加上螺旋桨产生的力矩，可使转船作用力大幅增大。另外，即使在低速甚至停车时，操作螺旋桨仍可以得到一定的转船作用力,推动船舶缓慢航行,大大提高了船舶的操纵性。

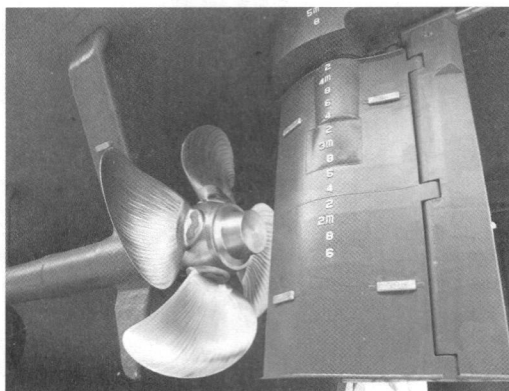

图 7.3 襟翼舵

7.1.2 舵的操纵方式

船舶航行时,驾驶人员转动舵轮或扳动手柄(或应急装置)发出舵令,通过操舵装置的控制系统将舵令传至舵机装置动力设备,舵机启动,转舵装置把舵机动力传给舵轴,驱动舵叶转动。利用这套设备,就可以根据驾驶人员意向改变舵的旋转角度,产生使船舶回转的力矩,以保持或改变船舶的航向。

操舵仪设置在驾驶室中,上设操舵轮或操舵手柄、舵角指示器和部分航海仪表,如图 7.4 所示。舵角指示器是反映舵叶转动角度的仪表,驾驶室内和驾驶室外都需要安装,用以了解和监督舵的实际位置。舵角指示分为机械舵角指示和电动舵角指示两种方式。

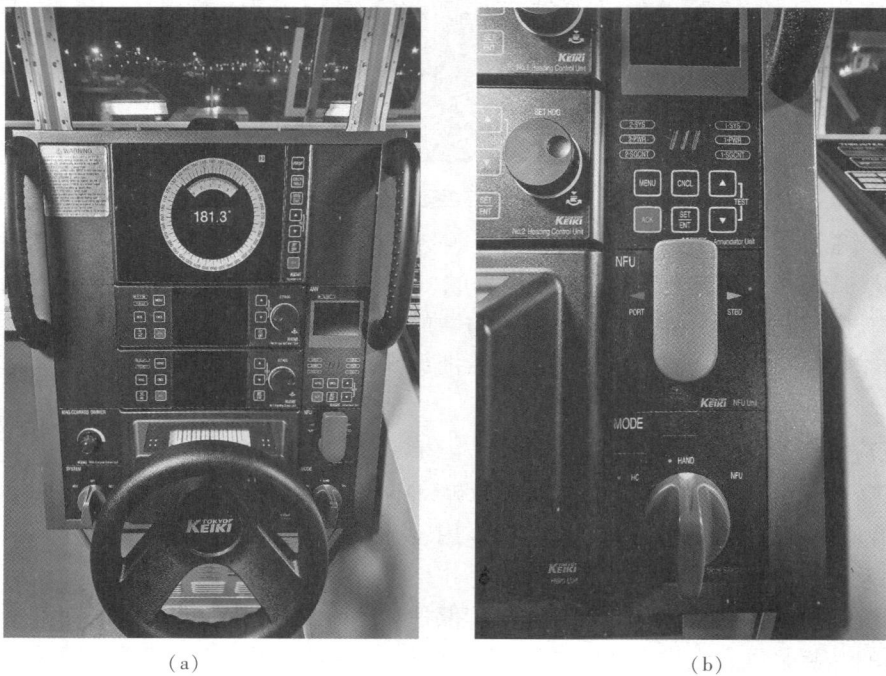

（a）

（b）

图 7.4 操舵仪

操舵装置的控制系统由发送器、接收器、液压控制泵及电动机、电动机控制器、管路和电缆组成,主要有液压控制和电力控制两种。

电力控制装置由于轻便灵敏,线路易于布置,不受船体变形和温度变化影响,工作可靠,并且有利于操舵自动化,被普遍应用在海船上。

采用电力控制装置的船舶,都有两套独立的操舵系统线路布置,当其中一套发生故障时,可立即转换至另一套操舵系统,分别被称为随动操舵系统和手柄操舵系统。

另外,当操舵装置控制系统发生故障而不能在驾驶室进行控制时,应脱开驾驶室的控制系统,改由在舵机室控制操舵。这时应利用驾驶室和舵机室间的通信设施进行应急操舵。按照规定,至少每三个月进行一次应急操舵演习,以熟悉应急操舵程序。

随着航海技术的进步,在随动舵基础上发展起来了一种自动操舵装置控制系统,称为自动舵。自动舵又称自动操舵装置,是指能自动及时纠正船舶的偏航,使船较长时间和较准确地保持在指定航向上的一种操舵装置。

当船首受到风浪、流等外力作用而偏离原航向一定角度(偏航角)时,自动舵应立即动作,使舵叶偏转一定角度(偏舵角),船首在舵力作用下逐渐返回原航向;为防止船首回转惯性过大,船首在未到达和接近原航向时,自动舵使舵正舵或产生一个反舵角,从而使船首回到原航向。为了适应船舶的不同受载状况和海况,一般自动舵还设置了一些调节旋钮。

自动舵在开敞、安全的水域中航行时替代了人工操舵,降低了人员的劳动强度,其保持航向的精度比人工操舵高,提高了航速,减少了燃料消耗,目前广泛应用于海船。另外,目前较先进的自动航迹舵,不但具有一般自动舵的航向保持功能,还能使船舶位置自动保持在预定航迹上。

7.2 锚泊设备

船舶在装卸货物、避风、候泊、候潮及检疫等情况下,都需要在锚地抛锚停泊,以保持相对静止而不产生严重的漂移。锚泊设备的配备就是为了使船舶在锚泊时能产生足够的锚泊力。另外,在靠离码头、狭水道掉头及紧急情况下刹车降速等往往都要用到锚,起到辅助船舶操纵的作用。利用抓力或自重使船舶停泊于水面固定位置的设备,叫作锚泊设备。

7.2.1 锚泊设备的组成

锚泊设备由锚、锚链、锚链筒、制链器、锚机、锚链管、锚链舱和弃链器等组成。

抛锚前,通知机舱供电,移开防浪盖,打开制链器,合上离合器,松开刹车带,开动锚机将锚链送出锚链筒,垂挂在水面上,刹紧刹车带,再脱开离合器。此时锚只受刹车带控制,只要刹车带一松,锚即可抛下。

起锚前,通知机舱送电、供锚链水,合上离合器,打开制链器和刹车带,让锚机受力。接到起锚口令后,开动起锚机,锚链便可通过锚链筒和制链器链轮,经锚机由锚链管进入锚链舱。锚将随着锚链的收起而先出土,后离开水面,直至将锚杆收藏在锚链筒,锚爪紧靠锚链筒口,然后合上制链器。图 7.5 所示为一般运输船舶在首部布置锚泊设备的情况。

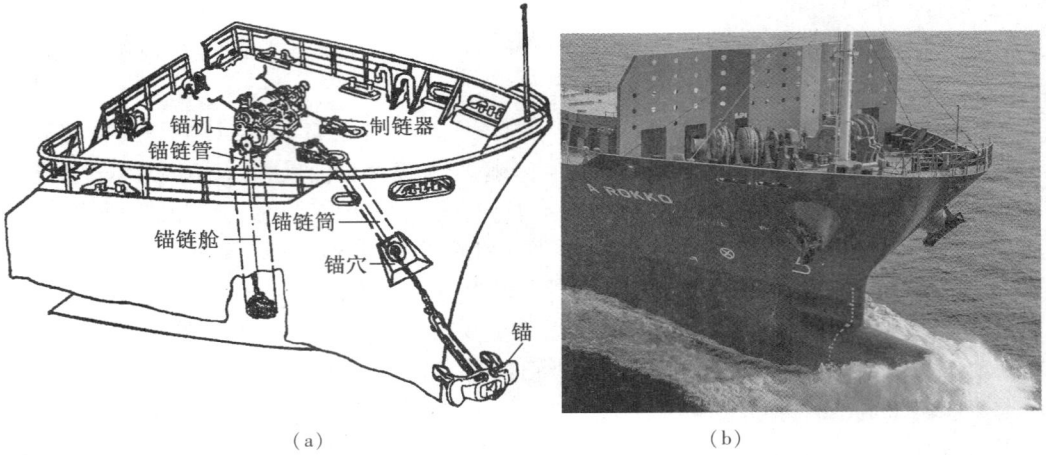

（a）　　　　　　　　　　　　　（b）

图 7.5　锚泊设备

（1）锚具有特定形状,抛入水中后能迅速抓入海底底土并产生抓驻力。

（2）锚链是连接锚和船体的链条,传递锚产生的抓驻力并将船舶系留于预定水域。

（3）锚机(如图 7.6 所示)是抛锚与起锚的动力机械,一般设在船首部,根据动力的不同可分为电动和液压等形式。

图 7.6　锚机

（4）制链器设置在锚机和锚链筒之间,用于夹住锚链,防止锚链滑出。锚泊时,制链器将锚和锚链产生的拉力传递至船体,以减轻锚机的负荷,保护锚机。航行时,制链器需承受锚的重力和惯性力。

（5）锚链管是锚链进出锚链舱的通道,位于链轮下方,穿过锚机甲板通至锚链舱。目前锚链管多用钢板焊接而成,上、下管口均须扩大,上管口常设有防水盖,开航后应关闭,以防海水进入锚链舱。

（6）锚链舱是存放锚链的舱室,位于锚机的下方,形状为圆形或方形,舱内设有污水井和排水管系,用以排出积水。

（7）弃链器是使锚链末端与船体相连,并且在紧急情况下能够迅速解脱锚链的一种专用装置。

7.2.2　锚的种类

锚通常由锻钢或铸钢制成,一般由锚杆、锚爪、销轴和锚卸扣等构成。锚的种类有很多,常见的有杆锚、无杆锚、大抓力锚和特种锚四大类型。

7.2.2.1　有杆锚

有杆锚也称为海军锚[如图7.7(a)所示],使用时间最为悠久。该类锚的特点是一个锚爪啮入土中,当锚在海底拖曳时,横杆能阻止锚爪倾翻,起稳定作用。该类锚结构简单、抓重比大,一般为锚重的4~8倍,抓底稳定性较好,但抛起锚作业和收藏都不太方便,上翘的锚爪容易缠住锚链和刮坏船底,因此不易作为商船的首锚,一般用于小型船舶,如游艇、帆船等。

7.2.2.2　无杆锚

无杆锚又称山字锚,没有横杆,锚爪可以转动,工作时两个爪可同时啮入土中。无杆锚便于收藏,抛起方便,常在商船上用作首锚。常见的无杆锚为霍尔锚[如图7.7(b)所示]和斯贝克锚[如图7.7(c)所示]等。霍尔锚为第一代现代标准型无杆锚。斯贝克锚是霍尔锚的改良型,其锚头的中心位于销轴中心线的下方。抛锚时锚爪极易转向地面,稳定性更好,而且收锚时,锚爪自然朝上,一接触船壳板即翻转,不易损伤船壳板。

7.2.2.3　大抓力锚

大抓力锚因抓重比大而得名,分为有杆大抓力锚(燕尾锚和史蒂文锚)和无杆大抓力锚[大抓力波尔锚如图7.7(d)所示,AC-14型锚如图7.8所示]。其特点是锚爪宽而长、啮土深、稳定性好,从而能获得较大的抓力,抓重比可达10以上。但因出土阻力较大,锚爪容易变形,收藏不方便,多用于工程船或平台,也可用于超大型船首锚。

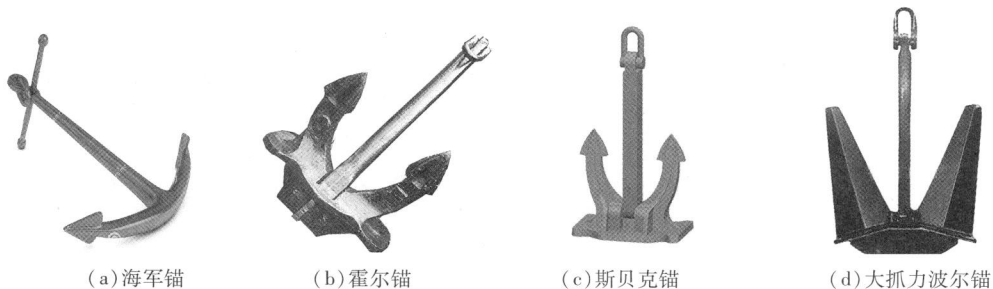

(a)海军锚　　　　　(b)霍尔锚　　　　　(c)斯贝克锚　　　　　(d)大抓力波尔锚

图7.7　常见的锚设备

DA-1型锚是在AC-14型锚的基础上研发出来的,被称作第三代无杆大抓力锚,是目前世界上最稳定、结构最先进的锚。其锚冠较宽且端部为三棱形,爪很长,由两个斜面形成倒V字形,两爪之间的距离很小。这种锚有最合适的啮土角度、啮土面积大、抓力大、抓住性好、稳定性强、收藏方便。

图 7.8 AC-14 型锚

7.2.2.4 特种锚

特种锚的形状比较特殊，以适应特种用途。常见的特种锚有伞形锚、螺旋锚、单抓锚等，啮入土中较深，抓力大，不易移动，多用作长期锚泊定位，如用作灯船、浮筒、浮标等的固定锚。

7.2.3 抛锚方式

根据不同的水域、气象条件和作业要求，船舶抛锚方式有所不同，常见的抛锚方式有船首抛锚、船尾抛锚、舷侧抛锚、首尾抛锚和多点抛锚。

7.2.3.1 船首抛锚

船首抛锚分为船首抛单锚和船首抛双锚两种。

（1）船首抛单锚，适用于气候条件较好，停靠时间不长的情况。船首抛单锚时，船舶相当于单点固定，因此船在水面上活动范围较大。船首抛单锚是抛锚停泊的主要方式，也是船舶主锚安置于首部的原因。

（2）船首抛双锚，适用于活动受约束或水域有较大风浪、急流影响的情况，又分为八字锚泊、平行锚泊和一字锚泊三种。

①八字锚泊是指船舶前后抛出左右两个锚，使两锚链保持一定水平张角的锚泊方式。这种锚泊方式，对船舶偏荡有一定的抑制作用。

②平行锚泊是指同时抛下左右两个锚，使锚链长度相等并保持平行，也称为一点锚。这种锚泊方式，具有较大的锚泊力（大约为单锚泊锚泊力的两倍），能有效减小台风影响。

③一字锚泊是指船与双锚位置成一条直线或接近一条直线，船首约在两锚锚位中间的锚泊方法。抛一字锚有后退抛锚与前进抛锚两种操纵方法。一字锚泊的船舶的回旋面积小，即以船首为中心，船长为半径的圆周，因而适用于在狭水区域内锚泊。其缺点是船舶操纵和抛锚、起锚过程较为复杂，需时较长，有回转流或风向不定时，锚链易绞缠。

7.2.3.2 船尾抛锚

船尾抛锚多用于内河船和登陆舰艇。当内河船向下游顺水航行停泊时，为保障安全和避免调头，常采用船尾抛锚。这样的船舶应具备完善的尾锚设备。在登陆舰艇退滩作业中，在主机的配合下，依靠锚机的拉力将搁浅的舰艇从海滩拉入水中。

7.2.3.3　舷侧抛锚

舷侧抛锚可以使船舶处于使水流或风向和船中线呈垂直状态或有一定的交角的停泊状态,如便于船舶通风消毒或使船舶能够在下风一舷装卸货物或进行别的工作。

7.2.3.4　首尾抛锚

首尾抛锚一般是将主锚从顶风方向抛出,从船尾把一根缆索绕过船舷外边与已抛出的主锚链连接,然后放出一些主锚链即可。此外,还可以在首部将主锚抛出后,再从尾部抛出尾锚。尾锚通常用小艇运出并抛下,一般比主锚小,重量约为主锚的1/3。若想使停泊的船舶总是以船舷对着风向,就采用首尾抛锚方式。

7.2.3.5　多点抛锚

当某些海洋浮动结构物,如钻井船、钻井平台、采油平台、航标船、打捞救生船等,按作业要求对位移量有一定限制时,则采用多点抛锚,其中使用较多的是三点抛锚。对定位要求高的钻井船、半潜式平台,可用6~10个锚,根据作业区的水深及抗风暴的要求,有的甚至用12个锚。

7.3　系泊设备

船舶停靠码头、系留浮筒、傍靠他船或顶推作业时用于带缆、绞缆的设备统称为系泊设备。

7.3.1　系泊设备的组成

系泊设备由系船缆、系缆桩、导缆装置、绞缆机械、系缆卷车及附属用具等组成,通常布置在首尾部或甲板的舷侧,一般左右对称布置,以保证船舶两舷都能停靠。

7.3.1.1　系船缆

系船缆的主要作用是在靠泊、系浮筒时绑牢船舶,在拖带中传递拖力,在靠离码头时协助操纵及协助船舶在码头前后移泊。系船缆应具有强度大、弹性适中、耐腐蚀、耐摩擦、密度小、质地柔软、使用方便等特点。

常用系船缆有钢丝缆和化纤缆两种,如图7.9所示。其中船舶常用化纤缆有聚丙烯纤维(简称丙纶)缆、聚乙烯纤维(简称乙纶)缆、聚酯纤维(简称涤纶)缆、聚酰胺纤维(简称锦纶,又称尼龙)缆、芳香族聚酰胺纤维(简称芳纶,又称凯夫拉)缆和超高分子量聚乙烯纤维(又称大力马)缆等。一般货船常用的是八股或者十二股缆绳,其中丙纶长丝缆或者复合纤维缆在船舶上应用比较广泛。

芳纶缆和超高分子量聚乙烯纤维缆都属于高性能缆绳,具有抗拉强度高、重量轻、耐腐蚀、耐海水、耐老化的特点,但是价格都比较高。芳纶缆耐热性能好,碳化温度在450 ℃左右,但是耐紫外线性能差;超高分子量聚乙烯纤维缆熔点很低,碳化温度在145 ℃左右,但密度比水小,可以漂浮在水面上。

高性能缆绳常用于大型船舶、特种船舶或海洋平台的系缆,以及执行应急救援、拖带等任务。超高分子量聚乙烯纤维缆解决了以往使用钢缆遇到的锈蚀和尼龙、聚酯纤维缆绳等遇到的腐蚀、水解、紫外线降解等引起缆绳强度降低和断裂,需经常进行更换的问题,是目前性能最佳的缆绳。

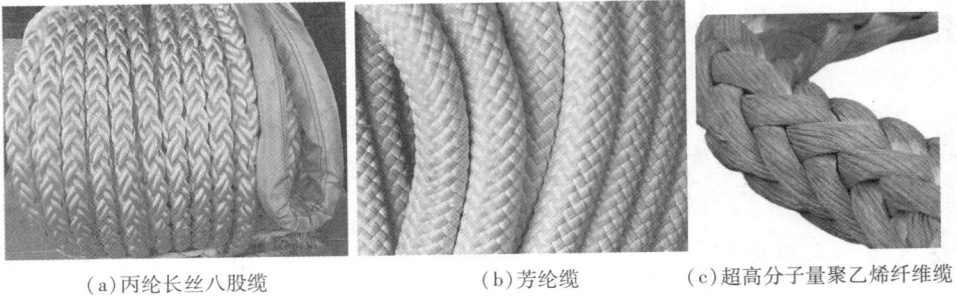

| (a)丙纶长丝八股缆 | (b)芳纶缆 | (c)超高分子量聚乙烯纤维缆 |

图 7.9　系船缆

7.3.1.2　系缆桩

为在靠泊和拖带作业时固定缆绳的一端,在首尾楼甲板和船中部甲板等部位设有挽缆用的系缆桩,如图 7.10(a)所示。系缆桩有铸造成形和钢板围焊成形两种。因为其受力很大,所以要求基座十分牢固。常见的系缆桩分为双柱式、斜式、单十字式、双十字式、羊角桩等,大中型船多采用双柱式。

7.3.1.3　导缆装置

导缆装置是为了使缆绳从舷内通向舷外并引至码头或其他系缆地点,改变缆绳的方向,限制其导出位置及减少缆绳磨损的装置。

常见的导缆装置有导缆孔、导缆钳、滚轮导缆器、滚柱导缆器[如图 7.10(b)所示]、导向滚轮等。

| (a)系缆桩 | (b)滚柱导缆器 |

图 7.10　系缆桩与滚柱导缆器

导缆孔一般嵌在舷墙上,系缆经过导缆孔时,接触面呈圆弧形,以避免舷墙对系缆的切割,也便于系缆琵琶头顺利通过,但对系缆的磨损比较严重。

导缆钳是装设在舷边的钳状导缆装置,通常都是铸造的,有闭式和开式、无滚轮和带滚轮等种类,多见于船舶首尾部。为了减小对系缆的摩擦,船舶多采用滚轮式导缆钳。

滚轮导缆器一般设于船舷,由数个滚轮并立组成。

滚柱导缆器一般设在甲板端部,由数个柱形滚筒围成,也称万向导缆器。

导向滚轮装在甲板上的圆台形基座上,位于舷边导缆器与绞缆机之间,用来改变缆绳方向,以便引至卷筒。滚轮旁的羊角可以防止系缆松弛时滚落到甲板上。

7.3.1.4　绞缆机械

绞缆机械又称系缆绞车,用于绞收缆绳。船首部的绞缆机械由锚机兼做,船尾部的绞缆机械单独设置,有些大型船舶的中部也专设系缆绞车。绞缆机械按其动力分为电动绞缆机和电动液压绞缆机;按卷筒轴线位置分为卧式绞缆机和立式绞缆机(绞盘)两种。卧式绞缆机如图7.11 所示。

近年来,随着船舶的大型化及自动化,一些船舶在船首、船尾配备了自动系缆绞车。它能根据系缆的受力情况自动调整系缆的长度,大大缩短了船员在靠泊期间频繁调整缆绳的工作时间,但它在使用时因频繁收放而容易磨损系缆。

图 7.11　卧式绞缆机

7.3.1.5　系缆卷车

系缆卷车用来收藏和保存缆绳,也称缆车。摇动手柄或转动扶手即可将缆绳松出或收卷,脚踏刹车则可用来控制缆车的转速。

7.3.1.6　系泊附属用具

系泊附属用具包括撇缆绳、碰垫、止索绳、挡鼠板等。

(1)撇缆绳

船舶靠码头时,船员从船上把撇缆绳抛给码头带缆人员,将其作为往码头送缆的牵引绳。

(2)碰垫

碰垫的外部是用绳编织的,其内填有软木或棕丝等软性物质的球形物。当船舶靠离码头时,碰垫用于缓冲船体与码头的撞击和摩擦,以保护船舷。

(3)止索绳

止索绳是船舶系泊时,用于临时在系缆上打结,以承受缆绳拉力的专用索具。其一端连在缆桩基座靠近出缆方向一侧,或为琵琶头,使用时,套在缆桩上。另一端用于在系缆上打制索结,以便将系缆在卷筒上取下并挽在缆桩上,或将系缆从缆桩上取下并挽在卷筒上继续绞收。

（4）挡鼠板

挡鼠板一般由薄钢板或塑料板制成。根据港口的有关规定,船舶靠妥码头且系缆带好后,要挂上挡鼠板,以防止鼠类动物沿着缆绳上下。

7.3.2 系缆名称

船舶系靠码头、船坞或他船时,根据各缆绳的位置、出缆方向和作用不同,常见的系缆有以下几种:

（1）首缆

首缆也称头缆,其中从外舷出缆者也可称为外档头缆。首缆主要承受船首方向风流的外力作用,防止船身后退和船首外移。

（2）尾缆

尾缆有里档尾缆和外档尾缆之分,主要承受船尾方向风流的外力作用,防止船身前冲和船尾外移。

（3）首倒缆

首倒缆主要承受来自船尾方向的作用力,防止船身前移。

（4）尾倒缆

尾倒缆的主要作用是防止船身后退。

（5）首（尾）横缆

首（尾）横缆主要用于承受吹开风的作用力,防止船首（尾）外张。

船舶系缆如图 7.12 所示。

图 7.12　船舶系缆

化纤缆直径一般为 20~65 mm,直径小于 20 mm 的纤维缆不允许作系缆用。万吨级船舶一般配备有首尾缆各 3~4 根,前后倒缆左右舷各 1 根,备用缆前后各 1~2 根,保险缆(兼作拖缆)前后各 1 根。

系泊时,缆绳的具体使用要根据码头的情况、船舶长度、缆绳强度、停泊时间及天气和潮汐的情况来决定。

7.4　装卸设备

　　装卸设备也称为起货设备,是指船舶装卸货物时所用装置和机械的总称。

　　装卸设备的类型取决于船舶种类或者运载的货物种类。装载液体货物通常利用船上或者岸上的输送泵和管路进行装卸;散装货物可采用带式、链斗式装置或者起重机进行装卸;集装箱船则主要是通过集装箱码头的桥吊进行装卸;滚装船则采用首门、侧门或尾门及跳板和升降机滚上滚下装卸;对成捆、成包、成箱等的件杂货,则利用起重机或者吊杆进行装卸。

　　船用装卸设备采用较多的是起重机和吊杆,它们一般布置在露天甲板上货舱口之间便于装卸货物的地方。

7.4.1　起重机

　　起重机具有结构紧凑,占地面积小,工作面积大,操纵灵活方便,装卸作业前后没有烦琐的准备和收检索具,装卸效率较高等优点。其缺点是结构复杂、投资大,出故障后的修复难度较大。

　　起重机是目前船舶应用最为广泛的一类起货设备。

　　船用起重机,按照动力源不同,分为电动式和液压式两种,其中电动式应用较广泛;按照使用方式不同,也可分为回转式、悬臂式和组合式三种。

7.4.1.1　回转式起重机

　　回转式起重机俗称克令吊,主要由基座、回转塔架、吊臂、操纵控制室和操纵装置等组成,如图 7.13 和图 7.14 所示。

图 7.13　回转式起重机 1

图 7.14　回转式起重机 2

　　基座穿过甲板与船体主结构连接,并有旋转支承(即上座圈、下座圈)、外围支承板和旋转结构(即电动机、小齿轮、大齿轮)。回转塔架支承在基座上,包括上下两层,上层为操纵室,下层装有三部电机,分别用于控制吊货索的起升、吊臂的变幅及塔架的旋转。吊臂根部固定在回转塔架底部,可绕根部支点上下俯仰,其头部有两套滑车组供吊货索和千斤索用。

7.4.1.2　悬臂式起重机

悬臂式起重机主要用于集装箱装卸。它利用伸出舷外的水平悬臂和在悬臂上行走的滑车组小车来吊货。与普通起重机相比,悬臂式起重机具有结构简单、装卸效率高、维修方便等特点。

7.4.1.3　组合式起重机

组合式起重机又称双联回转式起重机,如图 7.15 所示,它有两个单回转式起重机且一同装于同一个转动平台上,可各自进行独立的作业,也可合并在一起使用,合并使用时起重量为单独使用时的两倍。它主要设置在集装箱船及多用途船上,用以吊起重量较大的货箱或重件货。

图 7.15　组合式起重机

7.4.2　吊杆

吊杆式起货设备在运输船舶上的应用有着较悠久的历史。它结构简单,制造容易,投资少,操作灵活方便且能满足较重的货物装卸要求。其缺点是装卸作业前后有较为烦琐的准备和收检索具工作,故目前仅少量应用于船舶上。

船用吊杆根据起重量不同,分为轻型和重型两种。

根据《船舶与海上设施起重设备规范》的规定,经正确安装的起重设备在设计作业工况下证明能吊运的最大静载荷,称为安全工作负荷(SWL)。

轻型吊杆是指安全工作负荷等于和小于 98 kN 的吊杆装置和吊杆式起重机。

重型吊杆是指安全工作负荷大于 98 kN 的吊杆装置和吊杆式起重机。

船用吊杆按照结构和使用形式不同,可分为轻型单吊杆、轻型双吊杆、普通型重吊杆和 V 形重吊杆等。

轻型吊杆主要由起重柱(桅)、吊杆装置及其设备动力机械(起货机)三部分组成。

重型吊杆由于起重量大,其结构装置与轻型吊杆不同,不同点主要表现在吊杆根部、头部和索具三方面。

吊杆装置如图 7.16 所示。

图 7.16　吊杆装置

7.5　关闭设备

7.5.1　舱口盖

舱口盖是货舱开口的关闭装置。设计合理的舱口盖,不仅可以保证船舶货物安全和船体水密,同时还具有一定的承载大件货物压力的能力。舱口盖开启与关闭的机械化、自动化的程度,直接关系到货物装卸的效率与质量、船员的劳动强度和船舶停港时间。现代船舶对舱口盖自动化程度的要求越来越高。

舱口盖按制造材料可分为木质、铝质、玻璃钢材质和钢质四种类型。大多数船舶采用钢质舱口盖。

舱口盖按结构形式和开关方式可分为滚动式、折叠式、侧移式、吊移式四种类型。

舱口盖按开关动力型式可分为机械牵引式和液压式两种类型。

7.5.1.1　滚动式舱口盖

滚动式舱口盖由若干块相互用链条连接起来的小舱盖板组成,每块小舱盖板的两端均设有滚轮和导轮,如图 7.17 所示。开舱时,可利用起货绞车或者链条来曳引舱盖板,滚移、翻转排列并收藏于舱口一端,关舱时则反向曳行。这种舱口盖造价低廉、维修方便、舱口盖开闭迅速、小巧灵活,但受负荷、舱口围高度、收藏导轨长度等条件限制,不利于现代船舶大型化、专业化和多用途化的发展,在船上的应用有逐渐减少的趋势。

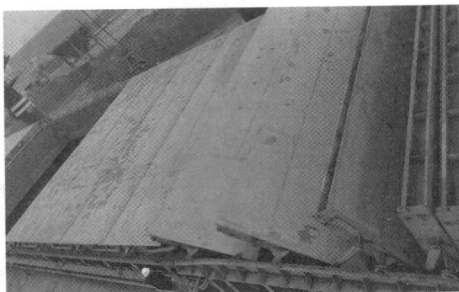

图 7.17 滚动式舱口盖

7.5.1.2 折叠式舱口盖

折叠式舱口盖也称铰链式舱口盖,多应用于中小型散货船、杂货船、运木船、冷藏船和多用途船,如图 7.18 所示。这种舱口盖都是成对的,舱口盖之间采用铰链连接,有单对组合和多对组合。开关舱时,多靠液压缸伸缩控制。这种舱口盖的优点是开关迅速、开启舱口范围可调,缺点是液压系统复杂、不易维护。

图 7.18 折叠式舱口盖

7.5.1.3 侧移式舱口盖

这种舱口盖常用在舱口宽小于或接近船宽一半的大型散货船及矿砂船上,如图 7.19 所示。每个舱口通常有两块舱口盖,且左右对称布置。开启时先将舱口盖升起至行走状态,然后通过齿轮、齿条或链条等方式将舱口盖移到舱口两侧轨道架上。舱口盖可以部分打开以保持空气流通并防止雨水大量进入。侧移式舱口盖的优点是盖板块数少、结构简单、开关可靠、操作方便,适用于较大、较重的盖板。

图 7.19 侧移式舱口盖

7.5.1.4 吊移式舱口盖

吊移式舱口盖一般是箱形体,又称为箱形舱口盖,如图 7.20 所示。它本身不带专门的驱动机构,是直接借助钢丝绳、卡环、卸扣和眼板等索具,由船上的起重机或岸上的门机来吊移。这种舱口盖尺度一般都比较大,可以获得最大的甲板开口面积,结构简单、操作方便、结构强度大,广泛应用于集装箱船。

图 7.20 吊移式舱口盖

7.5.2 船用门窗

船用门有水密和非水密两大类,并且有不同的防火等级要求,根据舱室的需要选用,其作用主要是分隔舱室,防止火灾蔓延,便于人员或物品的进出。

船用窗是船上各舱室用于自然通风和采光的装置。其形式很多,一般可分为舷窗、矩形窗和天窗。圆形舷窗(开启和关闭状态)和矩形窗如图 7.21 所示。

(a)圆形舷窗(开启状态)　　　　(b)圆形舷窗(关闭状态)　　　　(c)矩形窗

图 7.21 圆形舷窗(开启和关闭状态)和矩形窗

7.5.2.1 舷窗

舷窗是设置在主船体两侧,保证船体水密和抗风浪的窗,通常为圆形,适用于在水线以上干舷甲板以下舱室的船壳或第一层上层建筑(或甲板室)的舱室外围壁。

7.5.2.2 矩形窗

矩形窗也称方窗。这种窗自然通风的效果很好,但水密性较差,通常仅能用于干舷甲板以上的甲板室或上层建筑。

7.5.2.3 天窗

天窗是设置在甲板或顶棚上用于透光和通风的窗。装于厨房、通道和舱室顶部的天窗称为甲板天窗;而用于机炉舱顶棚的天窗称为机炉舱天窗。

7.6　救生设备

救生设备是船舶遇险或者救助落水人员时,能够进行自救或救助的专用设备及其附件的统称,包括个人救生设备、视觉信号、救生艇筏、救助艇、降落与登乘设备和其他救生设备。救生设备按使用对象可分为两大类:一类是供全体人员共同使用的大型救生设备,体积较大,如救生艇、救生筏和撤离系统;另一类是供个人使用的救生设备,体积比较小,如救生圈、救生衣、救生服及保温用具等。

救生设备早期仅有浮具,现代主要朝着方便取用、登乘和操作自动化的方向发展。

国际海事界著名的《国际海上人命安全公约》(SOLAS 公约)于 1912 年“泰坦尼克”号重大海难后的 1914 年 1 月 20 日在英国伦敦制定,主要内容包括所有商船的航行安全、水密及防火舱壁的规定,以及客船的救生和消防设备等。

《国际救生设备规则》(LSA 规则)旨在为《国际海上人命安全公约》所要求的救生设备提供指导。

各船舶必须按照《国际海上人命安全公约》《国际救生设备规则》的要求,配备各类救生设备。

救生设备的一般要求:

(1)用适当的工艺和材料制成;

(2)在−30~+65 ℃存放而不致损坏,且就个人救生设备而言,除非另有具体规定,应在−15~+40 ℃仍然可用;

(3)如其在使用时可能浸没在海水中,则在−1~+30 ℃可用;

(4)凡使用者,能防腐烂,耐腐蚀,并不受海水、原油或霉菌的影响;

(5)如暴露在日光下,应能抗老化变质;

(6)为国际橙色或鲜红的橙色,或者对有助于海上找寻的部位涂上鲜明易见的颜色;

(7)按国际海事组织的建议案在有利于探测的位置张贴逆向反光材料;

(8)如必须在风浪中使用,则能在该环境中令人满意地工作;

(9)清晰地标示出批准的资料,包括批准的主管机关及任何操作限制;

(10)如适用,提供短路电流保护,以防损坏或受伤。

7.6.1 救生艇

当船舶发生海难时,载满乘员的救生艇能迅速、安全地降落到海面,等待救助或驶向附近的海岸,从而保护乘员的安全。救生艇不仅有足够的干舷和充裕的稳性,而且艇内设有由水密的空气箱或泡沫塑料浮体构成的储备浮力,以保证艇在载满额定乘员、属具并灌满水时也不会沉没。此外,艇内还备有干粮、淡水、药品、桨等物品。救生艇最初是木质的,后来又有钢质的。玻璃钢由于重量轻、强度高、耐腐蚀且维修方便,近年来广泛用于救生艇。

7.6.1.1 救生艇分类

救生艇按构造型式分为开敞式救生艇、部分封闭式救生艇和全封闭式救生艇。

（1）开敞式救生艇

开敞式救生艇为传统型,艇缘以上部分没有固定的刚性顶棚装置,结构较简单,登艇方便,视域好,如图 7.22 所示。

图 7.22　开敞式救生艇

其缺点:天气炎热时,乘员会受到烈日暴晒,易发生中暑和日晒病;天气寒冷时,如果没有保暖防护物品,人员会受到寒冷的侵害;遇到 4~5 级以上风浪时,人员及救生艇会受到海浪侵袭;此外,如被风浪打翻,仅靠救生艇内人员的自身力量难以扶正。

其使用范围:仅用于沿海小型船舶及内陆水域船舶。

（2）部分封闭式救生艇

部分封闭式救生艇艇首和艇尾各有不少于艇长 20% 的固定的刚性顶棚;中部两舷设有可折式顶棚,由 1~2 人可以从内外两面迅速地撑起或关闭,使艇内人员免受风雨、海浪的侵袭和烈日的暴晒;艇首、尾部及两舷设有出入口,关闭时能防止海水和寒气侵入,开启时还可用来通风;出入口较封闭式救生艇大,在正常情况下登乘时,可方便较多人员从一舷或两舷出入口同时登乘。

其缺点:较早设计的部分封闭式救生艇不具有自扶正功能,一旦翻覆后,艇内乘员的逃出不如开敞式救生艇方便。

其使用范围:主要用于巡航船、渡船和客船等。

（3）全封闭式救生艇

全封闭式救生艇的上部设有封闭的固定刚性顶棚装置,如图7.23所示,可使乘员在艇内免遭风雨、海浪的侵袭和烈日的暴晒,并具有自行扶正功能;全封闭式救生艇两舷及首尾部设有内外能开启和关闭的通道盖,使艇员能方便地出入救生艇;关闭通道盖能保障救生艇具有良好的水密性和隔热保温性;艇的顶部设有洒水降温装置;固定顶棚装置上的顶窗能够让足够的日光射进舱口关闭的救生艇内。

图 7.23 全封闭式救生艇

其缺点:出入口较小,人员登乘不方便;艇内观察瞭望视域受到限制,不及开敞式救生艇开阔。

其使用范围:国际海事组织将全封闭式救生艇纳入国际航行客船和货船必须配备的主要救生设备。

救生艇应存放在尽可能靠近起居处所和服务处所的地点,为乘员能尽快登艇提供方便,同时设有集合站,集合站应紧靠登乘地点,并能容纳指定在该集合站的所有人员,每人的甲板面积至少为 0.35 m^2。在集合站和登乘地点,以及通往集合站和登乘地点的通道、楼梯和出入口,应该有足够的由应急电源供电的应急照明设备。

7.6.1.2 救生艇降落装置分类

为方便救生艇筏、救助艇在船舶遇险时能够快速释放,保证人员安全,船舶配备有自由降落式救生艇降落装置和吊放式救生艇降落装置两大类。

（1）自由降落式救生艇降落装置

自由降落式救生艇降落装置与自由降落式全封闭式救生艇配套使用,该种降落装置的吊艇架主要装配于高干舷船舶,并配有斜制的支架,用于存放救生艇。

图7.24所示为自由降落式救生艇降落装置,主要包括降落滑道、吊臂、绞车、吊重零部件、系艇装置、登乘平台等。

图 7.24　自由降落式救生艇降落装置

1—降落滑道;2—吊臂;3—维修平台;4—登乘平台;5—起吊梁;
6—浮动滑车;7—起吊索;8—油缸;9—绞车;10—滚轮

（2）吊放式救生艇降落装置

吊放式救生艇降落装置主要用于吊放式救生艇、救助艇及滚装客船的快速救助艇等的降放、回收与存放。它按吊艇架、吊艇臂转出舷外的工作方式可分为重力式降落装置和机械储能式降落装置;按照结构形式可分为倒臂式吊艇架装置、转出式吊艇架装置、滑轨式吊艇架装置、固定悬臂式吊艇架装置、转臂式降落装置、快速救助艇降落装置等。

尽管各类吊放式救生艇降落装置的结构形式、操作方式不尽相同,但其基本组成主要有吊艇架和绞车两部分,其中吊艇架由吊艇臂、座架、吊艇索、吊重零部件、悬挂索、系艇装置、靠舷装置、滑轮装置等部分组成。

①倒臂式吊艇架装置

图 7.25 所示为普通型重力倒臂式封闭救生艇吊艇架。倒臂式吊艇架装置适用于全封闭式救生艇、部分封闭式救生艇、开敞式救生艇和救生艇兼救助艇等的重力降放。开敞式救生艇使用的倒臂式吊艇架的结构形式和工作原理,与封闭式救生艇使用的倒臂式吊艇架基本相似,只是在艇内遥控放艇装置、绞车工作负荷等方面略有不同。除此以外,倒臂式吊艇架装置还具有结构简单、制造方便、操作简便、工作可靠等特点,因此被广泛采用。

②转出式吊艇架装置

转出式吊艇架装置由两根可转动的曲杆组成,放艇时,依靠人力转动吊艇杆,将艇吊出舷外并放到水面上。这是传统式吊艇架,构造简单,但操作不甚方便,目前仅应用在小型船舶上。

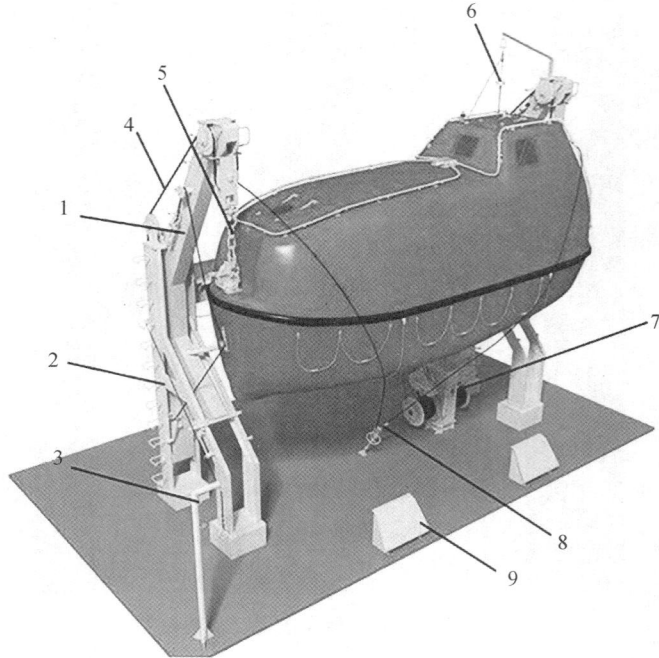

图 7.25 普通型重力倒臂式封闭救生艇吊艇架

1—吊艇臂;2—吊艇架底座;3—舷边遥控放艇装置;4—吊艇索;5—吊重零部件;

6—艇内遥控放艇装置;7—绞车;8—固艇索;9—导滑座板

③滑轨式吊艇架装置

滑轨式吊艇架装置是一种滚动型吊艇架,如图 7.26 所示。常见的吊艇臂呈 S 形,每根吊艇臂有前后两个支点,每一个支点在臂的两侧各设置一个滚轮。放艇时,前后两对滚轮沿座架的导轨向外滚动,使吊艇臂连同艇一起外移并倾倒,将艇吊出舷外。该类型吊艇架存放高度较低,比较适用于上层建筑或甲板室较高的中小型船舶。

图 7.26 滑轨式吊艇架装置

④固定悬臂式吊艇架装置

固定悬臂式吊艇架装置主要由悬臂、绞车、索具等组成,为确保救生艇、救助艇在升降过程中与浮动滑车有效连接,在吊艇索上装有补偿装置,该装置可自动调整浮动滑车的收放,以应对艇的摆动。该类吊艇架具有占用甲板空间少,悬臂伸出船外方便艇的收放,操作简单等特点,在客船、滚装客船、军用船舶等船舶上应用较多。另外在此结构基础之上,当前还发展有吊臂带有伸缩功能的悬臂式吊艇架。图 7.27 所示为伸缩式吊艇架。

图 7.27　伸缩式吊艇架

⑤转臂式降落装置

图 7.28 所示为救助艇单臂回转式吊艇架,主要由吊臂、回转盘、蓄能器、液压回转装置、起升机构、手动泵、回转支撑、限位装置、遥控装置、滑轮及起重机构等组成。该艇架具有液压动力及电力动力系统,能够实现救助艇的升降,部分艇架还可作为起重机来使用。某船单臂回转式吊艇架如图 7.29 所示。

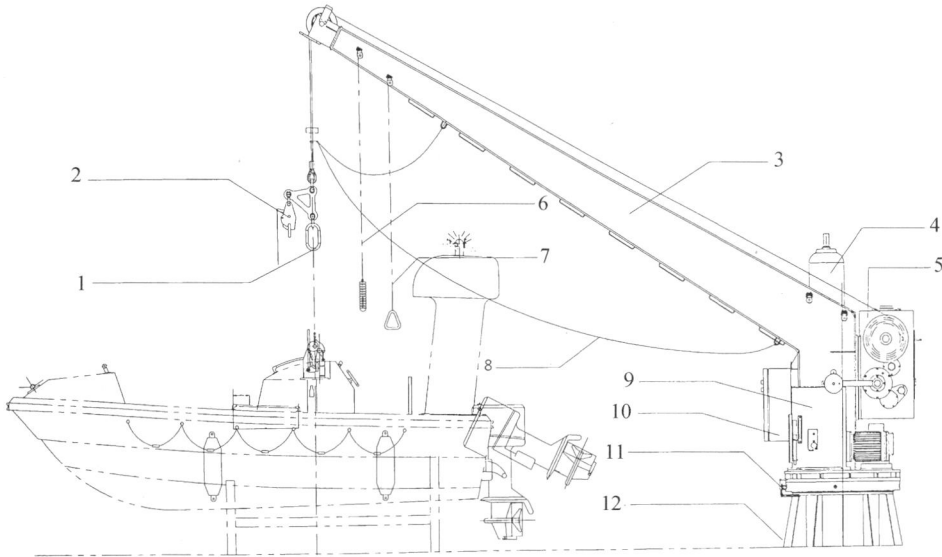

图 7.28　救助艇单臂回转式吊艇架

1—吊艇环;2—自动释放钩;3—吊臂;4—蓄能器;5—绞车;6—控制降放拉手;7—控制回转拉手;
8—牵引绳;9—泵室;10—控制箱;11—回转限位开关;12—基座

图 7.29　某船单臂回转式吊艇架

7.6.2　救生筏

救生筏按其结构形式可分为刚性救生筏和气胀式救生筏两类。目前,气胀式救生筏较为常用,通常简称为救生筏。

7.6.2.1　刚性救生筏

刚性救生筏也称传统式救生筏,由认可的自然浮力材料置于尽可能靠近救生筏的周围以提供浮力,其外覆盖阻燃材料作为保护;筏的顶部设有固定式刚性顶棚和出入口,筏的底部能够防止水进入,多为木质花格板,以支持乘员离开水面用于御寒。刚性救生筏平时固定存放在船舷边斜面滑架上或驾驶台甲板处,释放时打开滑架固定钩,便可由滑架自行滑落下水或是用吊筏架释放下水,在倾覆时能自行或由一个人扶正。

7.6.2.2　气胀式救生筏

气胀式救生筏由橡胶材料制成的上下浮胎提供浮力,以双层防水尼龙布制成顶棚,用气体充胀成圆形、椭圆形等形状(通常带有篷帐)。救生筏体叠起后和属具一起存放在玻璃钢存放筒内。气胀式救生筏设计先进、结构紧密、安全性好、移动方便、操作简单、成形迅速,故被广泛应用于海上各类民用和军用船舶。

气胀式救生筏的释放方式有两种,即抛投式和吊架降落式。抛投式气胀式救生筏在海面充气成形,在充气成形过程中救生筏可能呈倾覆状态,需要有人跳入海水中扶正后,才能供人员登乘使用;吊架降落式气胀式救生筏在入水前已充气完毕,主要用在客船上,解决了在寒冷海域和有风浪海面上登艇的麻烦,尤其对老弱妇孺特别方便。

抛投式气胀式救生筏如图 7.30 所示。吊架降落式气胀式救生筏如图 7.31 所示。

气胀式救生筏主要由筏体、篷柱、篷帐和筏底四部分组成。

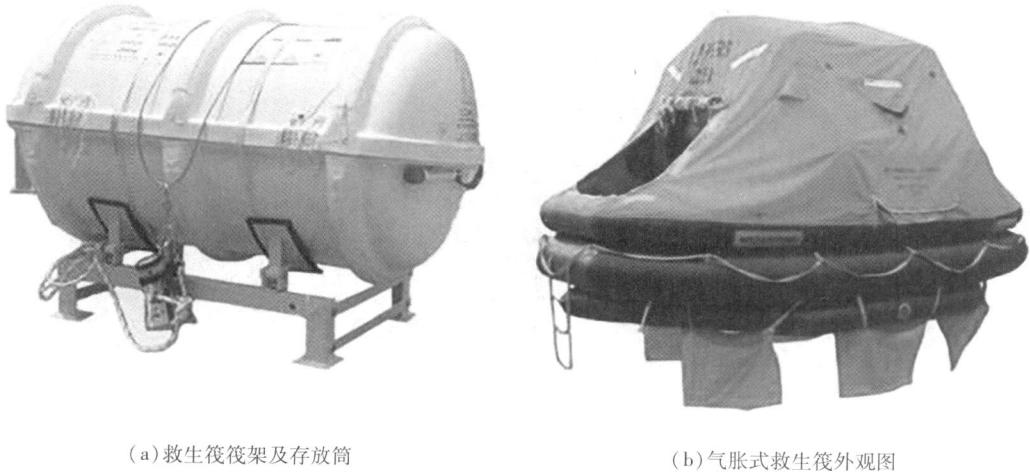

（a）救生筏筏架及存放筒

（b）气胀式救生筏外观图

图 7.30 抛投式气胀式救生筏

（a）

（b）

图 7.31 吊架降落式气胀式救生筏

7.6.3 海上撤离系统

海上撤离系统是一种高效的船舶逃生装置,可在极短时间内提供相当庞大的疏散容量,一般泛指由释放装置、撤离轨道和救生筏构成的综合性海上救生设备,主要装备于客船、海上工作平台、大型军用船舶等,在船舶发生紧急情况时能协助人员迅速撤离遇险船舶,如图 7.32 所示。

由于该装置疏散效率高,自从问世后就在全世界范围内得到了普及。它在 30 min 内能疏散超过 700 人。

该装置在操作时只需要部署 1~2 名工作人员。从自动落入水面到完全充气,整个过程大约需要 90 s,有些系统能在 60 s 内完成。一旦海面上的救生平台充气完成,乘客和船员就可以依次穿过气垫滑道,在救生平台上等待后续救援。

图 7.32　海上撤离系统

7.6.4　救助艇

救助艇是指为救助遇险人员及集结救生艇筏而设计的艇。

救助艇主要分为刚性救助艇、充气式救助艇、刚性充气混合式救助艇。刚性救助艇是由刚性材料构成的救助艇，如图 7.33 所示；充气式救助艇是指由橡胶材料形成 5 个或 2 个体积大致相等的独立浮力胎，并且配备舷外发动机的救助艇；刚性充气混合式救助艇是指艇体材料中既有刚性材料又有橡胶材料的救助艇。

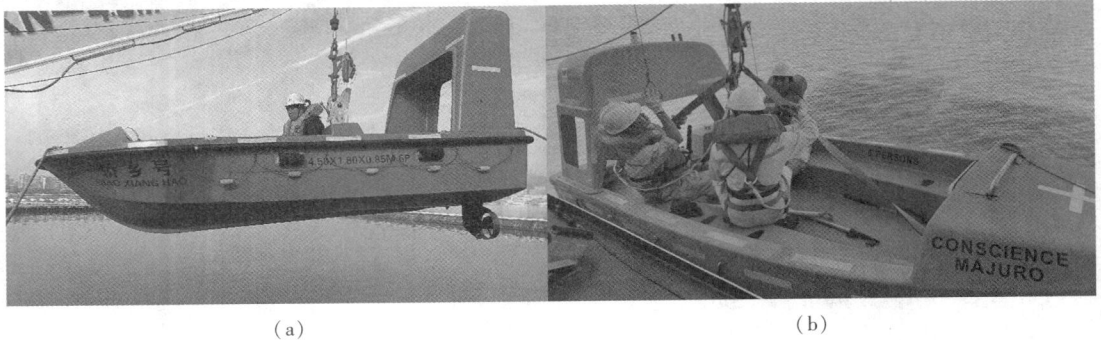

（a）　　　　　　　　　　　　　　　　　　　（b）

图 7.33　刚性救助艇

救助艇主要包括艇体、艇机、操舵装置控制系统、碰垫、带缆桩、手摇污水泵、吊艇钩等。艇体由内、外两层壳体制成，中间填充大量聚氨酯闭孔泡沫。聚氨酯闭孔泡沫能够为救助艇提供足够的浮力，保证救助艇的抗沉性。艇机多采用舷外内燃机。

7.6.5　其他救生设备

船用救生设备还包括浸水保温服、救生衣、救生圈等。

7.6.5.1　浸水保温服

浸水保温服又称保温救生服，SOLAS 公约规定必须给船员每人配置一件，通常会被放在船员房间内，如图 7.34 所示。浸水保温服的应用，弥补了救生衣不能保暖的缺陷，尤其是在寒冷的海域，穿戴浸水保温服后落水者的生存时间明显延长，增加了获救的机会。

图 7.34　浸水保温服

7.6.5.2　救生衣

救生衣是用帆布或尼龙布制成的,其浮力材料可以是木棉或闭孔软质泡沫塑料。救生衣分为背心式和带领背心式。救生衣提供一定的浮力,能使落水人员的身体呈安全漂浮状态,使身体后倾仰卧,把面部露出水面。另外还有儿童救生衣、气胀式救生衣(如图 7.35 所示)等特种救生衣。为便于海上搜索、寻找,救生设备均应涂成橙黄色,并贴有定向反光带,以便及早被发现。

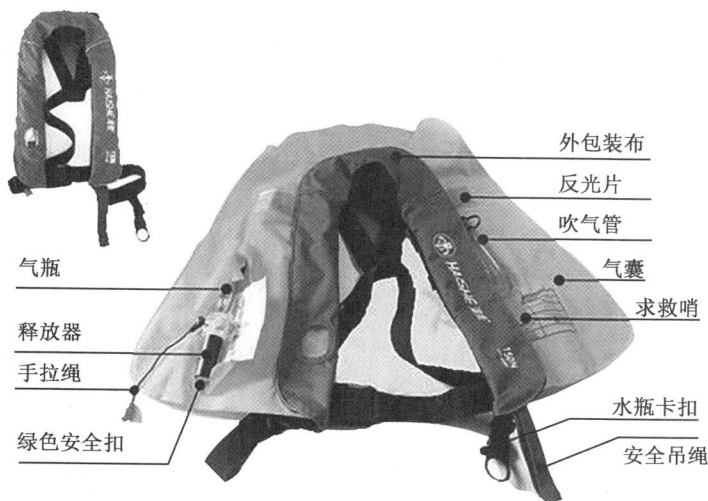

图 7.35　气胀式救生衣

7.6.5.3　救生圈

救生圈是环状浮圈,过去常用软木制作,现在多由发泡塑料制成。有的救生圈还配有救生索和救生浮环、自亮浮灯以及烟雾信号等。救生圈可以为落水人员提供浮力,还可以示位,以便于遇险船舶和人员被发现。

7.7 船舶管系

船舶管系是船上输送液体和气体所需的管子及其附件、阀件、机械和仪表的总称。通常，运输船舶上的船舶管系主要包括舱底水管系、压载水管系、消防管系、日用水管系、通风管系等。

7.7.1 舱底水管系

在船舶营运过程中，机械设备的泄水、管路渗漏的水、清洗舱室的水、舱口盖和货舱出入口渗入的雨水以及船舶舱内湿空气形成的冷凝水等，都会在货舱与机舱底部形成积水，俗称舱底水。一般情况下，机舱舱底水会较多。舱底水不仅会腐蚀船体，易造成货物受潮变质，严重时还会影响船舶的稳性和航行安全，所以要及时排出。因此，根据船舶营运的需要，使用船舶舱底水管系将船舶各舱内的舱底水及时排出舷外。此外，当发生海损事故时，船体因破损而大量进水，舱底水管系也可用来辅助排水，以便于采取有效的堵漏措施。

船舶舱底水管系主要由舱底水泵、吸口与舱底水管路、污水沟或污水井、泥箱和油水分离器及有关阀件组成。排除舱底水的方法是在各舱舱底设置污水沟或污水井，以便于集聚污水，在污水沟或污水井处装有吸口，并与舱底水管路相连接。当舱底水泵启动时，通过舱底水管系，利用油水分离器将油水分离，将无残油舱底水排至船外。

7.7.2 压载水管系

船舶航行时，由于燃料、淡水、食物等不断被消耗，船舶吃水深度逐渐减小，导致船体的受风面积增大，螺旋桨浸水深度减小，这种情况在空载航行时尤为明显。此外，货物在各舱装载不均匀时也会引起船舶的纵倾和横倾，可能会导致螺旋桨效率降低、主机功率消耗增加、船舶稳性和操纵性变差。压载水管系的用途就是调整船舶的吃水，适应各种装载情况，通过对压载舱进行压载水的注入或排出，使船舶保持适当的排水量、吃水、纵倾和横倾，从而保证良好的航行性能和稳性。

船舶压载水管系主要包括压载水泵、压载水管路、压载舱及有关阀件等。压载水管系可以根据船舶的具体情况，将压载水泵入或排出任何一个压载舱，也可以将各压载舱内的压载水进行前后、左右的调驳。

根据船舶的种类、用途和吨位的不同，压载水舱在船上的位置、大小和数量也不同。压载水舱可设置在双层底舱、深舱、首尾尖舱和边舱等。双层底舱、深舱主要用于改变船舶的吃水，首尾尖舱主要用于调整船舶纵倾，边舱主要调整船舶的横倾。在某些特种用途的工作船上，压载水还有其特殊的作用。例如，火车渡船的压载水起着装卸车厢时的平衡作用；打桩船上的压载水起着保证打桩方向正确的作用；破冰船上的压载水起着压碎冰的作用；潜水艇上的压载水起着使艇沉浮和保持各种状态的作用；浮船坞上的压载水起着使船舶能进出船坞和抬起船舶的作用;等等。

船舶在加装压载水时,水中的水生物和病原体会进入压载舱,航程结束便随压载水被排放到目的地海域。据统计,全球每年约有 50 亿吨压载水被搬运,导致异地海洋生物入侵,破坏海域生态,危害渔业资源。2004 年,国际海事组织(IMO)通过了《国际船舶压载水和沉积物控制与管理公约》,公约对船舶压载水的排放和控制提出了具体技术要求,以预防、减少并最终消除压载水排放对海洋环境和公众安全带来的危害。该公约是全球第一个应对船舶压载水携带外来物种入侵的国际公约,于 2017 年 9 月 8 日生效。2019 年 1 月 22 日,该公约正式对我国生效。按照公约的规定,所有远洋船舶在 2024 年 9 月 8 日之后都要安装压载水管理系统。

7.7.3 消防管系

船舶发生火灾是十分危险的,它会给全船的生命、财产带来巨大的损失,一旦发现火情,必须及时扑灭。船舶消防管系就是船上探火报警和灭火系统设备的总称,主要包括水灭火系统、压力水雾和细水雾灭火系统、气体灭火系统、泡沫灭火系统、干粉灭火系统、深油烹饪设备灭火系统、惰性气体系统,还包括探火系统和失火报警系统,以及手提式和推车式灭火器、可携机动消防泵、沙箱、防火毯、消防水桶和消防员装备等消防用品。

船舶消防管系的设置是根据船舶的用途和动力装置的种类决定的。A 类机器处所(装有主机、辅机、锅炉、惰性气体发生装置的地方和通道)或机器处所内具有高度着火危险的区域应设置水灭火系统和二氧化碳(CO_2)灭火系统、压力水雾和细水雾灭火系统或高倍泡沫灭火系统中的任意一种;散货船的装货处所应设置水灭火系统和 CO_2 灭火系统;油船的货油舱及其甲板区域应设置水灭火系统、甲板泡沫灭火系统和惰性气体系统,泵舱内可设置 CO_2 灭火系统或高倍泡沫灭火系统或压力水雾和细水雾灭火系统;液化气船的液货舱及其甲板区域应设置水灭火系统、压力水雾和细水雾灭火系统和干粉灭火系统,液化气压缩机室和液货泵舱应设置水灭火系统和 CO_2 灭火系统;化学品船的液货舱及其甲板区域应设置水灭火系统和甲板泡沫灭火系统,液货泵舱应设置水灭火系统和 CO_2 灭火系统;所有货船的上层建筑区域可仅设置水灭火系统。

7.7.3.1 水灭火系统

水灭火系统是所有船舶必须配备的一种灭火系统,也是最基本而有效的灭火系统之一。水灭火系统包括消防泵、消防水管、消火栓、消防水带和消防水枪。消防泵通过海水阀箱将船外海(江、河)水吸入,再通过消防水管、消火栓及消防水带上的消防水枪,将海(江、河)水喷射到船上任何失火部位,以达到灭火目的。水灭火系统还可用于甲板冲洗、锚链冲洗和喷射器供水等,有时也可用作顶边舱压载水的供水,因此兼作甲板冲洗用的消防总管均布置在主甲板上,而不应通过货舱。

7.7.3.2 压力水雾和细水雾灭火系统

压力水雾和细水雾灭火系统主要用来保护船舶机器处所和货泵舱,主要由水箱、柱塞泵组、选择阀、水泵控制柜、喷头、火灾探测器、火灾报警灭火控制器等组成,其示意图如图 7.36 所示。

当保护区发生火灾时,只有一个探头动作时,声光报警器响,发出报警信号;当同一保护区的两个探头同时动作时,泵单元水泵及对应的分区电动阀门动作,将水箱里的水通过喷头喷洒到失火区域。也可启动对应保护区的释放按钮盒（或是机舱门口的遥控启动面板）来启动水雾灭火系统，或是就地手动打开分区阀，然后通过手动启动泵单元控制箱上的泵启动按钮来启动压力水雾和细水雾灭火系统。

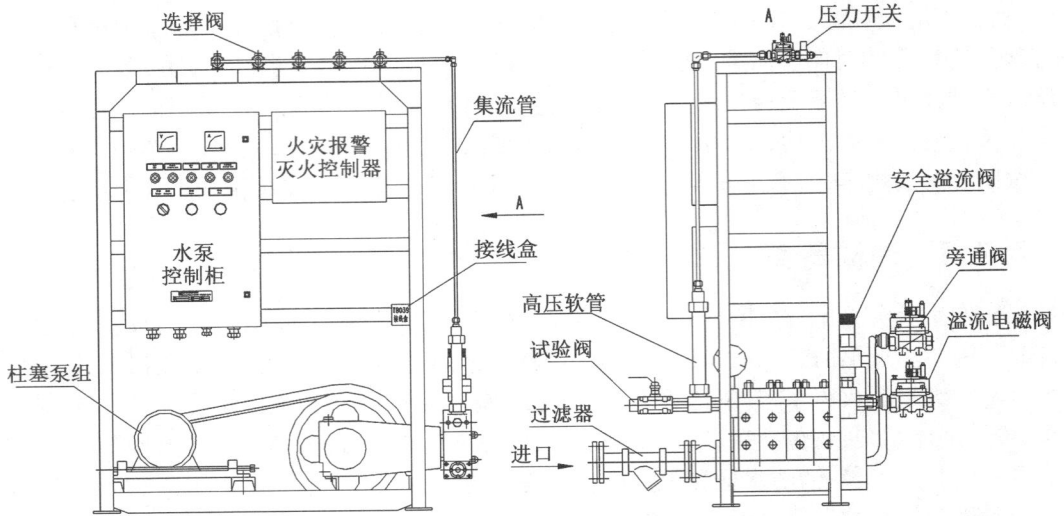

图 7.36　压力水雾和细水雾灭火系统示意图

7.7.3.3　CO_2 灭火系统

CO_2 比空气重、无臭、不导电，不腐蚀金属，不损伤机械和货物，对电气绝缘，没有破坏作用。CO_2 气体有较强的浸透性和扩散性，充满失火处所时，能驱逐空气、隔断氧气，从而达到灭火的目的。CO_2 灭火系统的主要优点是不仅能扑灭一般火灾，而且能扑灭油类和电气设备的火灾，CO_2 灭火系统虽然对设备无损害，但是会令人员窒息，因此在释放 CO_2 气体时，必须完全确认该处所没有人员存在。为此，对任何经常有人员在内工作或出入的处所，应设有释放 CO_2 灭火剂的自动声响报警装置，该报警装置在释放 CO_2 灭火剂之前应至少报警 20 s，以便工作人员迅速撤离。CO_2 灭火系统主要用于机舱、干货舱、燃油柜、货油舱、柴油机的扫气箱和消音器等处的灭火。CO_2 钢瓶组及遥控释放箱如图 7.37 所示。

（a）　　　　　　　　　　　　　　（b）

图 7.37　CO_2 钢瓶组及遥控释放箱

7.7.3.4　低压 CO_2 系统

低压 CO_2 系统是指 CO_2 灭火剂在$-20\sim-18$ ℃条件下贮存的灭火系统，工作压力为 1.8~

2.2 MPa。低压 CO_2 灭火系统主要由储罐、两套独立的制冷设备、安全阀、液位传感器及报警器、压力传感器及报警器、施放控制装置、总控阀、选择阀等组成,如图 7.38 所示。

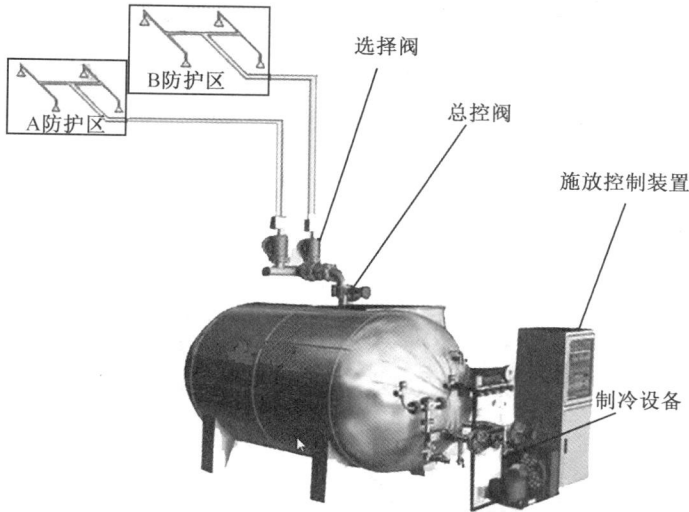

图 7.38　低压 CO_2 系统

7.7.3.5　七氟丙烷灭火系统

七氟丙烷(HFC-227ea)在常温下是一种无色、无味、不导电、可低压液化贮存的气体灭火剂,其特点是无二次污染,对臭氧层的耗损潜能值(ODP)为零,不击穿电子电气设备、热稳定性和化学稳定性良好、液相储存稳定。其灭火机理既有物理作用(冷却火焰温度),又有化学作用(中断链式反应),灭火速度快、灭火效能高。其灭火后无固相和液相残留物,对保护的物品无损害,灭火浓度低,喷射到防护区后能立即闪蒸成气态,可应用于全淹没气体系统。

因七氟丙烷释放压力小、无毒,灭火后对现场人员影响小,可以使用在有人员工作的场所,七氟丙烷洁净灭火气体是国际公认的对人体无害的灭火药剂,在国内外已经广泛应用。其系统组成包括:灭火剂储瓶、金属软管、液流单向阀、气流单向阀、启动瓶、安全阀、选择阀、灭火剂输送管道和喷嘴等,如图 7.39 所示。

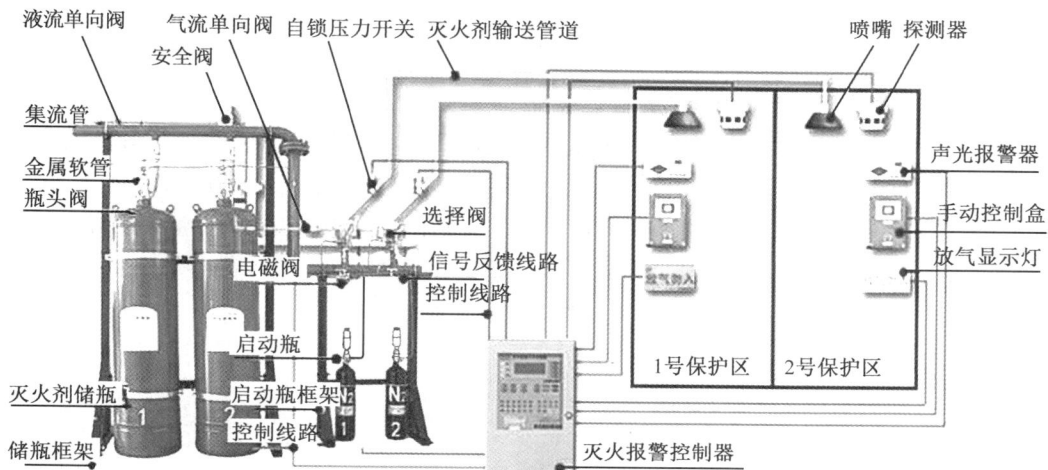

图 7.39　船用七氟丙烷灭火系统

7.7.3.6 高倍泡沫灭火系统

泡沫灭火的原理就是在燃烧物上覆盖一层一定厚度的二氧化碳泡沫,使燃烧物与空气中的氧隔离,从而扑灭火灾。一方面泡沫与泡沫之间存在的黏性力可以阻碍易燃液体穿过,当泡沫把液面全部覆盖以后,即形成空气隔绝层。另一方面由于泡沫导热性能低,可以阻止热量向热表面传导。泡沫液中所含水分能对着火物表面起到冷却作用,并抑制可燃、易燃液体的蒸发速度,从而起到灭火的作用。

高倍泡沫指发泡倍数为 201~1 000 的灭火泡沫,固定式高倍泡沫灭火系统主要用来保护船舶的机器处所、普通货物处所、货泵舱(载运液货的化学品船除外),以及车辆处所、特种处所和滚装处所。

高倍泡沫灭火系统主要的结构组成包括供水泵、泡沫储液装置、泡沫比例混合装置(如图7.40 所示)、泡沫发生器和管路等。

图 7.40 高倍泡沫灭火系统平衡式泡沫比例混合装置

7.7.3.7 甲板泡沫灭火系统

固定式甲板泡沫灭火系统通常采用低倍泡沫,用来保护液货船的液货舱和甲板,以及散装运输危险化学品船舶的货舱。甲板泡沫灭火系统的泡沫发泡倍数一般不超过 12∶1,泡沫浓缩液与海水通过比例混合器与海水按照 3%~6% 的比例混合,再通过管路形成混合液,混合液在压力的作用下从喷嘴喷出时与空气接触形成气泡。甲板泡沫灭火系统如图 7.41 所示。

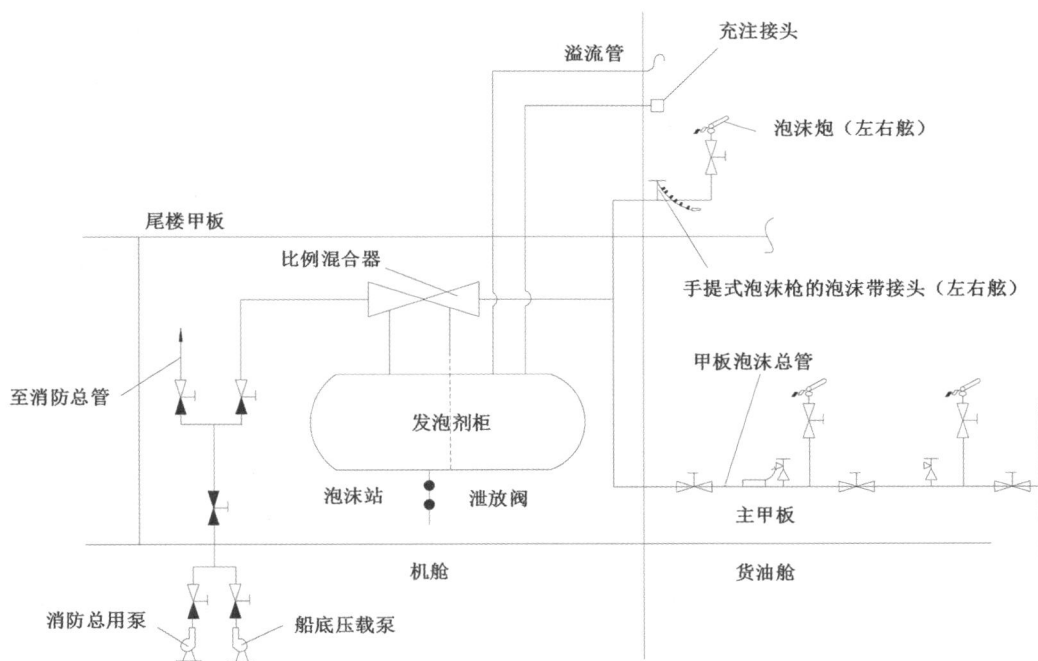

图 7.41　甲板泡沫灭火系统

7.7.3.8　干粉灭火系统

　　船用固定式干粉灭火系统适用于所有 LNG 船、LPG 船两种液化气船液化区域甲板,主要用来扑灭 LNG 船、LPG 船两种液化气船的液货舱的卸货区域管路发生的火灾。船用固定式干粉灭火系统主要由氮气钢瓶组系统、干粉罐系统、控制系统和喷放系统四个分支系统组成,如图 7.42 所示。

图 7.42　船用固定式干粉灭火系统

　　(1)氮气钢瓶组系统通常由一组带瓶头阀的氮气瓶、气体汇流管、单向阀、高压软管及打开钢瓶的操控部件组成。其中操控部件又可分为电控式、气动式、手动式这三种基本形式。

　　(2)干粉罐系统通常由干粉罐体、减压器、进气与出粉连接管路及阀门组成。

(3)控制系统的形式较为多变,仅电控式就可以分为直流电、交流电、防爆、非防爆等形式。

(4)喷放系统根据灭火需要由干粉炮、干粉卷盘(连接干粉枪)或干粉喷头组成。

7.7.3.9　深油烹饪设备灭火系统

深油烹饪设备主要指船用深油炸锅,指配有 1 个或 2 个深度在 230 mm 以上的炸缸,将食品浸在炸缸的炸油内烹制(也可用炸篮来装食品进行烹制)。深油的特点是当温度超过一定值时会自燃,一般类型的灭火器,如泡沫灭火器、CO_2 灭火器等因喷射强度太大,在用来灭深油烹饪设备火灾时会溅起燃烧的油,导致火情的蔓延和烧伤灭火人员。

对高温油锅引发的厨房火灾最有效的灭火方法是:发生火灾后,立即自动切断燃气供应,阻止进一步的燃烧,喷射合适的灭火剂实施灭火,并降低油表面的温度。灭火后自动切换成喷射冷却水雾,进行大面积的冷却,防止火的复燃。

由于厨房结构和火灾特点,采用独立设置自动喷水灭火系统、气体灭火系统或水灭火系统扑救厨房的火灾是不经济的,因此船舶多采用固定的局部灭火系统,灭火的介质多采用超细干粉或泡沫灭火剂。

一般厨房深油烹饪设备灭火系统可分为干式和湿式两大类。干式灭火系统主要充装超细粒干粉灭火剂。湿式灭火系统主要充装水灭火剂。

7.7.3.10　惰性气体系统

惰性气体系统是指通过向装有危险货物舱室内输送惰性气体,以降低舱内油气和氧气含量的比例,使其低于火灾爆炸下限,为货舱营造出一个不可燃环境的系统。《国际海上人命安全公约》(SOLAS 公约)第Ⅱ-2 章对油船货油舱内的气体置换提出了明确的要求,即对载重量为 20 000 t 及以上的载运闪点(闭杯试验)不超过 60 ℃的原油船或成品油船,以及所有使用原油洗舱的油船,均应设置惰性气体系统。

惰性气体系统由气源(经处理的主、辅锅炉的烟气或惰性气体发生器)、过滤器、洗涤器、冷却装置、送气及管道装置、压力浓度等测量仪表、报警装置等组成。

7.7.4　日用水管系

船舶日用水管系是为保证船员和旅客的日常生活需要而设置的系统,也称为生活用水系统。日用水系统可分为洗涤水系统、卫生水系统和饮用水系统。

(1)洗涤水系统主要供应浴室、洗衣室、洗物池和洗脸盆等处的冷热洗涤水。

(2)卫生水系统主要供应厕所、洗脸间和浴室等处的用水。

(3)饮用水系统主要供应炊事用水、饮用水和医疗用水等。

在人员不多或短途航行的小型船舶上,用水量不大,为减少设备和简化管理,饮用水和洗涤水一般都取自城市供应的自来水,因此由一个系统供应。大型客船用水量大,为了保证饮用水的供应,专门设置饮水系统。对于海船,特别是远洋船舶,由于海上航行持续时间很长,为了避免淡水因长时间贮存而变质,同时减少淡水的装载量,一般专门设置海水淡化装置制造淡水,以供日常使用。

7.7.5　通风管系

船舶通风管系用于对客舱、船员起居处所、货舱、机舱和厨房等舱室进行通风,补充新鲜空气,排出废气,使舱室内的空气维持一定的温度、湿度,改善船员和旅客的工作与居住条件,避免承运的货物变质或自燃,并且可使各种器材、机械、仪表正常工作。船舶通风管系主要由风机、风筒、风闸、通风栅、调风门、通风管等组成。

船上的通风方式分为自然通风、机械通风和空气调节系统(简称空调系统)三种形式。

7.7.5.1　自然通风

自然通风主要依靠船舶本身开孔,如门、窗、舱口、通风筒和通风斗等。自然通风结构和设备简单,造价低廉,维护费用低,但受风向、相对速度和室内外温度差等各种因素的影响,工作不稳定,故对要求较高的舱室使用机械通风。

7.7.5.2　机械通风

机械通风是利用风机和管道将新鲜空气鼓入舱内或抽出,以达到通风的目的。机械通风不受外界自然条件影响,通过人工调节通风量,并且能够对空气进行合理分配,将其输送到指定的场所,主要用于起居处所和货舱。为了避免在恶劣或者潮湿天气时,因通风的原因导致湿空气进入货舱而引起货物潮湿,甚至发霉变质造成货损,可在机械通风机上加置除湿机或除湿剂,从而使输入舱内的新鲜空气变得干燥。

7.7.5.3　空气调节系统

为了给船员创造良好的工作和休息条件,现代船舶一般都设有空气调节系统。空气调节系统把经过一定处理后的空气,以一定方式送入室内,使室内空气的温度、湿度、气流速度和空气清新程度控制在适当范围内,其核心装置是空调装置。空调系统的任务就是对从外界吸入的空气进行过滤、加热或冷却、加湿或去湿,再把经过加工处理后的空气送到各舱室。空调系统在冬季对空气进行加温、加湿;在夏季对空气进行冷却、去湿;在气温适宜时则进行通风、换气。

目前船舶上常用的空调装置按系统特点可分为以下几类:

(1)按空气处理设备分类

①中央集中式空调系统

所有的空气处理设备(包括风机、加湿器、加热器、冷却器、过滤器)都集中在一个空调机房中,然后利用通风管系将处理的空气送至各舱室,以达到调节舱内温度、湿度的目的。这种系统多见于货船。

②分组集中式空调系统

这种系统是在船上设置几个中央空调器,分别承担部分舱室空气调节责任。这种系统多见于客船。

③独立式空调系统

通过将空气处理器、输送设备、风机等设备安装在一个箱体中,可对某个舱室进行独立调节。这种系统仅对所设置的舱室起空气调节作用。

(2)按冷却器中冷却介质分类

①直接蒸发式系统

冷却器中的制冷剂蒸发带走空气里的热量,从而使空气的温度降低。这种系统使空调的负荷相对较小,常应用于空调室较为集中的客、货船上。

②间接冷却式系统

水经过制冷剂在中间冷却器反应后成为冷却水,然后冷却水再冷却空气,以此达到降低空气温度目的。这种系统常用于空调面积大而舱室分散的大型客船上。

课后题

1. 船用舵的形式有哪几种？
2. 简述船舶锚泊设备和系泊设备的组成及用途。
3. 按照开关方式，船舶常见的舱口盖主要有哪几种类型？
4. 运输船上的船舶管系一般有哪些？

第 *8* 章
船舶电气、通信与导航

船舶是由许多部分构成的,按各部分的作用和用途,可综合归纳为船体、船舶动力装置、船舶电气等三大部分。

船舶电气系统是指由一个或几个在统一监控下运行的船舶电源及与之相连接的船舶电网组成,并向负载供电的整体。或者说,船舶电气系统是指由船舶电源装置、配电装置、电力网和电气负载组成,并按照一定方式连接的整体,是船上电能产生、传输、分配和消耗等全部装置和网络的总称。

未来船舶电气系统将向着高智能化、高性能化和高可靠性的方向发展,可以实现对船舶各种设备的实时监测和控制。同时,基于船舶能源管理的要求,船舶电气系统也会朝着更节能、更环保的方向发展。

8.1 船舶电站与照明

8.1.1 船舶电站的组成和种类

船舶电站是产生连续供应全船电能的设备,是船舶电气系统的核心部分。船舶电站由原动机、发电机(组合成发电机组)及配电板组成。发电机组是把化学能转化为电能的装置,通过配电板来进行控制。带动发电机运转的原动机可以采用柴油机、汽轮机或燃气轮机,相应的发电机组称为柴油发电机组、汽轮发电机组、燃气轮机发电机组。柴油发电机组工作效率高、油耗低、启动快、操纵方便、维护简单,是船上使用最多、最普遍的发电机组。

通常,船舶电站有以下几种:

(1)主电站

主电站是指正常情况下向全船设备设施供电的电站。

(2)应急电站

应急电站是指在应急情况下,向保证船舶、旅客和船员安全所必需的用电设备供电的电站。

(3)小应急电站

小应急电站是当主电站失去供电能力,应急电站尚未投入工作或主电站和应急电站都失去供电能力时,对重要处所的应急照明、航行灯、通信和助航设备供电的电站。小应急电站还担负着启动应急发电机组的任务。

从布置上来看,船舶主电站一般都设置在机舱中,便于操作、巡视和检查。应急电站一般布置在艇甲板上、机舱以外的独立舱室内,不受机舱进水或火灾等影响,进行应急供配电。

船舶电站所需要的总功率是通过船舶在各种运行工况下的电力负荷计算来确定的。根据计算所得的总功率再考虑其他因素,如电网损耗、同时利用系数等,才能确定发电机组的容量和应配置的发电机台数。

8.1.2　配电板和供电网络

船舶电站在运行时,必须控制和监视发电机的工作状态,此外发电机的电能必须妥善地分配给全船的用电设备,为此在船舶主电站和应急电站设有主配电板和应急配电板。

主配电板和应急配电板是指由各种控制、保护、调整、测量、配电和信号设备组成的一套综合电气设备,可以用来完成下列任务:

(1)对发电机和电网的电压、电流、绝缘、频率等参数进行必要的测量和调整;

(2)接收发电机送来的电能,通过配电开关给电网供电;

(3)对发电机的运行状态,如发电、供电、并车等实行电气控制;

(4)当发电机或电网发生过载、短路等故障时,自动切断供电线路,以保护发电机免受故障损坏。

船舶主配电板是船舶电力系统的中枢,担负着对主发电机和用电设备的控制、保护、监测和配电等多种任务。它由多个金属结构的落地式箱柜组装而成,每一个箱柜称为一个屏,每个屏上装有各种必需的配电电器和测量仪表。主配电板通常由发电机控制屏、并车屏、负载屏和连接母线四部分组成,其外观如图8.1所示。

应急配电板控制和监视应急发电机组的工作状况,并向应急用电设备供电。它与应急发电机组通常安装在同一个舱室内,一般位于艇甲板。应急配电板通常只有发电机控制屏和负载屏。某船应急发电机和应急配电板外观如图8.2所示。

船舶电力网是全船电缆和电线的总称。其作用是将各种电源与各种负载按一定的关系连接起来。

船舶电力网按照其所连接负载的性质,可分为动力电网、照明电网、应急电网和小应急电网等。船舶电力网的主要参数包括电流种类(电制)、电压和频率。

图 8.1 某船主配电板外观图

（a）　　　　　　　　　　　　　（b）

图 8.2 某船应急发电机和应急配电板外观图

目前,大中型船舶基本采用交流电力系统,特殊工程船和一些小型船舶采用直流电力系统或者交直流混合电力系统。在额定电压方面,中国船级社《钢质海船入级规范》规定:非电力推进船舶的限制电压为 500 V;动力负载、具有固定敷设电缆的电热装置等的额定电压为 380 V;照明、生活居室的电热器的限制电压为 250 V,额定电压为 220 V。一般额定功率都沿用各国陆地上的频率,我国船舶电站交流电的额定频率是 50 Hz,而国外多采用 60 Hz。

8.1.3 船舶照明的分类

船舶照明关系到船舶航行的安全,也对船员的日常生活和营运管理产生直接的影响。船舶照明系统按照供电方式分为主照明系统、应急照明系统、临时应急照明系统,以及航行灯、信号灯等。照明系统的设计,应依据船舶入级规范有关照明及航行信号的要求,以及《国际海上人命安全公约》(SOLAS 公约)和《国际海上避碰规则》等有关条款进行。

（1）主照明系统

主照明系统分布在船舶内外各个生活和工作场所,为各舱室和工作场所提供足够的照度。照度代表光照强度,是指单位面积所接收可见光的能量,用于指示光照的强弱和物体表面被照亮的程度。该系统的特点是：主配电板上照明汇流排直接向各照明分电箱供电，然后由照明分电箱向邻近舱室或区域的照明灯具供电；照明电压一般为 110 V 或 220 V；不同舱室和处所均有不同的照度要求；所有照明灯具均设有控制开关。主照明系统由船舶主发电机供电，凡船舶生活和工作所及之处均应被照亮。

（2）应急照明系统

应急照明系统主要分布于机舱内重要处所、船员和旅客舱室、艇甲板及人员通道。它在主配电板失电、主照明系统故障情况下使用，为船舶提供应急照明，保证船舶在失电甚至在危急状态下的照明需求得到满足。应急照明系统的特点是：应急发电机通过应急配电板及专用线路供电。对于客船，应急电源的供电时间应大于 36 h；对于货船，应急电源供电时间一般应大于 18 h。应急照明系统的灯点较少，无照度要求。

（3）临时应急照明系统

在主照明和应急照明系统发生故障时，临时应急照明系统应能发挥作用。临时应急照明系统主要分布在驾驶室、船舶重要通道、扶梯口和机舱内重要处所，通常由蓄电池组供电，要求能连续供电 30 min 以上。

（4）航行灯

航行灯是保证船舶夜间航行安全的重要灯光信号，在任何情况下，都必须保证它的明亮，以表明船舶的位置、状态、类型、有无拖船等，从而防止周围或过往船舶误会，造成海损事故的发生。航行灯由前桅灯、主桅灯、尾灯、左舷灯、右舷灯、前锚灯和后锚灯组成，用于船舶夜间或能见度不良时的航行，以及指示船舶的状态和相应位置。每套灯具都为两盏，其中一盏备用。在驾驶台设置有专用的航行灯控制箱或控制板，由主配电板和应急配电板两路供电。桅灯、舷灯和尾灯的水平照射弧度示意图如图 8.3 所示。

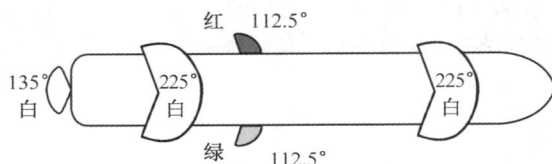

图 8.3　桅灯、舷灯和尾灯的水平照射弧度示意图

（5）信号灯

信号灯是船舶在各种特殊情况下的灯光标志，更是夜间航行不可缺少的通信联络的工具之一，如图 8.4 所示。信号灯的控制箱一般设在驾驶台上，并要求双路供电。为了适应某些国家的港口和狭窄航道的特殊要求，船舶信号灯的设置比较复杂。这些信号灯通常安装在驾驶台顶上专设的信号桅或雷达桅上，按照规定由红、绿、白等颜色的环照灯（8~12 盏）分成两行或三行安装。信号灯就像一种语言，在海上航行的船舶就是靠各种信号灯的变化进行交流和沟通，以保证船舶正常安全地通行。

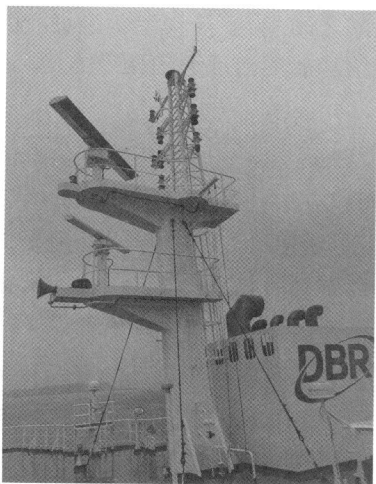

图 8.4　船舶信号灯

8.1.4　船舶常用灯具类型

船舶常用灯具应具有一定的机械防护性能,确保工作可靠。根据使用场合的不同,船舶常用灯具的结构可分为以下四种类型。

(1)防爆型:密封性能最好,用于可能集聚易燃易爆气体和其他有关危险区域的舱室,如油漆储藏室、蓄电池室、分油机室等。

(2)防护型:用于较干燥的生活区舱室和不可能有油水进入的舱室,如船员房间、休息室、会议室、内走廊、餐厅等,防护等级为 IP2X。

(3)防潮型:用于外走廊等有水飞溅的场所,防护等级为 IP3X~IP4X。

(4)防水型:比防潮型的水密性能更好,用于高湿度和可能受到水冲击的场所,如机炉舱、厨房、浴室、管弄、露天甲板等,防护等级为 IP5X~IP6X。

船舶照明光源可分为两大类:一类为热辐射光源,常为白炽灯和卤钨灯;另一类为气体放电光源,如荧光灯、高压钠灯和高压汞灯等。白炽灯结构简单、使用灵活、价格低廉,可瞬时点亮,船舶航行灯、信号灯、应急照明灯都采用白炽灯,因为它不会因为电压低而熄灭。对于一些对光效要求高、不频繁开关的场合,应采用气体放电光源,如高压汞灯、汞氙灯,用于主甲板和货舱的照明。

8.2　船舶通信

船舶通信是指以船舶作为载体平台,以水上航行为应用环境,以达成船舶使命任务为目的,综合采用视觉信号、声响信号及无线电等通信手段构建的通信系统的总称。船舶通信不但是船舶安全航行和正常营运的需要,更是海上人命安全必不可少的基本保证。

船舶通信包括船舶内部、船舶之间、船舶与救生艇筏、船舶与岸基以及船舶与飞机之间的通信,简单地可分为船舶外部通信和船舶内部通信两个方面。

8.2.1　船舶外部通信

船舶在海上所使用的外部通信方法一般有:灯光通信、旗号通信、手旗或手臂通信、声响信号通信、无线电通信、国际移动卫星通信、卫星手机通信、电子邮件通信、网际网络通信等。从通信距离上来看,近距离的船舶通信通常使用旗帜、灯光等视觉与声响信号,远距离的船舶通信则使用无线电通信。

8.2.1.1　视觉信号通信

视觉信号通信是在视觉范围内,用肉眼(或借助望远镜)接收信号的一种通信方式。视觉信号通信主要包括灯光通信、旗号通信、手旗或手臂通信、烟火通信、形体通信和音响通信等。

（1）灯光通信

灯光通信是利用闪光灯通信器材以各种不同长短闪光表示字母、数字等符号,通过发送明语或码语来传达船体信息的通信。莫尔斯符号是常用的灯光通信,发信人手工操作闪光灯发送,收信人凭视觉接受。《国际海上避碰规则》规定了不同种类的船舶在各种动态时必须显示的号灯和号型,它是驾驶人员识别和确定来船种类、动态及其与本船相对位置的依据,有利于驾驶人员采取正确的避让措施。

（2）旗号通信

旗号通信是利用一面或者数面信号旗组成不同的信号码,在能见度良好的白天,在视觉范围内传递信息。每面信号旗的旗号皆有其代表含义,涵盖了海上航行的各种情况。只要出示相应状况的代表旗号,信号接收者即可掌握该船舶的动态。此通信方式可跨越语言隔阂,且清楚传达用意,故成为国际统一的信号语言,也称为旗语。国际共同的通信旗帜共有40面,包含文字旗26面、数字旗10面、代表旗3面、回答/简码旗1面,如图8.5所示。

A:我下面有潜水员,请慢速远离我!

B:我正在装卸危险货物!

C:是(表示许可)!

D:我操纵困难,请避开我!

E:我正向右转!

F:我的机器失灵,请和我通信!

G:我需要引航员!

H:我船有引航员!

I:我正向左转!

J:我船失火,并且船上有危险货物。请远离我!

K:我希望与你通信!

L:你应立即停船!

M:我船已停,并已没有对水速度!

N:不(表示否定)!

O:有人落水!

P:在港内挂"P",表示我船即将开航出海,所有船员应返船("P"字旗必须挂在前桅顶上)。在海上由渔船使用时,表示"我的网缠在障碍物上"!

Q:我船没有染疫,请免予检疫!

R:我船已停止前进,你要小心经过我船!

S:我用全速后退!

T:不要从我船头经过!

U:你正在危险区中!

V:我需要援助!

W:我需要医药援助!

X:终止你的意图,并注意我发送的信号!

Y:我正在走锚!

Z:我需要一艘拖船!

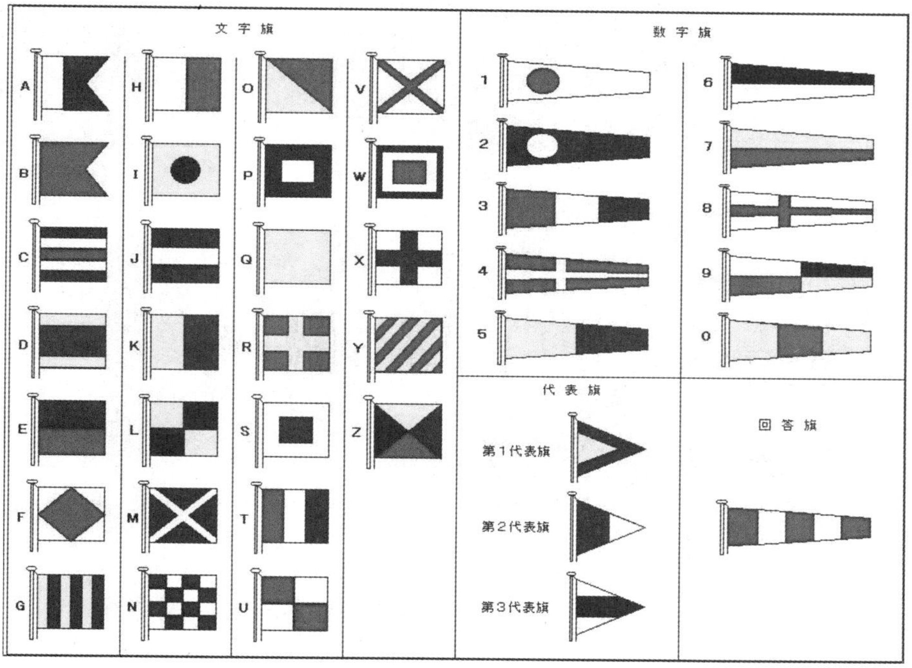

图 8.5　国际旗号通信

(3)手旗或手臂通信

手旗或手臂通信是指由发信人手持双旗或仅用双臂变换不同的位置来发出点、划,组成莫尔斯符号进行通信。常见的手旗旗面是用红色和黄色斜角相对拼接而成的字母"O",因为这两种颜色的搭配在白天异常醒目,特别适合进行通信。

手旗或手臂通信在现代商船航海通信中已极少使用,在军用船舶通信中也已成为一种辅助通信手段。

8.2.1.2　声响信号通信

声响信号通信是使用声响信号设备(号笛、号钟、号锣、强力扬声器等)发送莫尔斯信号、传递表达信息的方法,也是船舶的一种通信方式,如图 8.6 所示。根据《国际海上避碰规则》,

声号有长声、短声之分,长声是指历时 4~6 s 的笛声,短声是指历时约 1 s 的笛声。

船长 $L \geqslant 100$ m 的船舶,须配备一个号笛、一个号钟和一个号锣;

100 m$>L \geqslant 20$ m 的船舶,须配备一个号笛、一个号钟;

20 m$>L \geqslant 12$ m 的船舶,须配备一个号笛;

$L<12$ m 的船舶,不要求配备上述声响器具,但至少应配备能发出有效声响的其他设备,如雾角或手摇铃等。

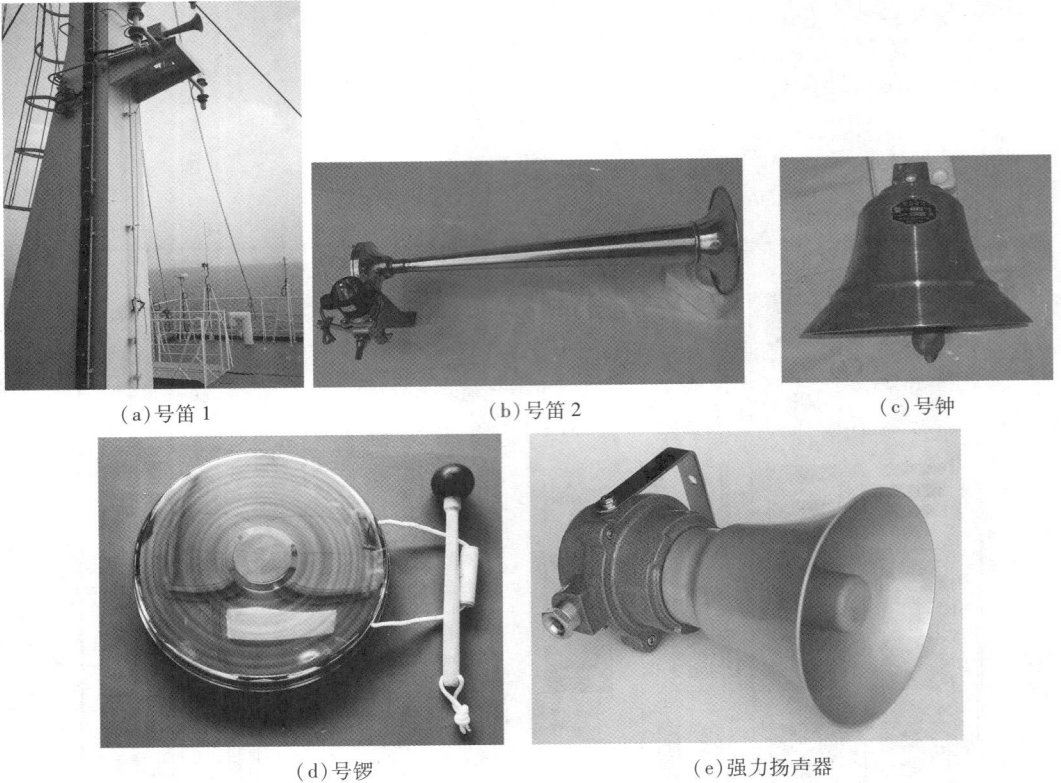

(a) 号笛 1   (b) 号笛 2   (c) 号钟

(d) 号锣   (e) 强力扬声器

图 8.6　船用声响信号设备

《国际海上避碰规则》中规定的几种常用号笛发出声号的含义如下:

一短声表示"我船正在向右转向";

两短声表示"我船正在向左转向";

三短声表示"我船正在向后推进";

两长声继以一短声(—— ·)表示"我船企图从你船右舷追越";

两长声继以两短声(—— ··)表示"我船企图从你船左舷追越";

一长声、一短声、一长声、一短声(— · — ·)表示"我船同意你船追越";

五短声(· · · · ·)表示"我船无法了解你船的意图或行动"或"我船对你船的追越行为能否在安全的距离上驶过有所怀疑"。

另外,船舶遇险常用的求救信号"SOS"对应莫尔斯码· · · — — — · · ·,即三短三长三短,可用声响信号设备发出,表示"遇险并需要救助"。

8.2.1.3　无线电通信

使用视觉与声响信号只能用于近距离的船舶通信,船舶远距离的通信则主要使用无线电通信。

船舶无线电通信是船舶与船舶、船舶与岸基、船舶与飞机之间主要的通信方式,在国际电信联盟的《无线电规则》中称为"水上移动业务""卫星水上移动业务",主要任务是保障船舶航行安全和海上人命安全,保证各项航海业务顺利进行,保持船岸之间的日常联系。

1988 年,国际海事组织通过了《1974 年国际海上人命安全公约》(SOLAS 公约)修正案,即 1974 年 SOLAS 公约 1988 年修正案,该修正案将全球海上遇险与安全系统(Global Maritime Distress and Safety System,GMDSS)引入公约,并在 SOLAS 公约中规定 GMDSS 的自然生效日期为 1992 年 2 月 1 日,于 1999 年 2 月 1 日开始强制执行。

GMDSS 是一套用于全球海上遇险、紧急、安全通信和常规通信的综合通信系统。GMDSS 是一个技术先进、自动化程度和可靠性高的综合通信系统,能确保各项功能的全面实施,并且随着通信、计算机、网络技术的进步和海上通信的客观需要,将会不断发展和改进。

船舶遇险可以利用 GMDSS 采用多种手段迅速、有效地发出报警信息,岸上搜救机构或遇险船附近船舶能够及时获得报警信息,从而以最快的速度、最有效的方式进行搜寻救助。此外,GMDSS 还为在航船舶自动提供海上安全信息,以保证船舶航行的安全,同时还充分利用现代通信手段,以更好地满足船舶常规通信的需要,如语音、邮件、视频及多种形式的数据通信,有效提高常规通信效率。

根据功能和作用的不同,GMDSS 的组成部分包括:卫星通信系统(如国际海事卫星、铱星卫星、北斗卫星)、地面通信系统、海上安全信息播发系统、寻位定位系统。

(1)卫星通信系统

卫星通信系统是由通信卫星、岸站和船站三大部分组成,如图 8.7 所示。

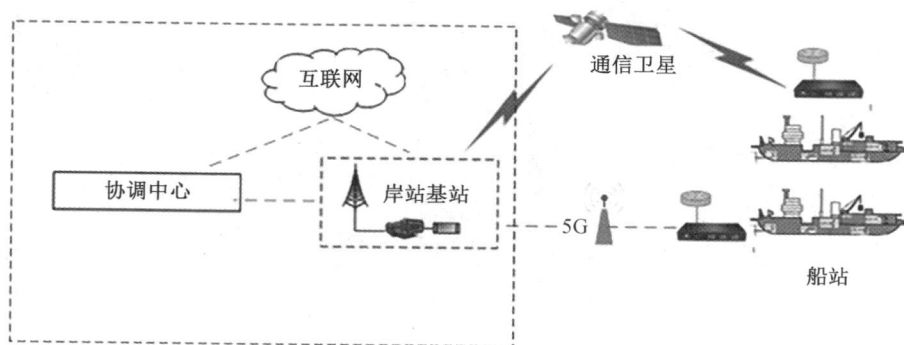

图 8.7　卫星通信系统组成

(2)地面通信系统

地面通信系统是指使用 MF、HF、VHF 收发通信设备及其终端进行遇险报警、搜救协调通信、搜救现场通信及日常公众通信的系统。该系统是目前海上通信的主要构成部分。

根据航行的海区,船舶可以选用不同的地面通信系统设备来进行不同通信距离的船岸间和船舶间通信。

地面通信系统主要工作在 MF、HF 和 VHF 频段,用于近、中、远距离的遇险、紧急、安全和

139

常规通信,由船舶电台、海岸电台和与岸台连接的国际、国内陆地公众通信网或专用通信网组成。海岸电台相当于船舶电台与陆地通信网用户的接口,起到有线通信与无线通信转接的作用。MF、HF 收发通信设备实例如图 8.8 所示。

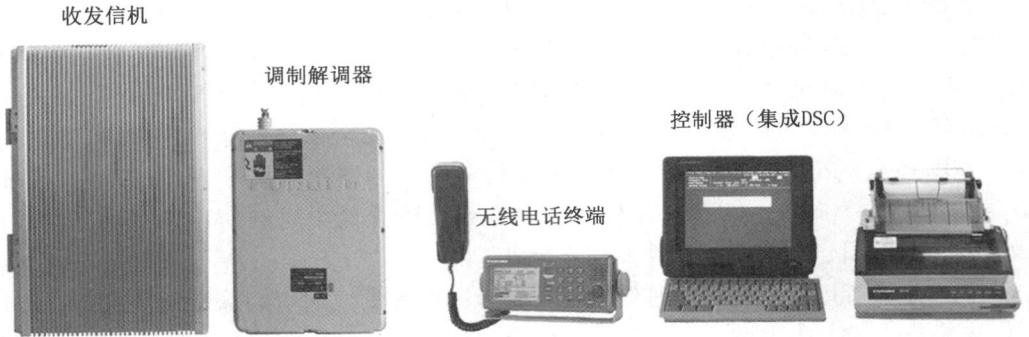

图 8.8　MF、HF 收发通信设备实例

在水上移动业务无线电通信中,甚高频(Very High Frequency,VHF)通信是一个重要的组成部分。船用 VHF 通信设备的通信距离为 30~50 n mile,工作频率为 156~174 MHz,主要用于近距离通信,是 GMDSS 船舶的基本配备之一。该设备既是现场通信的主要手段,也是驾驶台与驾驶台通信的唯一手段。VHF 通信主要用于港口业务、水上移动业务的公众通信、船舶动态业务和船舶间通信。固定式 VHF 设备和双向 VHF 无线电话如图 8.9 所示。

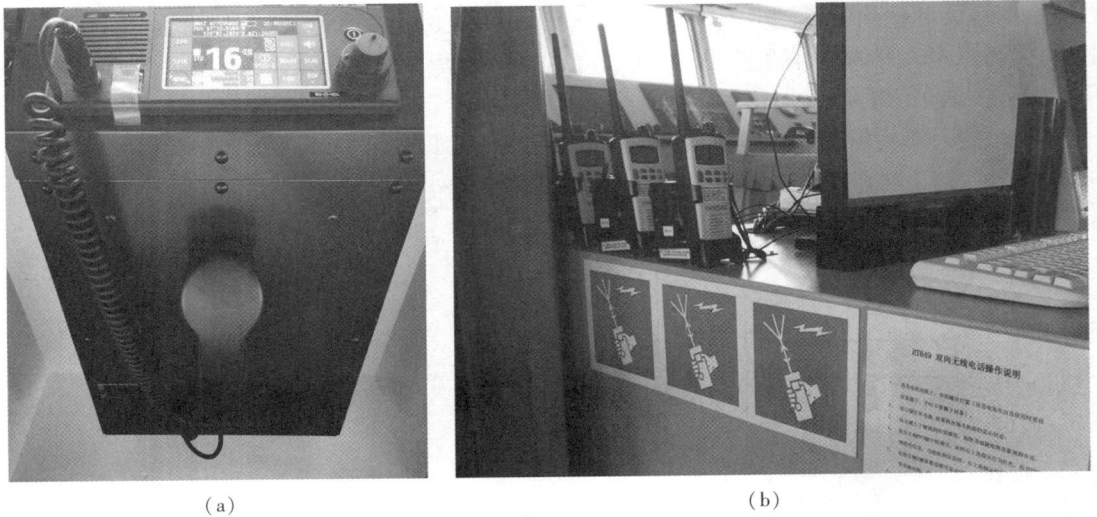

（a）　　　　　　　　　　　（b）

图 8.9　固定式 VHF 设备和双向 VHF 无线电话

8.2.2　船舶内部通信

船舶内部通信系统是一种用于船舶内部通信的设备和网络,旨在实现船员之间、船员与船舶设备之间有效通信,主要使用的设备有船用电话、有线甚高频、无线甚高频等。有线广播、报警系统可用于单向传递应急信息。

早期的船舶内部通信系统主要采用模拟通信技术,随着数字通信技术的发展,现代船舶内部通信系统已逐步实现数字化、网络化和智能化。

8.2.2.1　船舶内部通信有线系统

电话通信系统:船舶内部电话通信系统通常采用模拟或数字电话交换机,实现船内各部门之间的语音通信。

内部广播系统:用于发布重要信息、指令和紧急通知,通常包括公共广播、区域广播和紧急广播等,如图 8.10 所示。

有线对讲系统:一种半双工通信方式,适用于需要频繁、简短通信的场合,如驾驶台与机舱之间的通信。

船用警报信号装置:包括紧急动员警钟和应急状态下的各种铃组系统,测烟、测温式报警装置,主、辅机工况的自动监视报警系统等。

8.2.2.2　船舶内部通信无线系统

无线对讲系统:通过卫星实现船与陆地或与其他船舶之间的语音和数据通信,具有全球覆盖、通信质量稳定等优点。

移动通信系统:利用移动通信网络(如 GSM、CDMA 等)实现船内无线通信,适用于近海船舶或沿岸航行的船舶。

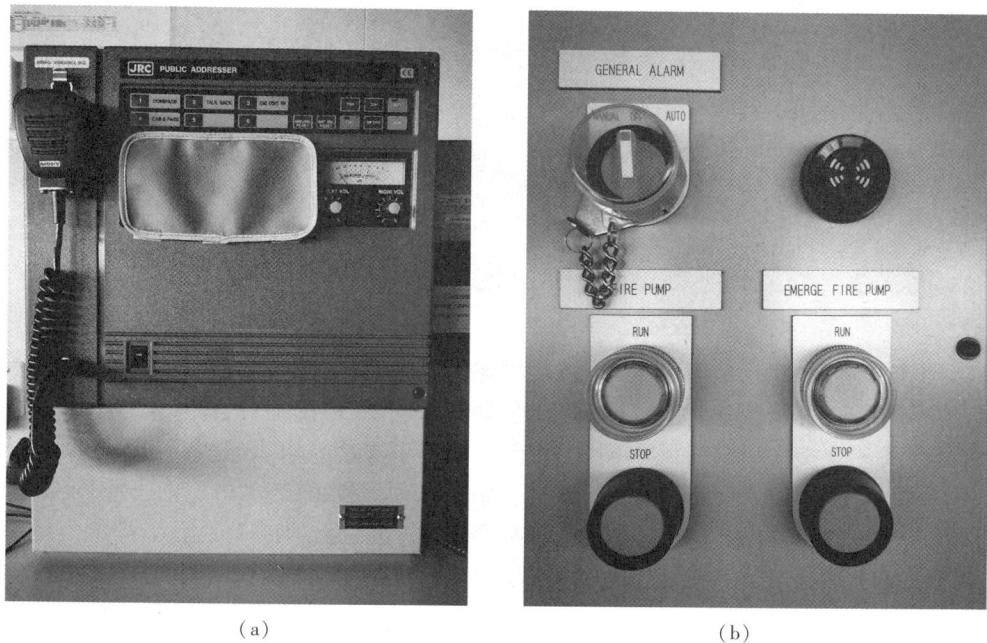

　　　　　　(a)　　　　　　　　　　　　　　　(b)

图 8.10　内部广播系统和通用报警装置

8.2.2.3　船舶内部通信局域网系统

船舶内部各部门之间通过局域网实现数据共享、文件传输和打印等功能。船舶内部通信局域网系统通常采用以太网技术,该技术具有高速、稳定等优点。

随着数字技术和人工智能的快速发展,未来船舶内部通信会采用更先进的数字化和网络化技术,提高通信系统的传输效率、稳定性和可靠性;引入人工智能、机器学习等技术,实现通信系统的智能化和自动化,提高通信效率和用户体验;支持语音、文本、图像、视频等多种通信方式,满足用户多样化的通信需求。

8.3 船舶导航设备

在早期航海中,人类使用磁罗经、航海六分仪和天文钟三件古老的航海仪器来辨明方向、推测船位,开展各类航海活动,推动了世界地理知识的不断拓展与更新,促进了不同区域文明的交流与融合,振兴了商品交换及全球贸易。航海六分仪和天文钟分别如图 8.11 和图 8.12 所示。

图 8.11　航海六分仪

图 8.12　天文钟

海洋捕捞和养殖、海上旅客与货物运输、海洋科学考察、海底石油和矿藏等资源开发、海上体育运动等的快速发展,船舶类型的多样化、数量的增加、吨位的提升,海上交通日益拥挤和繁忙,对航海设备的快捷性、精确性、小型化、智能化提出了更高要求,于是相继出现了雷达、卫星导航定位系统、陀螺罗经、回声测深仪、计程仪、船舶自动识别系统(AIS)、电子海图系统、航行数据记录仪(VDR)等。借助电子计算机数据处理技术,可以将船舶上具有不同特点的单个导航设备(系统)有机地结合在一起,通过对各导航信息进行综合处理,以达到提高系统定位精度、可靠性、灵活性、自动化程度的目的,并可进行各种航海数据计算。

8.3.1　罗经

罗经是提供方向基准的仪器。船舶用其确定航向和观测物标方位。罗经一般分为两类:一类是标准罗经,也称磁罗经;另一类是陀螺罗经,也称电罗经。前者简单、可靠,后者使用方便、准确。

8.3.1.1　磁罗经

磁罗经是一种传统的航海指向仪器,其工作原理是利用地磁场与磁针等敏感元件相互吸引和作用,而使罗盘的磁针始终指向地球的磁北极,如图 8.13 所示。

图 8.13 磁罗经

人们将磁针和方位盘结合在一起,发明了水罗盘,明朝郑和依靠水罗盘完成了七下西洋的伟大壮举。随着水罗盘的不断发展,出现了更加精确可靠的磁罗经。

磁罗经具有整体结构简单、工作性能可靠、除了地磁场外可不依赖其他任何外界条件独立工作的特点,至今仍是船上必备的航海仪器之一。

船上使用的磁罗经通常由罗经柜、罗盆和方位仪三部分组成。

(1)罗经柜通常由铜、木、铝等非磁性材料制成,主要用来支承罗盆和安放消除自差的校正器。

(2)罗盆由罗盆本体和罗盘两部分组成,罗盆由铜制成,其顶部为玻璃盖,边缘有水密橡皮圈,并用一铜环压紧以保持水密。罗盆重心均较低,以保证罗盆在船体摇摆时,仍能保持水平。罗盆内的刻度盘由云母等轻型非磁性材料制成,上面刻有 0°~360°的刻度。

(3)方位仪是一种配合罗经用来观测物标方位的仪器,通常有方位圈、方位镜、方位针等几种类型。它由铜制作,有两套观测方位的装置。

由于地球的北磁极和南磁极与地理的北极和南极不重合,所以磁罗经所指示的方位是磁力线的南北方位,它与地理南北方位的水平夹角称为地磁差。不同地理位置上地磁差的大小也不同。此外,由于现代船舶大都是使用钢铁材料制造的,会让磁罗经产生自差,在地磁差和自差的双重影响下,磁罗经会产生一定的误差。因此,磁罗经存在精度不高、易受周围磁性物体影响的缺点。

8.3.1.2 陀螺罗经

陀螺罗经是利用陀螺仪的特性,在地球自转运动的影响下,借助力矩器在陀螺仪主轴上施加控制力矩和阻尼力矩,从而使陀螺仪主轴自动地找北,并精确地跟踪地理子午面的指向仪器。它可用来指示船舶的航向和测定物标的方位,还可作为自动舵、雷达、电子海图系统、自动识别系统和航行数据记录仪等船用设备的航向传感器。

与磁罗经相比,陀螺罗经的优点是不受外界磁场影响、精度高、稳定性好。其缺点是结构复杂精密、制造成本高、必须通电,一旦断电或控制系统出现问题,陀螺罗经将无法使用。陀螺罗经全套设备由主罗经、分罗经和附属仪器三部分组成,其核心部件是主罗经内的陀螺球。船上常用的陀螺罗经如图 8.14 所示。

图 8.14　陀螺罗经

8.3.2　计程仪

计程仪是一种用于测量船舶航行速度和累计航程的仪器,如图 8.15 所示。通过计程仪获取的航速及航程,为船舶的安全航行和性能评估提供了重要依据。计程仪通常分为相对计程仪和绝对计程仪。相对计程仪能测定船舶航行时相对于水流的航速和航程,电磁计程仪、拖曳计程仪、转轮计程仪、水压计程仪等都属于相对计程仪;绝对计程仪能测定船舶航行时相对于海底的航速和航程,多普勒计程仪、声相关计程仪都属于绝对计程仪。

图 8.15　计程仪

（1）电磁计程仪是目前船舶使用较广泛的计程仪。电磁计程仪通过水流切割装在船底的电磁传感器的磁场,将船舶航行时相对于水的运动速度转换为感应电势,再转换为航速和航程。其优点是线性好,灵敏度较高,可测后退速度。

（2）多普勒计程仪利用发射的声波和接收的水底反射波之间的多普勒频移,测量船舶相对于水底的航速和累计航程。这种计程仪准确性好、灵敏度高、可测纵向和横向速度,但价格较高,主要为大型船舶在狭水道航行、进出港、靠离码头时提供船舶纵向和横向运动的精确数据。

（3）声相关计程仪利用相关技术处理水声信息来测量航速和累计航程,测量精度不受海水温度和盐度的影响,还可兼作测深仪使用,在水深超过 200 m 时也可转换为相对计程仪使用。

8.3.3 测深仪

测深仪是用来测量水深以保证船舶航行安全的设备,有测深杆、测深锤、回声测深仪等,其中回声测深仪应用最广泛。

回声测深仪利用声波在水中的传播速度恒定的特性工作,由发射系统、接收系统、换能器、深度显示器和电源组成。在船底装有发射超声波的发射换能器,从海面向下发射声脉冲,声脉冲在水中向下传播,遇到密度不同的海底介质时发生反射,反射后的声脉冲在海水中向上传播,并被船底的接收换能器接收。根据声脉冲在海水中往返的时间和它在海水中的声速,就能算出换能器至海底的直线距离,即水深。由于声波在海水中的传播速度随海水的温度、盐度和压力的变化而变化,所以计算时还要做必要的修正。回声测深仪可以在船舶航行时快速而准确地测得水深的连续数据,广泛地应用于航道勘测、水底地形调查、水道测量、船舶导航定位等方面。测深仪如图 8.16 所示。

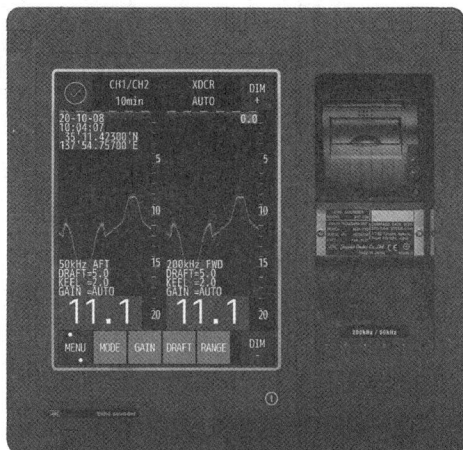

图 8.16 测深仪

8.3.4 卫星导航系统

目前,利用人造地球卫星进行导航的技术有了飞速的发展,它在船舶导航中占有重要的地位。卫星导航系统不仅可以实现全球性、全天候的覆盖,而且有较高的定位精度。卫星导航系统由导航卫星、地球站和船舶卫星导航接收机等组成。

卫星导航系统是能在地球表面或近地空间的任何地点,为用户提供全天候的三维坐标和速度,以及时间信息的空基无线电导航定位系统。它把传统的无线电导航设备安装在导航卫星上,让多颗卫星在中高轨道上运行,通过多颗卫星同时测距,实现对载体位置和速度的高精度输出。目前,全球四大卫星导航系统是:

(1)美国全球定位系统(Global Positioning System,GPS);

(2)俄罗斯格洛纳斯卫星导航系统(Global Navigation Satellite System,GLONASS);

(3)欧洲伽利略卫星导航系统 (Galileo Satellite Navigation System,GALILEO);

(4)中国北斗卫星导航系统 (BeiDou Navigation Satellite System,BDS)。

美国 GPS 是出现最早，目前应用最广泛的全球定位系统。GPS 终端设备如图 8.17 所示。

北斗卫星导航系统是我国自主建设、独立运行的卫星导航系统，是为全球用户提供全天候、全天时、高精度的定位、导航和授时服务的国家重要空间基础设施，如图 8.18 所示。

2023 年 12 月 26 日，我国在西昌卫星发射中心成功发射第五十七颗、第五十八颗北斗导航卫星。目前，北斗卫星导航系统产品已在全球一半以上的国家和地区得到应用。

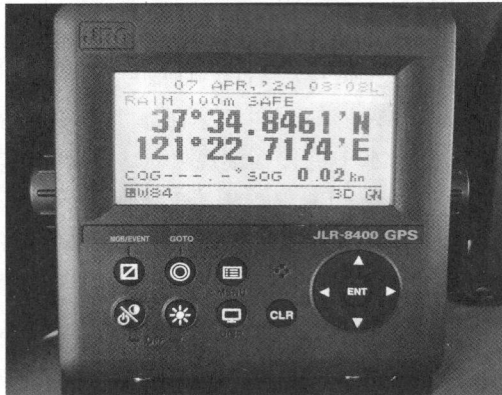

图 8.17　GPS 终端设备

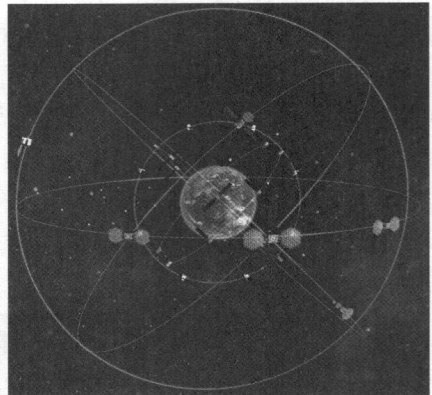

图 8.18　北斗卫星导航系统示意图

北斗卫星导航系统具有以下特点：一是北斗卫星导航系统空间段采用三种轨道卫星组成的混合星座，与其他卫星导航系统相比，高轨卫星更多、抗遮挡能力强，尤其在低纬度地区性能优势更为明显。二是北斗卫星导航系统提供多个频点的导航信号，能够通过多频信号组合使用等方式提高服务精度。三是北斗卫星导航系统创新融合了导航与通信能力，具备提供定位导航授时、星基增强、地基增强、精密单点定位、短报文通信和国际搜救等多种服务能力。

另外，星链是美国太空探索技术公司（SpaceX）通过近地轨道卫星群，提供覆盖全球的高速互联网接入服务。2022 年，SpaceX 推出了一项专门针对海上用户（钻井平台、海上科考、远洋渔业、国际邮轮、商船、海上军事行动等）的高速卫星互联网服务，称为星链海事计划（Starlink Maritime）。2023 年 2 月，星链海事计划提供覆盖全球的卫星宽带服务，可以浏览网页、查询天气或者船舶导航等。星链目前还没有加入《国际海上人命安全公约》（SOLAS 公约），主要为海上用户提供商业服务。截至 2024 年 3 月，SpaceX 发射的星链卫星总数已突破 6 000 颗，正式开展业务运营的国家已遍布北美、欧洲、大洋洲等地。诺唯真、皇家加勒比等游轮公司，丹麦航运巨头马士基以及全球最大独立集装箱船船东 Seaspan Corporation 等船东和船舶管理公司都开始使用星链技术。星链接收装置示意图如图 8.19 所示。

图 8.19　星链接收装置示意图

根据国际电信联盟的规定，轨道和频谱资源以"先到先得"方式分配，我国也开始加紧布局获得先发优势的重要战略资源。2023 年 6 月 15 日 13 时 30 分，我国在太原卫星发射中心使用长征二号丁运载火箭，成功将吉林一号高分 06A 星等 41 颗卫星发射升空，使卫星顺利进入预定轨道,刷新了我国一箭多星的纪录。

8.3.5　船用雷达

船用雷达是装载在船舶上用于航行避让、船舶定位、狭水道引航的雷达。船用雷达在能见度不良时为航海人员提供了必需的观察手段。它的出现是航海技术发展的重大里程碑。船舶在海上航行时,船用雷达可以及时探测到远距离的目标,并准确地测得目标距离本船的方位、距离,还可以通过计算预测目标船的航速、航向和其他有用参数,能有效地避免船舶碰撞,保障航行安全。

船用雷达利用能够穿透雾、雨、霜、雪等恶劣气象环境的超高频电磁波,对水面、陆地、船只等进行探测,以实现船舶导航、安全警示和通信等功能。

船用雷达主要由雷达天线、发射器、接收器、信号处理单元等部分组成。其工作原理为:雷达天线发出一束高功率、短脉冲的电磁波,并接收回波信号,在信号处理装置中将回波信号转换为可视化的雷达图像,以指引船舶航行和避免风险。

自动雷达标绘仪是一种能自动跟踪、计算和显示选定物标回波并能预测避让结果的雷达系统,由 ARPA 单元和雷达组成。ARPA 单元对人工或自动录取的目标和陀螺罗经、计程仪等传感器提供的信息进行分析、处理,给出并显示目标的航向、航速、方位、目标与本船的距离、最近会遇距离和到达最近会遇点的时间等各种数据以及视觉和声响报警,驾驶员可根据 ARPA 提供的人工和自动试操船功能决定需要采取的避让措施。

雷达与雷达图像如图 8.20 所示。

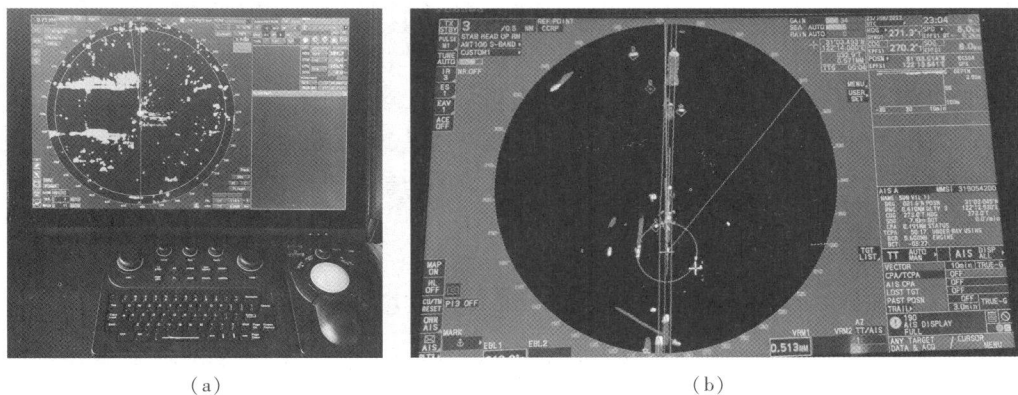

(a)　　　　　　　　　　　　　　　　　(b)

图 8.20　雷达与雷达图像

8.3.6　船舶自动识别系统(AIS)

船舶自动识别系统是一种应用于船和岸、船和船之间的海事安全与通信的新型助航系统,常由 VHF 设备、GPS 定位仪和与船载显示器及传感器等相连接的通信控制器组成,能自动交换船位、航速、航向、船名、呼号等重要信息,如图 8.21 所示。装在船上的 AIS 在向外发送这些信息的同时,同样接收 VHF 覆盖范围内其他船舶的信息,从而实现了自动应答。

AIS 加强了船舶间避免碰撞的措施,增强了 ARPA 雷达、船舶交通管理系统、船舶报告的功能,在电子海图上显示所有船舶可视化的航向、航线、船名等信息,改进了海事通信的功能,提供了一种与通过 AIS 识别的船舶进行语音和文本通信的方法,增强了船舶的全局意识,使航海界进入了数字时代。

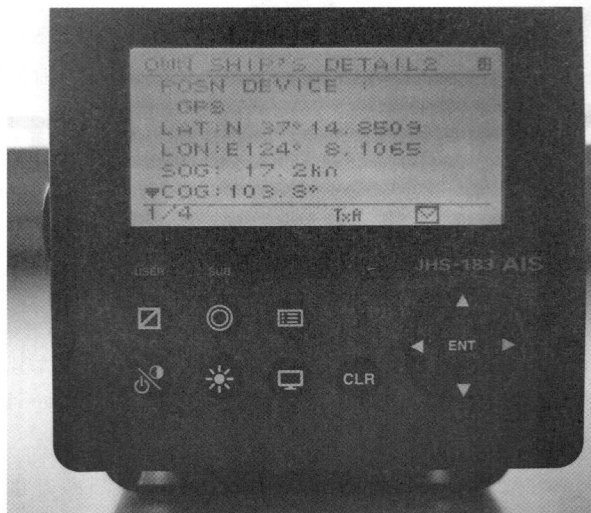

图 8.21　船舶自动识别系统

国际海事组织规定所有 300 总吨及以上的国际航行船舶,和 500 总吨及以上的非国际航行船舶,以及所有客船,应按要求配备一台自动识别系统。

船舶自动识别系统受外界自然因素干扰少,它在船舶导航、避碰、船舶通信、船岸通信、海上搜救、海事调查等方面发挥独特而重要的作用。航行于开阔水域的船舶不用 VHF 无线电话便可自动获得来往船舶的各类信息;航行于限制水域的船舶不仅可自动获得其他船舶的信息,而且可通过 VTS 的广播获得各类航行信息和港口信息。这样可最大限度地防止船舶碰撞和各类海难的发生,为航运界带来了前所未有的安全感。现代国际航运为了降低营运成本,正朝船舶大型化、高速化和全自动化的方向发展,船舶自动识别系统可以保证船舶航行安全和保护海洋生态环境,还可以改变航运企业的经营和管理方法。

8.3.7　电子海图显示与信息系统(ECDIS)

航道拥挤程度的加大、船舶的大型化,以及超高速船舶的出现给船舶航行安全提出了严峻的挑战。解决这个问题的一种方式是,集成式地把本船的位置、所处的静态环境、周围的动态目标信息显示在一个屏幕上,使得船舶驾驶员能够迅速地获取所有信息,及时地做出操船决策。

ECDIS 被认为是继雷达/ARPA 之后在船舶导航方面又一项伟大的技术革命。从最初纸质海图的简单电子扫描复制品到过渡性的电子海图系统(ECS),ECDIS 已发展成为一种新型的船舶导航系统和辅助决策系统。ECDIS 是指符合有关国际标准的航用电子海图系统。它以计算机为核心,连接定位、测深、计程仪、雷达等设备,以 ENC(电子海图/航道图)为基础,综合反映船舶行驶状态,为船舶驾驶人员提供各种信息查询、测量、计算和航海记录专门工具。它的智能化功能将在保障航行安全和提高操纵船舶的工作效率方面发挥更显著的作用。

ECDIS 包括硬件部分和软件部分。

8.3.7.1　硬件部分

ECDIS 实质上是一个具有高性能的内、外部接口,符合 S52 标准要求的船用计算机系统,其中心是高速中央处理器和大容量的内部和外部存储器。外部存储器的容量应保证能够容纳整个 ENC、ENC 改正数据和系统电子海图(SENC)。中央处理器、内存和显存容量应保证显示一幅电子海图所需时间不超过 5 s。

内部接口应包括图形卡、语音卡、硬盘和磁盘控制卡等。以光盘或 U 盘为载体的 ENC 及其改正数据,以及用于测试 ECDIS 性能的测试数据集,可通过内部接口直接录入硬盘。船舶驾驶员在电子海图上进行的一些手工标绘、注记,以及电子海图的手动改正数据的输入等都可通过键盘和游标实现。同喇叭相连接的语音卡,可以实现语音报警。

8.3.7.2　软件部分

(1)海图信息处理软件:由 ENC 向 SENC 转换的软件、电子海图自动和手工改正软件、海图符号库的管理软件、航海咨询信息的管理软件、电子海图库的管理软件、海图要素分类及编码系统的管理软件、用户数据的管理软件等。

(2)电子海图显示系统软件:电子海图合成软件(给定显示区域、比例尺和投影方式,搜索合适的海图数据,并进行投影和裁剪计算,生成图形文件)、电子海图显示软件(根据图形文件调用符号库,在屏幕上绘制海图)、电子海图上要素的搜索软件、航海咨询信息的显示软件等。

(3)计划航线设计软件:电子海图上计划航线的手工绘制和修改、计划航线可行性检查、经验(推荐)航线库的管理、航行计划列表的生成(每个航行段的距离、航速、航向、航行时间等)。

(4)传感器接口软件:与 GPS、罗经、计程仪、风速风向仪、测深仪、AIS、船用雷达/ARPA、卫星船站、自动舵等设备的接口软件,以及从这些传感器所读取的信息的调度和综合处理软件。

(5)航路监视软件:计算船舶偏离计划航线的距离、检测航行前方的危险物和浅水域、危险指示和报警等。

(6)航行记录软件:记录船舶航行过程中所使用的海图的详细信息以及航行要素,实现类似"黑匣子"的功能。

(7)航海问题的求解软件:船位推算、恒向线和大圆航法计算、距离和方位计算、陆标定位计算、大地问题正反解计算、不同大地坐标系之间的换算、船舶避碰要素(最近会遇距离 CPA 和最近会遇时间 TCPA)计算等。

8.3.8　航行数据记录仪(VDR)

船载航行数据记录仪,俗称"船用黑匣子(Marine Black Box,MBB)",是一种专门用于实时记录船舶航行数据的仪器,分为航行数据记录仪(Voyage Data Recorder,VDR)和简易航行数据记录仪(Simplified VDR,S-VDR)。在船舶发生海难后,该记录数据对于分析事故原因,进行海事责任判定,具有不可替代的重要作用。船载航行数据记录仪的数据存储单元及主机如图 8.22 所示。

VDR 由数据存储单元、数据采集单元、主机、不间断电源、接线部分和回放单元等部分组成,其中回放单元是选择项(OPTION),不强制配备。

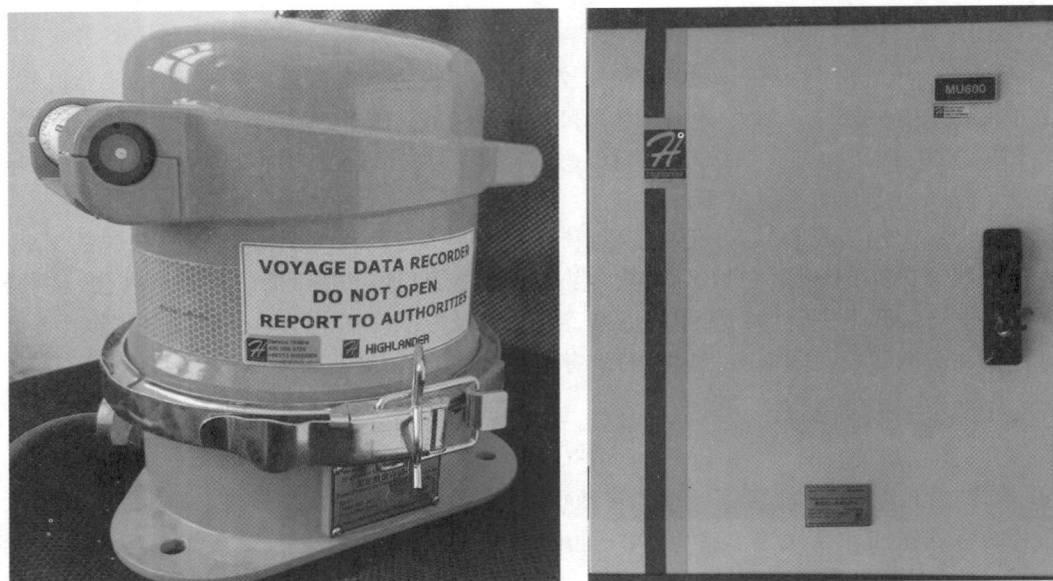

（a）   （b）

图 8.22　船载航行数据记录仪的数据存储单元及主机

　　该系统可从船上的各种传感器收集数据,然后将其数字化并压缩,最后将这些资料储存在外部安装的防护储存单元中。防护储存单元是防篡改装置,可承受与海难(火灾、爆炸、碰撞、下沉等)有关的极端高温、冲击、震动和高压。当船舶在海难中下沉时,需要取回的防护储存单元包括固定单元或自由浮动单元(或与紧急无线电示位标结合)。防护储存单元内所储存的数据可以由当局或船东打捞回收并重新读取,以进行海事调查。虽然该系统的主要目的是事后调查事故,但也可以用于预防性维护、性能效率监测、恶劣天气损害分析、事故风险规避和培训记录数据等,以提高安全性并降低营运成本。

课后题

1. 简述船舶电站的分类及布置要求。
2. 船舶常用的外部通信方法有哪些?
3. 举例说明至少 5 种船舶导航设备及各自的用途。

第 *9* 章
船舶设计与建造

9.1 船舶设计过程

　　船舶是由众多子系统组成的一个复杂系统,这些子系统包括:船体,要求能够提供支持全船重量的浮力,满足装载和安装各种设备所需的空间和位置,并具有优良的航行性能;结构,要求能保证水密完整性和必要的强度、刚度,以及能避免发生有害的振动;动力装置,保证能推动和控制船舶以不同的航速航行;电气系统,为船上各种用电设备供电;各种设备,包括舵设备、锚泊和系泊设备、货物装卸设备、消防救生设备、通信导航设备和各种生活设施等。以上各部分的设计涉及多个专业技术领域,因此船舶设计是需要分专业、分部门协调完成的复杂过程。

9.1.1 船舶设计的特点与方法

　　通常,船舶设计分为船体设计、轮机设计、电气设计,其中船体设计又分为总体设计、结构设计和舾装设计三大部分。各部分的设计工作既是一个独立的系统,又有着相互的关系,其中总体设计与其他各部分的设计都有着密切的关联。因此,船舶设计必须以系统工程为思想,全面考虑问题,统筹兼顾。船舶设计需要处理好主要矛盾和次要矛盾的关系,综合各个子系统的设计要求,协调好各个部门的工作分工,做到不仅能使船舶的各个部分充分发挥自身功能,又能使相互之间达到最佳的配合。另外,船舶设计不仅需要科学的专业知识,还需要工艺和美学方面的知识。

　　正如类似的大型复杂系统,船舶设计也不可能一次完成,其设计过程是逐步近似、螺旋式上升的。在反复的迭代修正过程中，不断地优化设计性能，才有可能最终取得满足要求的、性能优良的设计结果。

　　船舶设计最常用的方法是母型船改造法。首先选用一艘与设计船技术性能相近的优秀实船作为母型船，新船的各项要素都是在母型船的基础上通过改造得到的。除了母型船改造法，实际设计中还有自行设计法。设计时，要遵循一定的基本原则，可以归纳为以下四点：一是遵守规范、法规和国际公约；二是满足船舶技术性能和经济性要求；三是以系统优化观念指导设计；四是做好调查研究，注重借鉴与创新。

9.1.2　船舶设计任务书

　　船舶设计的基本要求包括安全、适用、经济、美观，同时需要满足船东对设计的要求。这些要求是通过设计技术任务书的形式给出的。

　　设计任务书是船东对所要设计船舶的要求，是船舶设计的依据。它是由船东（或船舶设计单位协助船东）根据使用需要，考虑技术与经济条件等实际情况，经过技术与经济论证之后编制的。民船设计任务书一般包括以下基本内容：

　　（1）船舶的用途：所设计的新船是运输类船舶、工程类船舶、观光客运类船舶等。确定新船类型后，通常会给出船舶的使用要求，如散货船的载货种类、载重量、货舱容积等，客船的乘客人数和客舱标准，以及公共区域面积和设备要求等。

　　（2）船舶航区和航线：新船建造完成后，打算在哪个航区或航线上航行。因为各个航区内的风浪情况和航线离岸距离不同，对船舶的安全性和设备配置要求也不同。对于不固定航线的船舶，通常只给出航区；对于定线航行的船舶，需要给出停靠的港口。

　　（3）船型及布置特征：船舶的外形，包括甲板层数、首尾形状、舱室划分、机舱位置等。

　　（4）船舶动力装置：对船舶配置的主机、辅机、发电机的类型、台数和船舶推进方式的要求。

　　（5）船体结构：包括船体结构形式、结构材料、甲板负载等。

　　（6）船舶主尺度与性能指标：包括船舶尺度、航速、续航力和自持力等。

　　以上仅列举出设计任务书的几项基本内容。事实上，设计任务书制定后，要建造一艘什么样的船，这个目标就已经明确了。同时，设计任务书内容的详细程度与船舶类型、船舶复杂程度和前期准备工作的进展有关。设计任务书是船舶建造的第一步，它本身就包含着大量的技术与经济论证工作，关系到设计建造新船的方向性问题。

9.1.3　船舶设计的阶段划分

　　船舶设计决定着一艘船舶从设计阶段到建造再到正式运营航行所包含的所有细节问题，因此，需要将船舶高质量，建造时的高效率、短周期，安全性等因素考虑在内。这就需要一个详细、合理、有条理的设计方案。所以，根据目前现代造船的特点，将船舶设计按阶段划分为初步设计、详细设计、生产设计、完工设计四个阶段。

9.1.3.1　初步设计

　　初步设计阶段的主要工作是，站在全局的角度，结合深入分析任务书和调查研究的结果，对船体、轮机、电气不同专业方向的各种可行方案，进行分析对比，得出一个满足船东要求的合理设计方案。

在初步设计阶段,船舶的总体设计是最关键的,它需要对船舶要素、总布置、主机选型、船体线型、主要性能等方面进行细致的工作,通过计算、绘画、必要的模型试验及分析论证等技术手段,得出全船技术形态的总体方案。与此同时,这一阶段在船体基础结构、主要舾装设备、机舱布置、电站配置、机电设备等方面也将开展初步设计。这一阶段需要提出的主要技术文件有:

（1）船体说明书;

（2）总布置图;

（3）型线图;

（4）机舱布置图;

（5）中剖面结构图和计算书;

（6）船舶航速、稳性、舱容量等估算计划书;

（7）整船电力负荷估算书;

（8）主要设备的规格和设备厂商资料。

初步设计的结果(包括图纸和技术文件等材料)应提交给船东审查,得到船东的认可后,初步设计可以作为下一步设计的依据。在初步设计中,要保证全船的主要技术形态参数和指标比较可靠,技术措施比较合理。

9.1.3.2 详细设计

详细设计是以船东审查通过的初步设计技术文件和造船合同为依据,对初步设计中的各个局部的技术问题进行深入分析,对各个分项目进行详细设计和计算,并结合实际情况,调整和解决船、机、电各个方面具体的问题和矛盾。

在详细设计阶段,需要把设计图纸和技术文件送到法定检验机构和所入船级社审查。同时,在送审时,对送审的资料目录有具体的规定。审核通过后还需要根据审图中存在的问题对设计图纸进行修改。详细设计最终确定新船全部的技术性能、系统类型、结构强度、各种设备、材料及订货的技术要求等。

详细设计阶段所需完成的技术方案一般有:

（1）船体详细的总布置图;

（2）论证确定的型线图;

（3）典型横剖面图、基本结构图、肋骨型线图;

（4）船体说明书;

（5）静水力曲线图和各种装载状态下的稳性和浮态计算书;

（6）干舷计算书(包括载重标志线)、吨位计算书、舱容数据;

（7）船体各个构件规范计算书和总强度计算书;

（8）机舱结构图、首部(首柱)结构图、尾部(尾柱)结构图、上层建筑结构图、舱室结构图;

（9）航速计算书、螺旋桨设计图及强度计算书;

（10）锚机、舵等设备的布置图和计算书;

（11）新船所需设备和材料数量、规格的明细表;

（12）规范和法规要求的计算书和实验报告等。

以上是详细设计阶段中有关船体方面所需设计的一部分内容。详细设计阶段应尽可能把新船涉及技术、结构、设备等方面的内容做到越详细越好，因为详细设计阶段不仅为造船厂提供材料和设备订购的依据，也为开展下一个生产设计阶段的工作打下基础。

9.1.3.3　生产设计

生产设计是在详细设计的基础上，根据造船厂的建造条件和特点，按照建造的技术、设备、施工方案、工艺水平要求和流程、生产管理等情况，设计和绘制施工图纸和施工工艺要求的设计文件。

生产设计是以详细设计为导向的。详细设计阶段对新船在结构、性能上的要求是通过生产设计来实现的。因此，生产设计要求的详细程度很高，从钢材预处理到号料加工，到零部件装配，到分段装焊，到船体合拢，到船舶下水等每一步都要有详细的计划。实际上，生产设计就是船舶建造的过程设计和管理设计，因此，设计文件中设计内容越详细、完整和深入，对提高造船质量、缩短建造周期和提高生产效率越有利。目前，造船行业响应计算机技术发展的大趋势，开发了计算机辅助设计软件，在生产设计阶段能够利用计算机进行预演完成船舶建造的全过程。计算机辅助船舶生产设计解决了船舶制造、加工中存在的不定因素影响建造周期、建造质量等问题，能更好地控制和管理生产制造。

9.1.3.4　完工设计

完工设计（也称完工文件）是船舶设计的最后环节，船舶在建造施工中，会对原有的设计方案进行一些改动，如船体结构的改动、某些设备的更换、局部的布局变动、某些材料的代用等。这些变动都会对原始设计中的船舶重量、重心及性能造成影响。此外，设计中的有些数据和指标是估算的，在新船建造完成后，应根据实船下水试航进行倾斜试验来获取真实的参数以及船舶的各项性能指标。另外，新船建造完成后，实际的型值和实际采用的材料、设备等都会发生变动，需要修改原来的有关设计和计算，编制总体性能的完工计算书，修改变动的布置图、控制图、原理图，绘出船舶的实际完工图纸。同时，针对实船的试验和检验项目也要编制报告书，并根据试航和操作编制有关的使用手册和操作手册。完工设计文件的编制要反映实船的真实状态，并且要详细完整。这些文件是以后船舶运营、维修和改装的依据，也是今后对船舶设计和研究的宝贵的经验资料。

由以上所述可知，设计工作的不同阶段，在新船整个设计过程中既相对独立，又相互联系。前一阶段的设计结果是后一阶段设计的依据，后一阶段是前一阶段的深入和发展。然而，上述各个设计阶段的划分和各阶段的具体工作内容，并不是严格不变的，根据具体情况（如任务的紧迫性、产品的复杂程度、母型船资料等）而有所不同，有时各阶段之间并无明确的界限。此外，设计阶段的划分是随着造船技术和管理方式的发展而变化的，特别是计算机广泛应用和设计智能化程度提高以后，船舶设计阶段的划分以及设计方法都将发生变革。

9.2　船舶建造过程

按照造船工艺学的观点,船舶建造可分为三种类型的生产作业:船体建造、船舶舾装和船舶涂装,即常说的壳舾涂。其中,船体建造是将钢材利用焊接工艺制成船舶壳体的生产过程。简单来说,船体建造一般分为三个步骤:(1)将原材料制成船体零件;(2)将制成的零件组装成部件,进一步组装成分段和总段;(3)将零件、部件、分段、总段组合成船体。

9.2.1　船舶建造场所

船舶建造主要是在船厂完成,小型零部件加工可在车间平台进行。船厂为了完成重达十几吨甚至几十吨的船舶建造,还需要修建专门的建造场所,主要是船台和船坞。

船台即造船平台,它是造船厂中修造船舶的工作平台,是船厂中经人工处理的用于修造船的场地设施,如图 9.1 所示。船台通常为水平场地,建在船厂水域岸边,供修造船用。修造大船用的船台,要有足够的承载力,因此要铺设钢筋混凝土梁板式平台,或用桩基以分布船体荷载。将地基较好的自然岸坡加以修整,就可用作修造小船的船台。船台上装有可拆移的支墩,配有起重设备和动力管线等设备,用以支承船体和方便修造船作业,也要与船舶上、下水的各种滑道相连接。

图 9.1　船台

船坞是指修造船用的坞式建筑物,灌水后可容船舶进出,排水后能在干底上修造船舶,如图 9.2 所示。船坞可分为干船坞和浮船坞。干船坞应用较多。干船坞的三面是陆地,一面临水,坞口用于进出船舶,设有挡水坞门,船坞的排灌水设备常建在坞口两侧的坞墩中。当船舶进入干船坞进行修理时,首先用灌泄水设施向坞内充水,待坞内与坞外水位齐平时,打开坞门,利用牵引设备将船舶慢速牵入坞内,之后将坞内海水抽干,使船舶坐落于龙骨墩上。船舶出坞时,首先向坞内灌水,至坞门内外水位齐平时,打开坞门,牵船出坞。

图9.2　船坞

9.2.2　船舶建造的主要流程

从建造周期上看，船舶建造大节点可以划分为：开工—上船台—下水—航行试验—完工交船。

从工艺阶段来看，船舶建造的主要流程包括：放样—钢材预处理—号料—构件加工—零部件装焊—分段装焊—总段装焊—船体总装—船舶下水—船舶试验—完工交船。这些工艺阶段是按船舶建造进度划分的，现代造船工艺流程是并行工程，即船体建造与舾装作业是并行分道组织，涂装作业安排在分道生产线的不同阶段之间，船体与舾装分道生产线在各阶段接续地汇入壳舾涂一体化生产流程。

9.2.2.1　放样

船体放样是根据设计图纸，将船体型线或结构按一定比例进行放大，以获得光顺的型线或构件在船体上的正确位置、形状和尺寸，为后续工序提供施工依据的过程，是船舶建造过程中的首道工序。设计部门提供的型线图一般按 1∶50 或 1∶100 的比例绘制，由于缩尺比大，型线的三向光顺性存在一定的误差，故不能按型线图直接进行船体施工，而需要在造船厂的放样台进行 1∶1 的实尺放样或者是 1∶5、1∶10 的比例放样，以光顺型线，取得正确的型值和施工中所需的每个零件的实际形状尺寸与位置，为后续工序提供必要的施工信息。

9.2.2.2　钢材预处理

在实际船舶建造中，钢材在轧制和运输堆放过程中会发生变形和锈蚀，不能直接用于船体生产。因此，为了保证号料和加工的质量，船厂在号料前，都会对钢材进行矫正和表面除锈，并涂上防锈涂料。

钢材矫正包括钢板的矫正和型材的矫正，分别利用多辊矫平机和型材矫直机对钢板和型材进行处理。钢材表面除锈和防护，即对钢材表面存在的氧化皮和锈斑进行清理。一般采用物理式除锈方法，如使用离心式抛丸机进行钢材表面处理，还可以用盐酸、硫酸等化学药剂处理钢材表面，如酸洗法、带锈底漆法等。

经抛光除锈后，钢材预处理还需喷涂底漆和烘干，处理完毕后的钢材即可送去号料。在船厂，这些工序通常组成预处理自动流水线，利用传送滚道与钢料堆场的钢料吊运、号料、加工等后续工序的运输线相衔接，以实现船体零件备料和加工的综合机械化和自动化。

9.2.2.3 号料

号料是按样棒、样板或草图在钢板或型钢上画出船体构件展开后的真实形状,并标记名称、加工和装配符号等。号料的工作内容主要有:核查核对材料,在材料上画出切割、铣、刨、弯曲、钻孔等加工位置,打钻孔,标出零件的编号等。为了合理使用和节约原材料,号料应兼顾套料要求,统筹安排、合理搭配,最大限度地提高原材料的利用率。

9.2.2.4 构件加工

钢材经过预处理和号料画线后,按要求制造成需要的各种各样的船体结构构件,这个工艺过程称为构件加工。

船体构件的加工可分为船体构件的边缘加工和成型加工。边缘加工主要是指船体钢材的切割分离以及焊接坡口的加工。边缘加工的方法主要有机械切割法(剪切、冲孔、刨边、铣边)、化学切割方法(气割)和物理切割法(等离子切割和激光切割等)。成型加工主要是对经边缘加工的船体弯曲构件进行弯曲成型,可分为板材成型加工和型材成型加工。

板材成型的主要方法有机械冷弯法和水火弯板法。一般单向曲度板都采用机械冷弯法加工。机械冷弯法加工常用的方法为(三星辊)辊弯、(液压机)压弯、数控弯板。对复杂曲度板要先加工出一个方向的曲度,然后用水火弯板法加工出其他方向的曲度。水火弯板法是沿预定的加热线用氧-乙炔烘炬对板材进行局部线状加热,并用水跟踪冷却,或让其自然冷却,使板材产生局部塑性变形,从而将板材弯成所要求的曲面形状的一种弯板方法。

型材成型的主要方法有冷弯变形法和热弯变形法。目前,大多数船厂都采用冷弯变形法来加工肋骨等型钢构件。使用最广泛的冷弯设备是逐段进给式肋骨冷弯机。

9.2.2.5 装配焊接

按照结构完整程度,船体装配焊接可分为部件装焊、分段装焊、总段装焊和船体总装。

(1)部件装焊

部件是两个或两个以上的船体零件焊接成的船体结构组合件。部件装焊包括 T 型材、船体板拼接、肋骨框架、首柱、尾柱、舵叶等部件的焊接装配。

(2)分段装焊

分段是由零部件焊接而成的船体局部结构,是船体装配焊接工作的重要组成部分。分段装焊是以舱壁分段、平台甲板分段、舷侧分段、甲板分段、双层底分段、边水舱分段等作为完工的阶段性标志。分段划分是根据船体结构特点、船厂生产条件和建造施工工艺要求进行划分的。一般来说,分段按外形可分为平面分段、曲面分段和立体分段等;按部位可分为甲板分段、舷侧分段、舱壁分段、底部分段和首尾分段等。在分段本身结构完工后,可提前安装分段内的各种设备、管路等,以形成一个更完整的装配单元,再将其送去船台进行装配,以缩短造船周期。

(3)总段装焊

总段是主船体沿船长方向划分,其深度和宽度等于划分出型深和型宽的环形立体分段,如由船体分段、舷侧分段、甲板分段及舱壁分段构成的中部环形总段。总段装焊即将相邻的分段组装起来,有利于预舾装及缩短船台(坞)时间。一般来说,总段的大小取决于船厂设备、起重能力等条件。

（4）船体总装

船体总装阶段主要是指船台阶段，即经过预装配后形成的船体零部件、分段、总段在船台上进行总装形成整个船体的工艺阶段。总装也称大合拢，该过程对保证船舶的建造质量，缩短船舶建造周期有着很大的影响。由于新船结构和船厂生产条件不同，船台总装方式也是不同的。按照提高效率、缩短造船周期、平衡生产负荷等原则，常用的总装建造方法有以下几种：

①总段建造法

首先将船的基准总段（一般为船体中部或靠近中部的总段）运输到船台固定，然后依次吊装前后的相邻总段，当两个总段的对接完工后，即可进行该处的舾装工作。总段完整度好、刚性好，能够减少船台工作量和焊接变形，但由于船台起重能力的限制，该法一般只适用于建造中小型船舶。

②塔式建造法

建造时以中间偏后的底部分段为基准分段，先将基准分段吊到船台上定位固定，然后向首尾、两舷自下而上依次吊装各分段。该方法有利于扩大施工面积和缩短船台周期，但焊接变形不易控制，完工后首尾上翘较大。

③岛式建造法

岛式建造法是将两个或两个以上基准分段同时进行船体总装的建造方法。先将船体划分成2~3个建造区域，称为岛，每个岛选择一个基准分段，按照塔式建造法的施工方法同时建造，岛与岛之间用嵌补分段连接起来。这种建造法能充分利用船台（船坞）面积，扩大施工面，缩短船台周期，而且其建造区长度较塔式建造法短、船体刚性大，焊接总变形比塔式建造法小，但是嵌补分段的定位作业比较复杂。

④串联建造法

该方法常用于批量船舶建造，在船台（船坞）尾端建造第一艘船的同时，就在船台首端建造第二艘船的首部，待第一艘船下水后，将第二艘船的尾部移至船台尾端，继续吊装其他分段形成整船体，与此同时，在船台首端建造第三艘船的尾部，依此类推。这种形式能大大提高船台的利用率，在改善生产管理、均衡生产节奏方面具有许多优势。串联建造法在船台（船坞）长度大于船舶建造的长度时才能采用，在倾斜船台上采用此法时还必须配备移船设备。

9.2.2.6　船舶下水

新船在船台上（船坞里）建造到一定阶段后，通过某种方法使其从船台下到水中漂浮的过程称为船舶下水。船舶下水的方式一般分为重力式下水、机械式下水、漂浮式下水。

（1）重力式下水是靠船舶自身重力的作用沿船台倾斜滑道进入水中的下水方式。重力式下水方式分为纵向和横向沿倾斜滑道运动方式。船厂常用纵向涂油和钢珠滑道式下水。

（2）机械式下水是利用机械设备来完成船舶下水的过程。常见的机械式下水方式有纵向船排滑道机械式、双支点纵向滑道机械式、梳式滑道机械式。

（3）漂浮式下水是将水注入建造船舶的场地，依靠船体自身浮力自然浮起的下水方式。最常见的是干船坞和浮船坞下水。

除了以上的下水方式，还有气囊下水、水垫下水等。

9.2.2.7　船舶试验

船舶试验分为系泊试验和航行试验两个阶段：

（1）系泊试验是在船舶停靠在码头静止状态下进行的试验。其目的是检查船体、机械设备、电气设备及动力装置的制造、安装的完整性和可靠性，以便对不符合要求的地方重新调整，使船舶具备适航条件。对于新建造的首制船，若其稳性变坏或有变坏的可能，则其系泊试验还应包括倾斜试验。

（2）航行试验是对建造船舶进行的一次全面的、综合性的试验，试航前拟定航行试验大纲，准备好必备的测试仪器和设备，在试航时试验内容主要包括测试主机、操舵、抛锚、测速、回转、惯性、通导等。

9.2.2.8 完工交船

船舶在系泊试验和航行试验合格后，船厂即可向船东交船。当船东认为所建造船舶符合和满足委托建造时所订的协议、合同和有关技术任务书的要求时，即签署验收文件，船厂就完成了交船任务。交船是船舶建造完工的最终阶段，是船舶建造合同的终结，具有法律效力，应注重维护双方的正当权益。

交船时，船厂应将收尾工程结束，签署质量证明书，并将供应品、备品、备件、工具、随机资料、技术文件等按规定的清单向船东做完整的移交。当船东认为所建造、修理和改装的船舶符合委托修造时所订的合同、协议和有关技术任务书的要求时，船厂和船东代表共同签署交船证书或类似的交船验收文件，船厂即完成交船任务。对要求入级的民用船舶由验船机构发放入级证书，对军用船舶，交船证书签署之日即为军用船舶服役的日期。相应地，船舶的保修期也从签署交船文件之日算起。

9.2.3 船舶舾装与涂装

除船体建造外，船舶建造还包括其他两种类型的生产作业，即船舶舾装和船舶涂装。

9.2.3.1 船舶舾装

船舶舾装是把船舶中需要用到的各种机械、仪器、装置和设施等安装到船上的生产过程。船舶舾装非常复杂，涉及结构、机械、电力、通信等多个专业，这些技术复杂的系统支撑了整艘船的正常运转。按照船上的大区域和作业内容，船舶舾装具体可分为机舱舾装、住舱舾装、甲板舾装和电气舾装四大类。

机舱舾装，简称机装，是指船舶机舱区域各类船舶设备的安装与调试，对应的舾装作业主要包含机舱设备的安装调试以及相应舾装件的装配焊接。前者包括主机、轴系装置、锅炉、发电机等大型机械设备的安装，后者则涵盖了该区域各类管系以及基座、箱柜等的装配工作。

住舱舾装，也叫内舾装，简称内装，主要是上层建筑内船员、旅客生活类舱室内的舾装工作，主要包括家具与卫生设施、舱室分隔、防火绝缘处理等，还包括舱室非钢质围壁、天花板、门、窗等的安装，以及厨房、冷库、空调设备的安装等。

甲板舾装，也叫外舾装，简称外装，甲板舾装遍布全船，涵盖了除机舱区域、住舱区域以外区域的舾装作业，舾装件种类名目繁多，涉及操舵设备、系泊设备、起货设备、通风设备的安装。不同类型的船舶，甲板舾装也有着较大的差别。

船上电缆的敷设以及电气设备的安装、接线、检查和调试等作业称为电气舾装。与陆上同样功能的电气设备相比，船用电气设备的工作环境较为恶劣，必须考虑电气设备的防振性、防潮性和防腐蚀性。特别是船用电缆，由于在狭窄的场所对其进行敷设，因此其构造和架设都比较特别。目前,船舶电气化和自动化的程度日益提高,电气舾装的工作量也成倍增加。

船舶舾装工艺一般占到船舶建造总工程量的60%左右。长期以来,舾装技术对船舶建造成本、建造质量、生产安全、建造周期都有很大影响,舾装工艺一直是船舶建造规划的重点。传统舾装是船体在建造完成下水后,停靠在码头边进行各类设备和系统的安装工作。目前,现代造船实施壳舾涂一体化造船法,采用区域舾装法进行船舶舾装,减少了船上的舾装作业量,缩短了造船周期。

9.2.3.2 船舶涂装

船舶涂装是船舶修造时对船体、舱室、附件等进行打磨、喷砂,达到除锈、除污、去疤的要求后进行表面涂漆作业施工。船舶涂装的目的是防止船舶因工业大气和海洋环境造成腐蚀,以延长船舶的使用寿命。

根据壳舾涂一体化的现代船舶生产设计要求,把传统的集中在船台或码头上进行的涂装作业尽可能转移到在此之前的作业区域内进行,并且合理地安排在分段装配与分段舾装之间,甚至在此之前的各工序、各区域。避免不同工种相互干扰的涂装方法,称为区域涂装法。区域涂装按区域的不同工艺阶段,划分为钢材预处理、分段涂装、船上涂装、完工涂装四种类型。对涂装的区域和阶段进行划分,使得涂装贯穿了所有制造级的作业过程。这种涂装方法提高了涂装质量,降低了涂装的劳动强度,并消除了不同作业的相互干扰,均衡了整艘船舶建造过程的作业负荷,避免将大量作业集中在最后阶段而影响按期交船。区域涂装法与船体建造的分段建造法和设备安装的区域舾装法相适应。同时,创造条件尽量使高空作业在地面进行、仰视作业朝下施工、露天作业在内场施工,以及从狭小空间变为便于出入的空间。

9.2.4 现代造船模式

船舶的设计建造不仅需要投入大量的人力、物力,还需要较高的技术生产水平和管理水平。造船模式是指组织造船生产的基本原则和方式。它既体现了对产品作业任务的分解原则,又反映了作业任务分解后的组合方式。它并不具体体现造船方法,而是船舶产品的设计思想、建造策略和管理思想三者的系统结合。

9.2.4.1 传统造船模式与现代造船模式

传统造船模式按照系统导向、组织生产,以功能/系统进行船舶作业任务的分解,按船、机、电等专业划分工艺阶段,以工艺过程形式组织生产。造船任务按照系统进行分解,看似顺理成章,然而对于设计、生产的进度安排和实施很不利,作业计划难以平衡、任务包过大,不能有效地控制材料、工时和进度。

现代造船模式以统筹优化理论为指导,应用成组技术原理,以中间产品为导向,按区域组织生产,壳舾涂作业在空间上分道、时间上有序,实现设计、生产、管理一体化,均衡、连续地总装造船。

现代造船模式是按照产品导向组织生产的,它的基础是统筹优化理论、成组技术等先进的工程技术和科学管理方式,目标是贯彻以"中间产品"为导向的建造策略,实现造船效率、质量和安全水平的不断提高。如果把船舶看作最终产品,它是由中间产品逐级装配而成的。例如,舾装单元和舾装模块是典型的中间产品。以分类成组的中间产品为导向,现代造船模式实施船体分道建造,即组成若干个相对独立、最大限度平行作业的生产单元,按工期要求,保持一定的生产节奏作业。

9.2.4.2 现代造船模式的技术基础

现代造船模式的技术基础是成组技术与系统工程技术。

成组技术是现今应用非常广泛的技术概念。它是将具有相似特征或相似信息的事物，按照一定的准则分类成组，用相同的方法进行处理，使单件或中小批量生产获取大批量生产效益的生产技术和管理技术。它贯穿于包括产品设计、生产准备、加工制造、计划管理、经济核算在内的整个生产过程。

从成组技术的定义中可以看出，成组技术是研究事物间的相似性，并将其合理应用的一种技术，该技术运用两种原理。其一是中间产品导向型的作业分解原理，简称产品制造原理。该原理是把最终产品按其形成的制造级，以中间产品的形式对其进行作业任务的分解和组合。现代造船模式所确立的产品作业任务的分解原则，实质上就是应用了成组技术产品制造原理，为现代造船模式的形成提供了理论基础。其二是相似性原理。相似性原理是把产品作业任务分解成门类繁多的中间产品，按作业的相似特性，遵循一定准则进行分类成组，便于用相同的施工处理方法，扩大中间产品的成组批量。然后建立成组生产单元，即批量性的流水定位或流水定员的生产作业体系。这样，零件加工过程被封闭起来，可使零件加工流向相同，有利于减少重复设计，缩短工件运动距离，大大提高了加工效率。在安排作业计划时，也有规则可循。生产人员不仅负责加工，而且共同参与生产管理与生产决策活动，使其积极性能够得到充分发挥。

应用成组技术的产品制造原理和相似性原理建立起来的造船模式，实际上已把船舶看作一个系统工程。在造船中应用系统工程技术处理组织"船舶系统"的原则，可概括为统筹、协调、优化的准则。

9.2.4.3 两个"一体化"

现代造船模式的核心可以概括为两个"一体化"：壳舾涂一体化和设计、生产、管理一体化。

壳舾涂一体化通过壳舾涂生产设计之间的协调，统筹安排，最大限度地实现各作业均衡、连续地总装造船。现代造船模式确立了以"船体为基础、舾装为中心、涂装为重点"的管理思想，运用统计控制技术分析生产过程，使各类造船作业实现空间分道、时间有序、责任明确、相互协调，并由计算机全面辅助。

设计、生产、管理一体化是将船舶设计、组织生产、生产管理互相结合，从全厂、全船的角度统筹、协调各系统的各方面问题，使船舶建造整体优化。

两个"一体化"打破了过去"先造船体，再做舾装，最后涂装"的传统模式，提升了分段、总段等中间产品的完整性，对每个中间产品实施壳舾涂一体化的精度制造，从而大幅提高了造船效率。

9.2.4.4 总装造船模式

随着现代造船模式在船厂的不断推行，现阶段，以中间产品为导向的总装造船作业流程被认为是最先进的造船方式。把"中间产品"委托给其他船舶配套企业，进行专业化、高效的生产组织制造，使船厂造船基本上成为一个装配过程。总装造船作业流程一般包括船体分道建造、区域舾装、区域涂装。

船体分道建造是其他相关技术实施的基础。区域舾装技术、区域涂装技术、高效焊接技术、信息控制技术及精度造船技术的顺利应用都离不开船体分道建造。可以说，船体分道建造在很大程度上决定了舾装、涂装及高效焊接的场所、时间、范围、内容和效果。船体分道建造是应用产品导向型模式进行工程分解，从中间产品的角度出发，将船舶分解，在完成各种零件、部件、分段等中间产品后，再按照成组技术、相似性原理，将其分类成组，以组为单位，安排人员、设备和场地，组建成组生产单元或分道作业线，并按船体、舾装、涂装等系统，形成各自的作业区以达到均衡生产的目的。

区域舾装技术是指在船舶产品设计之前，即制定建造策略，最大限度地把舾装作业提前在施工条件较好的车间内完成，开展单元舾装和分段舾装，采用各类模块，严格按区域划分各个舾装阶段。建立计算机辅助的"物资采办系统"，能够确保舾装所需的物资准时抵达船厂；同时，建立厂内的"托盘集配系统"，把物资和"中间产品"准时送抵，建立更高一级"中间产品"的现场。区域涂装技术在设计阶段就严格规定了涂装的区域和阶段，即原材料涂装、部件涂装、分段涂装和船上涂装，涂装作业贯穿了全部制造阶段，从而提高了涂装质量并消除了不同工种的相互干扰。

科学技术进步推动了造船模式的变革和发展，现代造船模式是对先进造船企业造船理论和实践的总结，也是我国造船工业现代化走向的战略选择，对我国造船工业的发展具有重大意义。

9.3　计算机在船舶设计建造中的应用

9.3.1　数字化造船

目前，航运业船舶性能、质量、安全性等各方面的要求日益提高，以及国际造船业的激烈竞争，使得造船企业在船舶质量、成本、周期等方面面临着更多的挑战。这些挑战促使造船企业必须在造船经营、管理、技术设计、生产建造等方面做出卓越的工作。随着计算机技术、信息技术和网络技术的发展，造船企业的信息化和船舶制造技术的数字化已成为全球造船业提高核心竞争力的关键因素和有效手段。可以说，推行现代造船模式，最重要的基础就是数字化。由此也衍生出了"数字化造船"的概念，即以造船过程的知识融合为基础，以数字化建模仿真与优化为特征，将信息技术、先进的数字化制造技术、先进的造船技术和现代造船模式综合应用于船舶产品的设计建造、测试与试验、管理和维护中。

理想的"数字化造船"可大致归纳出以下七个特征：

（1）建造全过程仿真化：船舶建造全过程仿真化将实现"在计算机中制造"，即使用船舶产品模型、造船过程模型和制造设备模型，生产出数字化的船舶。在船舶设计阶段，实时地、并行地模拟出船舶未来建造的全过程及其对船舶产品设计的影响，预测船舶性能、造船成本、可制造性，从而更快捷地组织造船生产，使船厂和车间的资源得到更合理的配置，以实现船舶产品的研制周期最短化和成本最小化、船舶性能最优化和建造效率最高化。

（2）过程控制并行化：建设基于船舶产品数据管理的并行开发环境和科研生产协同环境，实现设计与建造、设备研制与总体研制、系统设计与总体设计之间的并行与协同，实现船东、船级社、船厂、配套设备供货方、船模水池和 CAE 软件库等外部机构的协同管理。

（3）决策体系智能化：针对发展战略、投资规划、重大产品决策等，形成智能决策支持系统，增强决策的科学性、准确性和及时性。

（4）管理体系信息化：适应信息化环境和信息化生产的要求，建立信息化的管理、控制体系。

（5）信息体系网络化：利用计算机网络，集成和流通科研、设计、生产及其过程控制信息和经营、管理、服务等信息。

（6）工艺装备自动化：通过自动化工装，直接利用数字化工艺数据。

（7）服务保障全程化：形成基于数字化设计建造数据和信息网络的快捷、方便的军民船全生命周期服务保障体系。

9.3.2 船舶行业常用软件

自 20 世纪 70 年代以来，计算机在船舶设计建造和管理等方面的应用有了飞速的发展，世界各造船国家开始投入大量的科研力量和经费开发船舶 CAD/CAM 系统，陆续研制出许多"计算机辅助船舶设计和制造集成系统"，使得船舶工业发生了深刻的变化。利用这些船舶 CAD/CAM 系统可以完成包含船舶设计、性能计算、强度校核、建造施工、生产管理等工作，大大缩短了船舶设计和建造周期，并提高了造船质量。船舶设计建造集成软件可以逼真、精确地模拟船舶的真实布局，能够模拟从详细设计到生产设计的整个过程，并可预先发现并解决存在的问题，从而缩短设计周期和建造周期，提高效益，进而成为企业提高竞争力的有力砝码，备受用户重视。这里介绍几种船舶行业应用广泛的软件。

9.3.2.1 TRIBON

TRIBON 软件是由瑞典 KCS（Kockums Computer System AB）公司研发的关于船舶设计和建造的计算机软件集成系统，在造船业中有着广泛的用户。TRIBON 系统是集 CAD/CAM 于一体，包括船体、管系、电缆、舱室、涂装等专业领域的一个专家系统。该系统采用较好的硬件平台和网络环境，加上 TRIBON 系统又将船舶初步设计、详细设计和生产设计融为一体，因此各个设计阶段和各个专业之间的数据具有良好的共享性和兼容性。

TRIBON 系统分为三大部分：船体设计、舾装设计和系统管理及维护。船体设计又分为型线光顺、船体建模、船体放样、船体性能计算等四个子系统；舾装设计可分为舾装基础数据准备及管理、管子设计、电缆设计、舱室布置、舾装件设计等五个子系统；系统管理及维护可分为新船数据准备、数据库维护及管理、报表生成器、数据提取子语言、通用设计、其他工具集等六个子系统。

9.3.2.2 AVEVA Marine

2006 年，瑞典 KCS 被英国 AVEVA 公司收购。2007 年，英国 AVEVA 公司将 TRIBON 在船体和海工行业广泛采用的 PDMS 进行系统的整合，推出了新一代的造船及海工设计系统 AVEVA Marine（简称 AM）。AVEVA 公司一开始使用优惠政策促使 TRIBON 的存量用户向 AM 转化。同时，一些上游公司对船厂、设计公司强制要求不能使用 TRIBON 进行生产设计，必须使用 AM 进行设计。这使得在中国的造船行业，AM 也许会替代 TRIBON 成为使用最为广泛的船舶 CAD/CAM 软件。

9.3.2.3 NAPA

NAPA 软件是由芬兰 NAPA 公司开发的大型船舶 CAD 软件。NAPA 软件主要用于船舶初步设计和基本设计，特别擅长处理船舶设计早期阶段所必需的众多设计变量、不可避免的大量设计更改和多方案对比。NAPA 软件也可以用来进行各种船舶性能计算，并生成完工文件。NAPA 普遍适用于各种类型的船舶设计，具有强大的二次开发手段，并提供众多与其他软件的接口，为全球权威海事管理机构和船级社所认可和采用。

NAPA 可分为应用系统、辅助系统和服务系统三个子系统。应用系统分为船舶建模、静水力计算、几何图形、舱容、稳性衡准、船舶下水、船舶倾斜、重量计算、船舶满载稳性、集装箱布置、船舶水动力、耐波性等系统子模块，其中，船舶建模是 NAPA 的核心。辅助系统包括监控、数据库管理、动态内存管理，综合了输入、输出、作图、错误处理等系统功能。服务系统只包括文本编辑、文件管理、计算、图标绘制等。

9.3.2.4 CATIA

CATIA 软件目前广泛地应用于航空航天、船舶建造、机械设计、电子电气、汽车制造等领域。该软件具有项目概念设计、详细设计、数据分析、可视化展示、数据管理等功能。它的集成解决方案涉及所有的产品设计与制造领域。

船舶行业引入 CATIA 软件，是因为该软件功能强大且具有 13 个模块组下 100 多个模块，它将多学科系统设计集中在一个平台，设计人员可以在 CATIA 平台上进行多学科交叉协调设计。CATIA 为船舶工业提供了专业性的船体设计、船载设备设计、机械设计等多种优秀的方案。同时，CATIA 软件完整支持造船领域所有的专业，它能完成从初步设计、详细设计到生产设计的所有工作，包括总体设计、船体结构、管路及舾装、电气、设备、舱室设计，甚至可以规划船舶建造的流程，包括施工计划和制造图纸、优化资源及空间利用率、优化物流等，贯穿了船舶全生命周期。

9.3.2.5 MAXSURF

MAXSURF 软件是由澳大利亚 Formation Design Systems 公司为船舶设计和建造者开发的、适用于各种船舶设计、分析和建造的一套非常完整的计算机辅助船舶设计和建造软件。

MAXSURF 模块是 MAXSURF 软件的核心部分。MAXSURF 模块包括一整套用一个或多个真正的三维 NURBS 曲面，进行三维船体建模的工具，可使船舶设计师快速、精确地设计并优化出各种船舶的主船体、上层建筑和附体型线。MAXSURF 软件还包括 HULLSPEED 模块、HYDROMAX 模块、WORKSHOP 模块、SEAKEEPER 模块等。HULLSPEED 模块用于估算机动船舶阻力和有效功率，通过自动量取 MAXSURF 模型中所选择的测量实体，测得计算阻力所需的各种性能参数，同时提供给设计者多种可以选择的船体浮态、推进系统效率、航速、阻力等参数。HYDROMAX 模块用于船舶水动力性能计算分析，包括各种载况下的重量、重心数据统计计算，平衡浮态计算，特种工况（下水、进坞、搁浅等）计算，舱室定义和划分，舱容计算，静水力计算，稳性插值曲线计算，标准稳性校核，大倾角稳性校核，破舱稳性校核等。

9.3.2.6 东欣 SPD

SPD 是沪东中华造船（集团）有限公司自主开发的船舶设计软件，系统模块涵盖船体、管系、风管、电器、支架、舾装等。目前,SPD 已实现了在行业内 200 多家企业的推广和应用,为国家节省国外软件引进费用数亿元,打破了国外技术垄断,数次获得国家、各部委的科技进步奖荣誉。

课后题

1. 船舶设计任务书的基本内容有哪些?
2. 简述船舶设计阶段的划分及工作内容。
3. 从工艺阶段来看,简述船舶建造的主要流程。
4. 简述现代造船模式的定义与两个"一体化"的内涵。

第 *10* 章
海洋环境与海洋开发

海洋约占地球表面积的 71%,海洋中巨大的资源和能源引起了国际社会的密切关注。如何对海洋资源进行开发和利用,并保持可持续发展是人类必然面对的问题。本章对海洋环境及海洋资源的特点属性、自然规律等做简要介绍。

10.1 海洋环境

海洋环境是指地球上广大连续的洋和海的总水域,包括海水、溶解和悬浮于海水中的物质、海底沉积物和海洋生物。

10.1.1 洋和海

根据海洋形态和水文特征等,可把海洋分成中心部分和边缘部分。中心部分称作洋,边缘部分称作海,彼此相通组成统一的水体。

10.1.1.1 洋

洋是海洋的中心主体部分,洋的面积约占海洋总面积的 89%。洋的水深一般是 3 000~10 000 m。大洋离陆地遥远,不受陆地的影响,水中的杂质很少,透明度很高。大洋之间的水可以自由流通,盐度变化不大。世界上一共有四个大洋,分别是太平洋、印度洋、大西洋、北冰洋。每个大洋都有自己独特的洋流和潮汐系统,有独立的大气环流系统。

10.1.1.2 海

海是在大洋与陆地之间的海域,约占海洋面积的 11%。海的水深一般是从几米到

2 000 m,比大洋的水深要浅。由于海处于洋与陆地之间,所以海的水文特征受洋和陆地的影响较多。海水的温度、盐度、颜色和透明度也受陆地的影响,有明显的季节变化,海水在夏季变暖、冬季变冷。靠近海岸的海水还因为流入的河水中所携带的泥沙而导致其透明度降低。海没有自己独立的潮汐与洋流,潮波大多是从大洋传入海中的,但是海的潮汐涨落比大洋明显,海流有自己的环流形式。

10.1.2　海水的性质

海水的性质可以从温度、盐度、压力和密度四个方面叙述。

10.1.2.1　**海水温度**

海水温度是反映海水热力状况的一个物理量,一般在海洋学上以 ℃ 为单位,测定精度要求在±0.02 ℃。海水温度有日、月、年、多年等周期性变化和不规则变化,它主要取决于海洋热量的收支状况及时间变化。海水温度的垂直分布一般是随深度的增加而降低的,深度每增加1 000 m,温度下降 1~2 ℃,全球海洋平均温度约为 3.5 ℃。海水温度也会随着季节变化。研究和掌握海水温度的时空分布以及变化规律,对于海上捕捞、养殖和气象、航海等学科有很重要的意义。

10.1.2.2　**海水盐度**

海水盐度是指海水中全部溶解固体与海水重量之比,通常以每千克海水中所含盐的克数表示。海洋中的许多现象与海水的盐度有关,盐度的分布和变化不同,相应的现象也有所不同。世界各大洋表层海水的盐度不同,主要是由于各个海域受蒸发、降水、结冰、融冰和河川径流的情况不相同。在外海或大洋,影响盐度的因素主要有降水、蒸发等;在近岸地区,盐度则主要受河川径流的影响。从低纬度到高纬度,海水盐度的高低主要取决于蒸发量和降水量之差的大小。

10.1.2.3　**海水压力**

海水压力是指一定高度的海水柱给予其底部 1 cm³ 面积上的力。海水压力大小随深度增大而增加,海水的密度一般取为 1.03 g/cm³,根据静压公式,一个大气压相当于水深 10.03 m。换句话说,即水深每增加 10 m,海水约增加一个大气压。

10.1.2.4　**海水密度**

海水密度是指单位体积内海水的质量。海水密度一般在 1.02~1.07 g/cm³,它取决于温度、盐度和深度。在低温、高盐和深水压力大的情况下,海水密度大;在高温、低盐的表层水域,海水密度就小。一般情况下,由赤道向两极,温度逐渐变低,密度则逐渐变大。到了两极海域,由于水温低,海水结冰,剩下的海水盐分高,所以密度更大。

10.1.3　海底地形

海底地形指海水覆盖之下的固体地球的表面形态。海底地形是复杂多样的,其复杂程度丝毫不亚于陆地。20 世纪 20 年代以来,船舶在航行时可运用回声测深仪等设备,快速地测出海底深度,结合精确定位,揭示了海底地形地貌。海底地形可以分为三种:大陆边缘、大洋盆地和大洋中脊。三大地形单元又可进一步划分出一些次一级的海底地形单元。

10.1.3.1　大陆边缘

大陆边缘又名大洋边缘,是大陆与大洋底之间广阔的过渡地带,是大陆和大洋盆地的边界。大陆边缘是板块剧烈活动带,聚集了全球90%的沉积物,海洋资源丰富,其中富含石油和天然气资源。大陆边缘一般由大陆架、大陆坡、大陆隆以及海沟等组成。海沟是位于海洋中的两壁较陡的、狭长的、水深大于5 000 m的沟槽。

10.1.3.2　**大洋盆地**

大洋盆地位于大洋中脊与大陆边缘之间,是海洋的主体,约占海洋总面积的45%。大洋盆地的主要部分是水深在4 000~5 000 m的开阔水域,称为深海盆地,深海盆地中最平坦的部分为深海平原。

10.1.3.3　**大洋中脊**

大洋中脊又称为中央海岭,是指贯穿世界四大洋成因相同、特征相似的海底山脉系列。大洋中脊是海洋深处的巨大山脉,绵延数万千米,宽为数百至数千千米,其面积约占世界大洋总面积的33%。

10.1.4　海洋资源

海洋中蕴含着丰富的资源,包括海洋生物资源,大陆架及深海海底蕴藏的矿产资源,海水波浪、潮汐及海流所产生的能量,以及海水所形成的压力差、浓度差等海洋能资源。在当今全球资源、能源供应紧张与人口迅速增长的矛盾日益突出的情况下,海洋是人类可持续发展的战略资源基地,开发海洋资源是国际社会的共同选择。

海洋资源根据其特点分成各种类型,按其属性分为海底矿产资源、海洋能资源、海洋生物资源、海水资源和海洋空间资源;按其有无生命分为海洋生物资源和海洋非生物资源;按其能否再生分为海洋可再生资源和海洋不可再生资源。

10.1.4.1　**海底矿产资源**

海底矿产资源包括石油、天然气、海滨砂矿、海底磷矿、多金属结核、热液矿藏、可燃冰等。以石油、天然气资源为例,石油和天然气是人类当前利用的最重要的化石能源,而地球表面的石油和天然气资源,被认为只有30%在陆地上,另外70%在海洋里。目前,全球的陆地石油资源被认为已经开发过半,剩下的资源量只能最多再维持全球消耗100多年。全球海洋表面下的油气资源被认为刚刚开发了不到5%。

再比如可燃冰,它是一种天然气水合物的新型矿物,甲烷和水在低温、高压的条件下形成了类冰的结晶物质。因为其固体的外形类似于冰而且可以燃烧,所以被称为可燃冰。其能量密度大,杂质少,燃烧后几乎无污染,矿层厚,规模大,分布广,资源丰富。可燃冰中甲烷的占比为80%~99%。中国的南海和东海发现了大量的可燃冰。据估测,中国南海的可燃冰资源达700亿吨,相当于中国陆地上的所有油气资源的一半。可燃冰是一种清洁能源,但是一旦开采不当就会导致强烈的温室效应,我国已经连续试采可燃冰成功,但是经济、安全地开采可燃冰,依旧是世界各国的难题,预计到2030年我国可实现可燃冰商业化开采,在此之前我国还有很长的一段路要走。因此,需要配套海洋工程设施设备和专用配套船舶,才能具备海洋资源开发能力,这也是大国国力的重要体现。

　　我国拥有 473 万平方千米的海域,其中经济海域和大陆架面积总共为 300 多万平方千米,大陆海岸线长约 18 400 km,我国海域有石油地质储量为 $372×10^8$ t,天然气地质储量为 $13×10^{12}$ m^3,石油地质资源量为 1 $257×10^8$ t,天然气地质资源量为 $90.3×10^{12}$ m^3。我国石油探明程度为 30%,天然气为 14%,开采程度和平均探明率相对较低。由于起步比较晚,我国深海开发油气资源钻探、开采和生产装备虽然通过学习借鉴国外的先进经验有了重要的发展,但还是严重不足。

　　目前,中国海上四个主要油气产区是:渤海湾、南海西部、南海东部和东海。南海是我国四大海域中最大、最深、自然资源最为丰富的海区。经初步估计,整个南海的石油地质储量大致在 230 亿~300 亿吨,约占中国资源总量的 1/3,乐观估计达 550 亿吨,天然气地质储量为 20 万亿立方米,属于世界四大海洋油气聚集中心之一。

　　渤海湾地区至今已发现 7 个亿吨级油田,其中渤海中部的蓬莱 19-3 是我国发现的最大的海上油田,同时也是我国目前第二大整装油田,探明储量仅次于大庆油田,能够达到 6 亿吨。

　　在深海油气开发方面,近年来,中国海洋石油集团有限公司在上游油气开发领域的投资保持增长趋势,预计在未来几年来仍会有较大幅度的提升。未来,中国海洋石油集团有限公司将进一步加大对南海油气开发的力度,增加对深海油气开发的投入。

10.1.4.2　海洋能资源

　　海洋能资源是海洋中蕴含的动能、热能和盐差能的总称。海洋能主要包括潮汐能、潮流能、海流能、波浪能、温差能和盐差能等。海洋能是可再生能源,可再生是指它们可以不断得到补充,永不会枯竭,不像煤、石油等非再生资源,储量有限,开采一点就少一点。人们可以把这些海洋能以各种手段转换成电能、机械能或其他形式的能,供人类使用。海洋能绝大部分来源于太阳辐射能,较小部分来源于天体与地球相对运动中的万有引力,如潮汐能。蕴藏于海水中的海洋能是十分巨大的,其理论储量是目前全世界各国每年耗能量的几百倍甚至几千倍。

　　很多海洋能至今没被利用的原因主要有两方面:一是经济效益差,成本高;二是一些技术问题还没有过关。尽管如此,不少国家一面组织研究解决这些问题,一面在制定宏伟的海洋能利用规划。例如,法国计划到 21 世纪末利用潮汐能发电 350 亿千瓦时,英国准备修建一座 100 万千瓦的波浪能发电站,美国要在东海岸建造 500 座海洋热能发电站。从发展趋势来看,海洋能必将成为沿海国家,特别是发达沿海国家的重要能源之一。

　　各种海洋能的蕴藏量是非常巨大的,据估计有 780 多亿千瓦,其中波浪能 700 亿千瓦、潮汐能 30 亿千瓦、温差能 20 亿千瓦、海流能 10 亿千瓦、盐差能 10 亿千瓦。科学家曾做过计算,沿岸各国尚未被利用的潮汐能比世界全部的水力发电量多一倍。如果将波浪的能量转换为可利用的能源,那真是一种理想的巨大的能源。沿海各国,特别是美国、俄罗斯、日本、法国等都非常重视海洋能的开发。从各国的情况看,潮汐发电技术比较成熟;利用波能、盐差能、温差能等海洋能进行发电的技术还不成熟,仍处于研究试验阶段。

10.1.4.3　海洋生物资源

　　海洋生物资源又称海洋水产资源,是指海洋中蕴藏的经济动物和植物的群体数量,是有生命、能自行增殖和不断更新的海洋资源。海洋生物资源包括海洋植物资源、海洋动物资源、海洋微生物资源等。

10.1.4.4　海水资源

　　海水资源是指海水及其中所含的可以利用的元素和化合物。海水利用可分为海水淡化、海水直接利用和海水中化学资源的提取。

地球表面约 71% 是海洋,海水资源的开发具有十分巨大的潜力。仅以海水资源为例,海水资源的利用和海水化学资源的利用都具有很广阔的发展前景。

10.1.4.5 海洋空间资源

海洋空间资源是与海洋开发利用有关的海岸、海上、海中和海底的地理区域的总称。海面、海中和海底空间可用作交通、生产、储藏、军事、居住和娱乐场所,如海运、海岸工程、海洋工程、临海工业场地、海上机场、海底仓库、重要基地、海上运动、旅游、休闲娱乐等。

10.2 海水的运动形式

海水是一种流体,处于不停运动之中。海水运动是研究海洋环境的核心内容,研究海水运动对于处于其中、受其影响的船舶与海洋工程具有重要的理论意义与应用价值。海水运动有三种主要形式:波浪、潮汐和洋流。

10.2.1 波浪

波浪是一种有规律的周期性的起伏运动。海水受海风的作用和气压变化等影响,离开原来的平衡位置,发生向上、向下、向前和向后方向的运动,这就形成了海上的波浪。当波浪涌上岸边时,由于海水深度越来越浅,下层水的上下运动受到了阻碍,受物体惯性的作用,海水的波浪一浪叠一浪,越涌越多。与此同时,随着水深的变浅,下层水的运动所受阻力越来越大,以至于到最后,它的运动速度慢于上层的运动速度,受惯性作用,波浪最高处向前倾倒,摔到海滩上,成为飞溅的浪花。

波浪对于海洋工程在许多方面都有危害,威力巨大的波浪能够直接破坏海洋工程设备,有时波浪与海工装备发生共振也会造成破坏。所以了解波浪的特性对于海洋工程十分有必要。

10.2.1.1 波浪的分类

波浪的划分标准很多,其中最常见的是按成因进行分类。

(1)风浪和涌浪:在风力的直接作用下形成的波动,称为风浪;风停止后,在海面上继续存在的波浪或离开风区传播至无风水域上的波浪,称为涌浪。

(2)内波:又称为界面波,发生在海水的内部,由两种密度不同的海水相对作用运动而引起的波浪现象,一般在淡水海水分界处容易产生内波。

(3)潮波:海水在潮引力作用下产生的波浪。

(4)海啸:由火山、地震或风暴等引起的巨浪。由地震、火山引起的称为地震海啸,由风暴引起的称为气象海啸。

(5)气压波:气压突变产生的波浪。

(6)船行波:船舶在水面上运行时,船体推挤水体形成的波浪,该波浪沿船行方向呈放射锥形分布。

(7)余波:海面波动逐渐减弱所引起的波。

10.2.1.2 波浪的要素

波浪的大小和形状是用波浪要素来说明的。波浪要素是表征波浪运动性质和形态的各主要物理量。这些基本要素有波峰、波顶、波谷、波底、波高、波长、振幅、周期、波速等。

(1)波峰与波顶:波峰是波浪周期性运动的高处部分,其最高处称为波顶。

(2)波谷与波底:波谷是波浪周期性运动的低处部分,其最低处称为波底。

(3)波高:波峰到波谷之间的垂直距离,常用符号 H 表示。

(4)波长:两个波峰之间的水平距离,常用符号 λ 表示。

(5)振幅:波高的一半,常用符号 a 表示。

(6)周期:通过一个波长的时间,常用符号 T 表示。

(7)波速:波形移动的速度,常用符号 C 表示,$C=\lambda/T$。

(8)频率:单位时间内固定点经过波的次数,常用符号 f 表示,$f=1/T$。

(9)波数:在 2π 距离内所含的波的个数,常用符号 k 表示,$k=2\pi/T$。

10.2.1.3 波浪的表示方法

海面波浪实际上是各种不同波高、周期、行进方向的多种波的无规则组合。合成波由波高、周期和相位等不同的两个以上的波合成。海洋波浪是由具有多种波高、周期和相位等波浪组成的合成波,且波浪的行进方向(即波向)也不完全是同一个方向。这样复杂的海洋波浪可用统计分布或波谱来表示。在海洋结构物设计时,一般采用波谱,选择最大波高、最大周期、显著波高、有效波高和有效周期等作为特征值。

(1)最大波高、最大周期:取观测期间的最大波或取累积频率为 50 年一遇或 100 年一遇的最大波。

(2)有效波高和有效周期:将连续观测到的波高按大小排列,从大的方面取出波数的 1/3 个波高和周期的平均值,具有这样概念的波叫作有效波,因为它们与目测值接近,故被广泛应用。有效波高也称为 1/3 大波平均波高、有义波高。

(3)显著波高:将给定波列中的波高由大到小依次排列,其中最大的 1/10 部分波高的平均值称为显著波高或 1/10 大波平均波高。

10.2.2 潮汐

潮汐现象是沿海地区的一种自然现象,指海水在月球和太阳的引潮力作用下所产生的周期性运动,习惯上把海面垂直方向的涨落称为潮汐,而海水在水平方向的流动称为潮流。我国古代将生潮的时间分为潮和汐,将早晨上涨的海水称为潮,将晚上上涨的海水称为汐。

潮汐是所有海洋现象中较先引起人们注意的海水运动现象,它与人类的关系非常密切。海港工程,航运交通,军事活动,渔、盐、水产业,近海环境研究与污染治理等都与潮汐现象密切相关。而且,这种永不休止的海水潮汐运动蕴藏着极为巨大的能量,对它的开发利用也是人们关注的热点。

10.2.3 洋流

洋流是海水的大规模有规律的流动,洋流在小到几百米大到全球范围进行流动,洋流的运动极其有规律,流动的范围、随季节变化的流量与流速大致相同。洋流不仅仅是在水平方向流动,在垂直方向上也存在流动。由于垂直方向上的洋流运动要少于水平方向的洋流运动,所以一般我们将水平运动的洋流称为洋流,而将垂直运动的洋流单独称为上升流和下降流。

世界大洋表层的海洋系统,按其成因来说,大多属于风海流。当盛行风吹拂海面时,推动海水随风漂流,并且使上层海水带动下层海水流动,形成规模很大的洋流,叫作风海流。不同海域海水温度和盐度的不同会使海水密度产生差异,从而引起海水水位的差异,在海水密度不同的两个海域之间便产生了海面的倾斜,造成海水的流动,这样形成的洋流称为密度流。密度流是由海水挤压或分散引起的。当某一海区的海水减少时,相邻海区的海水便来补充,这样形成的洋流称为补偿流。补偿流既可以水平流动,也可以垂直流动,垂直补偿流又可以分为上升流和下降流。

洋流对海洋中多种物理过程、化学过程、生物过程和地质过程,以及海洋上空的气候和天气的形成及变化,都有影响和制约作用。故了解和掌握洋流的规律,对航运、渔业和军事等都具有重要意义。

课后题

1. 海水的性质包括哪四个方面?
2. 海水的运动有哪三种主要形式?
3. 波浪的基本要素有哪些?
4. 按照成因进行分类,波浪可以划分为哪几类(回答出五种以上)?

第 *11* 章
海洋工程

海洋工程是指在海洋上获取资源的各种工程的总称,一般是进行石油和天然气的开采,近几年,海洋能源的获取也在逐渐兴起,这些都属于海洋工程的范畴。21世纪,海洋工程在各国开发与利用海洋的进程中愈发重要,发展海洋工程已经成为国际趋势和沿海国家的战略抉择,也是我国建设海洋强国的重要战略举措。

11.1 海洋工程的研究范围

海洋工程是指应用海洋基础科学和有关技术学科开发利用海洋所形成的一门新兴的综合技术科学,也是指开发利用海洋的各种建筑物或其他工程设施和技术措施。"海洋工程"这一术语是20世纪60年代提出的,其内容也是近二三十年以来随着海洋石油、天然气等矿产的开采才逐步发展充实起来的。

一般认为,海洋工程的研究内容可分为资源开发技术与装备设施技术两大部分。资源开发包括:海洋矿物勘探、开采、储运等;海底石油钻探、开采、储运等;海水资源淡化、提炼等;近海、远洋渔业捕捞;海洋养殖;海洋能源利用;等等。装备设施包括:海洋探测装备,海洋工程配套船舶,海洋资源开采装备,渔业养殖、捕捞装备,新能源开发设施装备,潜水装备等。可以这样理解,资源开发技术研究的是开发手段,也就是如何开发;装备设施技术研究的是开发工具,也就是用什么开发。

按海洋开发利用的海域,海洋工程可分为海岸工程、近海工程和深海工程,但三者又有所重叠。

11.1.1　海岸工程

在海岸带进行的各项建设工程,属于海洋工程的重要组成部分,自古以来都很受重视。海岸工程(Coastal Engineering)主要包括围海工程、海港工程、河口治理工程、海上疏浚工程和海岸防护工程、海上农牧场、环境保护工程和渔业工程等。

海岸带是人类活动频繁和经济发达的地区,海岸建设工程可以充分利用海洋资源和促进海岸带经济繁荣。虽然海岸工程的建设好处很多,但是进行海岸工程建设要进行多方面的充分论证,一旦发生工程事故将会引发严重的灾害。受水下地形复杂和径流入海的影响,海流、海浪和潮汐都有显著的变形,形成了破波、涌潮、沿岸流和沿岸漂沙,特别是发生风暴潮的时候,海况更是万分险恶,使海岸工程受到严重的冲击,甚至遭到破坏。

11.1.2　近海工程

近海工程(Offshore Engineering)又称离岸工程,主要是在大陆架较浅水域的海上平台、人工岛等的建设工程和在大陆架较深水域的建设工程,如浮船式平台、半潜式平台、自升式平台、石油和天然气勘探开采平台、浮式贮油库、浮式炼油厂、浮式飞机场等建设工程。

11.1.3　深海工程

深海工程(Deep-water Offshore Engineering)是在深海水域进行的海洋资源开发和空间利用所采取的各种工程设施和技术措施,包括大深度的潜水器、深海油气开采等。

11.2　海洋石油平台

海洋工程装备主要指用于海洋资源(特别是海洋油气资源)勘探、开采、加工、储运、管理、后勤服务等方面的大型工程装备和辅助装备,具有高技术、高投入、高产出、高附加值、高风险的特点,是先进制造、信息、新材料等高新技术的综合体。海洋工程装备的产业辐射能力强,对国民经济带动作用大。国际上通常将海洋工程装备分为三大类:海洋油气资源开发装备、其他海洋资源开发装备、海洋浮体结构物。海洋油气资源开发装备是海洋工程装备的主体,又主要分为三大类,分别是勘探、开采、后勤服务。根据具体的功能,海洋油气资源开发装备可分为钻井平台、生产平台、海工辅助船、水下设备和油气外输系统五大部分。而海洋石油平台通常是指其中的钻井平台和生产平台,在钻井平台上设钻井设备,在生产平台上设采收设备。

11.2.1　海洋石油平台的分类

海洋石油平台具有结构形式复杂、种类繁多的特点,按其结构特性和工作状态可分为固定式、活动式和半固定式三大类。

11.2.1.1　固定式海洋平台

固定式海洋平台通常是由混凝土和钢结构直接锚定在海底来支撑,为钻探设备、生产设施和居住区提供空间的上甲板。其结构也有多种不同形式:导管架型、塔架型、钢筋混凝土重力式、钢重力式等。其优点在于整体稳定性好,刚度较大,受季节和气候的影响较小,抗风暴的能力强;其缺点是机动性能差,一经下沉定位固定,则较难移位和重复使用。它被广泛应用于海洋石油开发中,特别是在水深 520 m 内的浅海石油开发中占据主导地位。

11.2.1.2　活动式海洋平台

活动式海洋平台浮于水中或支承于海底,可以在不同井位之间移动,按支承情况可分为着底式和浮动式两类。它是为适应勘探、施工、维修等海上作业必须经常更换地点的需要而发展起来的。现有的活动式海洋平台又可分为坐底式、自升式、半潜式等多种不同结构形式。由于机动性能好,故一般用于钻井。

11.2.1.3　半固定式海洋平台

半固定式海洋平台既能固定在深水中,又可以移动,新型的张力腿式平台和拉索塔式平台即属此类。其上部结构是浮体,通过收紧锚固在海底的缆索张紧固定。这种平台用料少,工作水深大,适用于大深度水域,是近年来发展起来的新结构形式,具有明显的优点。

11.2.2　典型海洋石油平台

以下是几种典型的海洋石油平台。

11.2.2.1　导管架平台

导管架平台是通过导管将桩打入海底进行固定的一种海洋平台,因打桩时通过导管而命名,如图 11.1 所示。这种平台是在陆地的工厂预先制作好导管架,利用驳船将制作好的导管架拖到需要安装的位置,再向导管立柱中灌水;然后利用起重船将导管架安放在需要作业的地址,将钢管桩通过导管一节一节逐段打入海底进行固定;最后将水泥浆灌入导管中,填满导管与钢管桩之间的缝隙,使导管与钢管桩联为一体。采用这种施工方式减少了海上的工作量。导管架平台是现在海洋平台中应用最广泛的一种。其优点是技术成熟可靠,技术要求不高,在海上作业稳定、结构简单,在浅海区域使用经济性较强。其缺点是制造和安装周期长;这种平台只在浅海经济性好,随着水深的增加平台的费用也在急剧增加,在深海中经济性差;开采完毕,导管架不能拖走,只能留在海中,浪费资源。

11.2.2.2　重力式平台

重力式平台的特点是依靠平台自身的巨大重量直接坐置在海底,抵抗风、浪、流等外界载荷作用。它通常采用钢筋混凝土结构,底部以巨大的混凝土基础作为储油和压载,由多根空心混凝土立柱支撑着上部甲板结构。这种平台的优点是海上吊装装配工作比较少,底部基础设有储油罐,有储油能力,承受海浪的能力强,稳定性好,安全性高。其缺点是结构比较复杂,制造工艺复杂,拖航时阻力大,重复利用的难度较大。重力式平台如图 11.2 所示。

图 11.1　导管架平台

图 11.2　重力式平台

11.2.2.3　坐底式平台

坐底式平台是早期在浅水区域作业的一种移动式平台,其特点是通过压载水注排实现平台的坐底与起浮。坐底式平台有两个船体,上船体又叫工作甲板,安置生活舱室和设备;下部是沉垫,主要功能是压载和用于海底支撑,是钻井的基础。两个船体间由支撑结构相连。在坐底式平台到达作业地点后往沉垫内注水,使其着底。

从稳性和结构方面看,坐底式平台作业水深有限,也受到海底基础(平坦及坚实程度)的制约,该平台发展缓慢。这种平台只适用于浅海,一般在不超过 30 m 的水域使用,一旦在超过30 m 的水域工作,不仅建造费用会急剧增加,而且平台的移动和操作都会很困难。中国渤海沿岸的胜利油田、大港油田和辽河油田等向海中延伸的浅海海域,潮差大而海底坡度小,针对开发此类浅海区域的石油资源,坐底式钻井平台仍有较大的发展前景。

11.2.2.4　自升式平台

自升式平台(如图 11.3 所示)拥有自由垂直升降的桩腿,在进行钻井工作时桩腿下伸直到海底,然后桩腿撑起平台离开海面一定距离。在移动时,将桩腿收起,平台放到水面,这时平台就像驳船一样可以用拖船拖走。自升式平台的优点是所需钢材少,造价低,工作稳定性好。其工作水深一般为 30~90 m,最大能够达到 120 m 左右。其缺点是当超过最大水深时,平台的稳性和桩腿的强度都有所下降。自升式平台适用于不同海底土壤条件和较大的水深范围,移位灵活方便,便于建造,因而得到了广泛的应用,在海上移动式钻井平台中占绝大多数。目前,对于自升式平台,国内从设计技术到建造技术都已比较成熟。

(a)

(b)

图 11.3　自升式平台

11.2.2.5　半潜式平台

半潜式平台,又称立柱稳定式平台。半潜式平台是从坐底式平台演变而来的,由上部平台、中间立柱和下部浮体组成,如图11.4所示。半潜式平台的下体主要提供浮力,立柱因为拥有较小的水线面和较好的抵抗波浪的能力,所以在进行钻井工作时有很好的稳性,适合较大工作水深。半潜式平台根据下体的样式分为下体式和沉箱式。下体式半潜式平台又称为下船身型半潜式平台,一般下体式有两个类似于潜艇外形的下体,下体的剖面有圆形、矩形或者四角有圆弧的矩形,下体和平台之间的立柱个数可以是 4 个、6 个、8 个。沉箱式半潜式平台的每一个立柱下设一个下体,称为沉箱。沉箱的剖面有圆形、矩形、靴形。沉箱的数目也是立柱的数目,有 3 个、4 个、5 个不等。

（a）

（b）

图 11.4　半潜式平台

半潜式平台在深水作业的定位设备一般是锚泊系统,一般使用 8~12 个锚链或者钢缆与平台连接并呈辐射状进行布置,但是采用锚链系统进行定位主要用于 200~300 m 的水深中,一旦超过 300 m 就需要采用动力定位系统。半潜式平台主要根据平台的定位冗余程度分级,分级如下:(1)DP-1,安装有动力定位系统的船舶,可在规定的环境条件下,自动保持船舶的位置和首向,同时还应设有独立的集中手动船位控制和自动首向控制;(2)DP-2,安装有动力定位系统的船舶,满足以上条件并且在出现单个故障(不包括一个舱室或几个舱室的损失)后,可在规定的环境条件下,在规定的作业范围内自动保持船舶的位置和首向;(3)DP-3,安装有动力定位系统的船舶,满足以上条件并且在出现单个故障(包括一个舱室或几个舱室的损失)后,可在规定的环境条件下,在规定的作业范围内自动保持船舶的位置和首向。

我国中集来福士海洋工程有限公司生产的“蓝鲸 2 号”是型长 117 m,型宽 92.7 m,型高 118 m,最大作业水深 3 658 m,最大钻井深度 15 240 m 的超深水双钻塔半潜式钻井平台。“蓝鲸 2 号”采用的就是 DP-3 动力定位系统。

11.2.2.6　牵索塔式平台

牵索塔式平台一般由甲板、塔体、牵索系统三部分组成,如图 11.5 所示。塔体是类似于导管架的结构,一般对称布置 4~8 根钢索于塔体并紧固于海底。牵索塔平台尺寸小、结构简单,因此造价也相对比较低,桁架结构减轻了重量,减少了风、浪、流的载荷,一般适用于 300~600 m 的海域。在正常天气或者风暴较小的情况下,钢索会变得坚硬来为平台的摇摆运动提供恢复力,在大风暴和飓风天气,钢索会变得柔软来顺应风、浪、流载荷的作用。当平台摇摆的幅值变大,海底链提离海底的高度也会增加,增加了平台的恢复力。整个平台上的水平力都由系缆系统承受。相比导管架式平台和重力式平台,牵索塔式平台更适宜于在深水工作。

图 11.5　牵索塔式平台

11.2.2.7　张力腿式平台

张力腿式平台(TLP 平台)是绷紧状态下的锚索链产生的拉力与平台的剩余浮力相平衡的钻井平台或生产平台,如图 11.6 所示。张力腿式平台也是采用锚泊定位的,但与一般半潜式平台不同,其所用锚索是绷紧成直线的,钢索的下端与水底不是相切的,而是几乎垂直的,用的锚是桩锚(即将打入水底的桩作为锚用)或重力式锚(重块)等。张力腿式平台的重力小于浮力,相差的力可依靠锚索向下的拉力来补偿,且此拉力应大于波浪产生的力,使锚索上经常有向下的拉力,起着绷紧平台的作用。

图 11.6　张力腿式平台

11.2.2.8 SPAR 平台

随着人类开发海洋的步伐逐渐迈向深海海域,涌现出了很多新型的浮动式海洋平台,SPAR 平台就是其中之一,如图 11.7 所示。SPAR 平台主要由上部模块、主体结构、立管系统、系泊系统组成。上部模块主要是顶部甲板用于生产和生活的模块。主体结构是在水中垂直悬浮的圆柱体,主要提供浮力,用于调整平台的浮态,主体外壳上的螺旋侧板还可以减少平台的涡激振动。立管系统在主体结构的中央井内,主要实现采油、采气、注水等,主要由生产立管、钻探立管、输出立管和输送管线组成。SPAR 平台采用半张紧悬链线系泊系统,系泊方式一般有悬链线式系泊方式和张紧式系泊方式,前者适用于较浅的海域,后者适用于深海海域。SPAR 平台的适用水深为 500~3 000 m,是深水开发的经济型平台。SPAR 平台的发展包括第一代单圆柱经典 SPAR 平台、第二代桁架式 SPAR 平台及第三代群柱式 SPAR 平台。

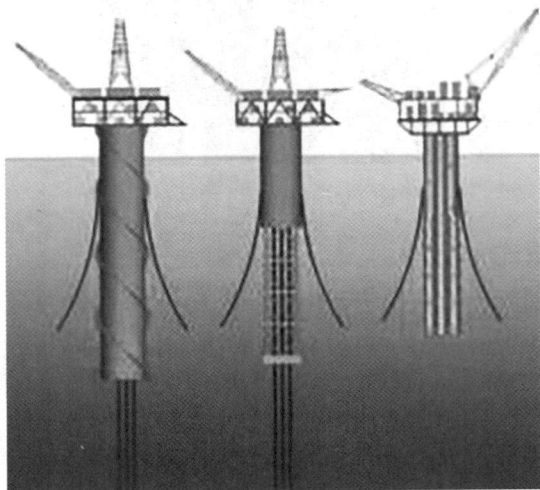

图 11.7　SPAR 平台

11.2.2.9　海上浮式生产储卸油船

海上浮式生产储卸油船(Floating Production Storage and Offloading,FPSO),如图 11.8 所示。FPSO 是对开采的石油进行油气分离,处理含油污水,进行动力发电、供热、原油产品的储存和运输,集人员居住与生产指挥系统于一体的综合性大型海上石油生产基地。与其他形式的石油生产平台相比,FPSO 具有抗风浪能力强、适应水深范围广、储卸油能力大,以及可转移、重复使用的优点,广泛适用于远离海岸的深海、浅海海域及边际油田的开发,已成为海上油气田开发的主流生产方式。集油气生产、储存及外输功能于一身的 FPSO 具有高风险、高技术、高附加值、高投入、高回报的综合性海洋工程特点。我国是世界上使用 FPSO 最多的国家之一,在海洋总原油产量中,FPSO 的贡献率占 75%,FPSO 已成为海洋石油开发的重要设施。我国 FPSO 总体技术已达到当今国际先进水平。

图 11.8 海上浮式生产储卸油船

11.3 其他海洋工程装备

除海洋石油平台外,还有其他典型的海洋工程装备,如海洋工程船舶、新能源开发设施装备、海洋牧场平台、海上卫星发射平台、水下探测装备等。

11.3.1 海洋工程船舶

海洋工程船舶,主要是指为离岸海洋工程建设提供支持服务的各类船舶,比如浮吊船、铺管船、平台供应船、三用工作船等。

浮吊船是载有起重机的浮动工程船,它可以在港口内将货物移至任何需要的地方,或是靠泊,或是移到锚地使货物转船。铺管船是铺设海底管道专用的大型设备,多用于海底输油管道、海底输气管道、海底输水管道的铺设。平台供应船是指为石油平台服务设计的具有供应、拖拽、抛起锚、救助、守护和对外消防等功能的船舶。三用工作船是指为海上石油平台提供钻井物资、钻井器材、钻井钢管、散装水泥、钻井水、钻井泥浆、淡水、盐水、燃油及生活用品等的船舶。

典型的海洋工程船舶还有物探震源船、海洋科考船和挖泥船等。

11.3.2 新能源开发设施装备

近年来,波浪能和潮流能发电技术取得了长足进步,各国科技工作者开发了多种发电装置,部分国家已经建成了实验电站。随着相关技术的进一步发展,波浪能和潮流能发电系统将成为继风电之后又一具备商业化运营条件的可再生能源。桨叶式潮流发电机效果图如图11.9所示。值得指出的是,波浪能和潮流能装置的可靠性差是制约其不能实现商业化运营的主要因素之一。此外,当风暴潮来临时,漂浮的波浪能和潮流能发电装置很容易被损坏,这样不仅由于装置损毁而造成经济损失,同时还会对过往船舶、海上建筑物和海堤的安全产生巨大威胁。因此,不管是从提高波浪能和潮流能发电装置的可靠性出发,还是从海域和海岸的安全性出发,都必须有可靠的能固定和承载波浪能和潮流能的发电装置。

图 11.9　桨叶式潮流发电机效果图

11.3.3　海洋牧场平台

　　海洋牧场是指在一定海域内,采用规模化渔业设施和系统化管理体制,利用自然的海洋生态环境,将人工放流的经济海洋生物聚集起来,像在陆地放牧牛羊一样,对鱼、虾、贝、藻等海洋资源进行有计划和有目的的海上放养。海洋牧场是以环境和生态和谐为目的,集环境保护、资源养护、高效生产以及休闲渔业为一体的海洋经济新业态。发展现代化海洋牧场,是修复海洋生态环境、养护水生生物资源、拓展海洋渔业发展新空间的有效途径,是调整优化渔业产业结构、促进海洋渔业转型升级和可持续发展的重要举措。

　　海洋牧场平台(如图 11.10 所示)是指在海洋牧场区域内设置的用于开展海洋牧场环境监测、海上看护、牧渔体验、生态观光、安全救助等工作,并可以从一个作业地点转移至另一个作业地点的海上结构物。按结构形式,海洋牧场平台分为自升式、柱稳式、坐底式和水面式。随着海洋牧场成为海洋经济新的增长点,海洋牧场平台这种新型装备将在其中发挥日趋重要的作用。随着海洋牧场走向深远海,海洋牧场平台建设快速发展。海洋牧场平台正以海洋工程装备技术为基础,以海工平台的概念和主体为依托,与海洋牧场、海水养殖融合发展。

　　　　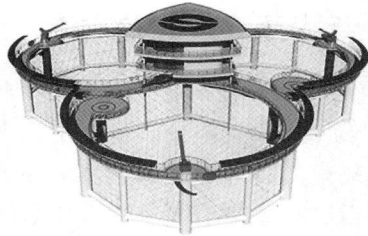

（a）　　　　　　　　　　　　　　（b）

图 11.10　海洋牧场平台

以山东省为例,省内已建成几十个不同类型的多功能海洋牧场平台。以中集来福士海洋工程有限公司为代表的企业,发挥了海工装备制造优势,研发出了多功能海洋牧场平台、智能深水网箱、休闲渔业综合体等产品。图 11.11 所示为中集来福士海洋工程有限公司研发的经海网箱平台 1 号。该网箱平台为钢结构坐底式网箱平台,由立柱、上环、下环、沉垫、斜支撑等组成,主尺度包围水体约 7 万立方米,能实现网箱平台的深远海鱼类养殖功能,配有饵料加载及投饵系统、环境监测系统、集控管理系统、水下生物识别系统、水下智能机器人系统、船岸一体化智能管理系统、大数据管理服务系统,并配备生活、机械平台。经海网箱平台采用风光储能作为日常电力供应方式。

图 11.11　经海网箱平台 1 号

11.3.4　海上卫星发射平台

建设一个现代化的航天发射中心,一般需要占用大量的土地,发射方向也受到限制,因为不允许火箭发射弹道通过居民区上空。与陆上发射相比,运载火箭海上发射具有灵活性强、任务适应性好、发射经济性优等特点,可灵活选择发射点和落区,满足各种轨道有效载荷发射需求。

图 11.12 所示为 2019 年 6 月 5 日我国首次在黄海海域进行运载火箭发射技术试验的现场照片。本次试验中长征十一号海射型固体运载火箭以民用船舶为发射平台,首次实现了"航天+海工"技术融合,有效解决了航落区安全性问题。此次使用的平台是由一艘大型半潜式驳船改造而来的,其甲板长 110 m,宽近 80 m,面积超过一个标准的足球场,发射平台中必不可少的发射塔架高达 15.5 m,是为了应对复杂海况下的发射特别定制的。目前相关单位正在进行改建更大吨位火箭发射平台的工作,因为只有吨位更大、稳定性更好、适应热发射,才能满足未来更多火箭的海上发射需求。

图 11.12　海上卫星发射平台

11.3.5　水下探测装备

海洋工程装备还包括用来执行水下考察、海底勘探、海底开发和打捞、救生等任务的潜水器。图 11.13 所示为我国自行研制的"蛟龙"号载人深潜器，设计最大下潜深度为 7 000 m 级。图 11.14 所示为我国自行研制的"奋斗者"号载人深潜器，设计最大下潜深度为万米级。2020 年 11 月 10 日，"奋斗者"号在马里亚纳海沟成功坐底，坐底深度为 10 909 m，创造了中国载人深潜的新纪录。这也意味着我国深潜器装备在全海深上都可以进行探索和科学研究。载人深潜器可利用测深侧扫设备进行目标搜寻及地形探测，采集海底沉积物、岩石和生物样本等作业，对于我国开发和利用深海的资源有着重要的意义。

图 11.13　"蛟龙"号载人深潜器

图 11.14　"奋斗者"号载人深潜器

除了载人深潜器，水下探测装备还包括遥控式潜水器和无人自主式潜水器。"海斗"号全海深（11 000 m）自主遥控混合型潜水器分别于 2016 年和 2017 年两次赴马里亚纳海沟，7 次潜入万米深渊，最大下潜深度达 10 888 m，创造了我国无人潜水器的最大下潜深度纪录，是我国首台下潜深度超过万米并完成科考应用的潜水器，采集了超万米深度的全海深温盐数据及海底实时视频数据。2021 年 10 月，哈尔滨工程大学科研团队研发的"悟空"号全海深无缆水下机器人在马里亚纳海沟"挑战者"深渊的下潜深度达 10 896 m。我国研制的几款海洋机器人如图 11.15 所示。

（a）"海龙Ⅲ"远程遥控潜水器

（b）"潜龙三号"自主无人潜水器

（c）"探索4500"自主无人潜水器

（d）"海斗一号"全海深混合型潜水器

图 11.15　我国研制的几款海洋机器人

综上所述,建设海洋强国需要繁荣的海洋经济作支撑,而发展海洋经济需要拥有大量先进的海洋工程装备。海洋工程装备是战略性新兴产业的重要组成部分,也是高端装备制造业的重要方向,具有知识技术密集、物资资源消耗少、成长潜力大、综合效益好等特点,是发展海洋经济的先导性产业。随着信息、材料、能源等领域先进技术的飞速发展,结合传感器技术、通信技术、"互联网+"技术、先进材料技术及动力系统集成技术的新型海洋装备理念也越来越多地影响着未来海洋领域的结构转型及产业发展。可以预见的是,海洋开发装备的需求将不断提高,海洋装备也将朝着智能化、集成化、深远化发展。

课后题

1. 简述海洋工程的研究范畴。
2. 海洋石油平台的分类有哪些?
3. 除海洋石油平台之外,举例说明三种海洋工程装备及其用途。

参考文献

［1］方学智. 船舶与海洋工程概论［M］. 北京：清华大学出版社，2012.

［2］《交通大辞典》编委会. 交通大辞典［M］. 上海：上海交通大学出版社，2005.

［3］《渔业船舶管理概论》编委会. 渔业船舶管理概论［M］. 上海：上海交通大学出版社，
2015.

［4］王志艳. 天文百科知识博览［M］. 天津：天津人民出版社，2013.

［5］宫玉广，王新. 水手工艺［M］. 大连：大连海事大学出版社，2007.

［6］刘炳楠，孙先波，古长江，等. 船舶舱口盖的分类及修理［J］. 中国修船，2006（02）：
19-20,23.

［7］周榕，赵远征，王五成. 高倍泡沫灭火系统在船舶机舱中的应用分析［J］. 船海工程，
2011,40（02）：81-83.

［8］邓召庭. 船舶概论［M］. 北京：人民交通出版社，2006.

［9］王学营，潘荣. 数字化技术在造船行业的应用分析［A］.《决策与信息》杂志社、北京
大学经济管理学院. "决策论坛：经营管理决策的应用与分析学术研讨会"论文集
（下）［C］.《决策与信息》杂志社、北京大学经济管理学院：《科技与企业》编辑部，
2016.

［10］刘子豪，赵川，王晶. 数字化造船技术的最新发展［J］. 中国船检，2018（10）：82-85.

［11］吴峰，鞠平，秦川，等. 近海可再生能源发电研究综述与展望［J］. 河海大学学报（自
然科学版），2014,42（01）：80-87.

［12］ADRIAN B. Ship Hydrostatics and Stability［M］. Oxford：Butterworth-Heinemann，2003.

［13］吕龙德，熊莹. 方向已指明　我国造船业发展正当时［J］. 广东造船，2022,41（06）：
4-11.

［14］吕龙德,熊莹. 智能制造正酣 我国造船业何去何从？［J］. 广东造船,2022,41(04)：4-10.

［15］吕龙德. 中国造船数字化转型路在何方？［J］. 广东造船，2022,41(06)：14-15.